New
Easy Korean
for foreigners

Easy Korean Academy 지음

머리말

　이지코리안 아카데미는 한국이라는 나라와 한국어에 대해 별 관심이 없었던 1995년부터 외국인과 해외 동포들에게 외국어로서의 한국어와 한국 문화를 알리기 위해 차근차근 준비해 왔습니다.
　수백 종류의 외국어 교재는 즐비했지만 변변한 한국어 교재가 없었던 1998년 교재 개발에 착수하여 사설 어학 기관으로는 처음으로 전체 컬러의 한국어 교재 '쉬워요 한국어(Easy Korean)' 시리즈를 출판했으며 이 교재는 지금까지 많은 호응을 얻고 있고 여러 나라로 수출도 하고 있습니다.

　한국어를 배우고자 하는 학습자들이 증가하면서 한국어 학습 목적도 점점 다양해졌습니다.
　이지코리안 아카데미는 학습자들의 다양한 목적에 부합하는 한국어 교재 개발의 필요성을 절감하고 있었습니다. 그래서 학습자들의 요구와 지금까지 쌓아 온 풍부한 교수 경험을 토대로 기존의 '쉬워요 한국어(Easy Korean)' 시리즈보다 진일보하고 현재의 언어 환경에 맞는 새로운 'New Easy Korean' 시리즈를 개발했습니다.

　한국 생활 사정 전반을 반영하여 자연스럽고 생생한 회화 장면을 설정했으며 그 장면들을 이해하는 데 필요한 규칙을 재미있고 유의미한 문형 연습을 통해 단계적으로 익힐 수 있도록 제시했습니다. 특히, 회화 운용 능력의 향상에 역점을 두어 말하기, 읽기, 듣기, 쓰기의 4가지 기능이 고루 조화를 이루도록 구성했으며 한국 문화의 소개도 추가했습니다.

　한국어 학습자들은 누구나 단시간에 유창한 회화 실력을 갖추기를 원하고, 그에 부응이라도 하듯 교수와 학습은 '의사소통 능력'에만 편중되어 있습니다. 그러나 그것으로 인해 쉽게 간과해 버릴 수 있는 중요한 요소들이 있음은 분명합니다.
　본 교재는 한국어 학습에 있어서 학습자들의 유창한 의사소통 능력뿐만 아니라 정확성까지 기르는 것을 목표로 개발했습니다. 학습자들에게 유창성과 정확성이라는 두 마리의 토끼를 잡을 수 있는 길잡이가 될 것입니다.

　이지코리안 아카데미는 지금까지 해 왔던 성과와 결과에 만족하지 않고 한층 더 심화 발전된 외국어로서의 한국어 교육과 문화 교육, 한국어 교재 개발 및 양질의 한국어 교사 양성에 정진하여 앞으로도 더욱 한국 문화와 한국어를 세계인들에게 알리는 데 노력할 것입니다.
　마지막으로 본 교재의 집필과 출판에 도움을 주신 모든 분들께 감사의 말씀을 전합니다.

이지코리안 아카데미

일러두기

New Easy Korean 5B는 1~8과로 구성되어 있다. 각 과는 '대화', '어휘', '문형 연습', '말하기', '읽기', '듣기', '쓰기', 'JUMP PAGE', '한국 문화', '종합 연습'으로 이루어져 있다. 관련된 듣기 파일은 홈페이지 자료실에서 다운로드하거나 각 페이지 상단의 'QR코드' 또는 표지 뒤의 전체 'QR코드'를 활용하여 들을 수 있다. 또한 부록에는 듣기 지문, 모범 답안을 수록했으며 단어(영어, 일본어, 중국어, 베트남어 번역)와 문형 설명도 함께 수록했다. 구체적인 내용은 다음과 같다.

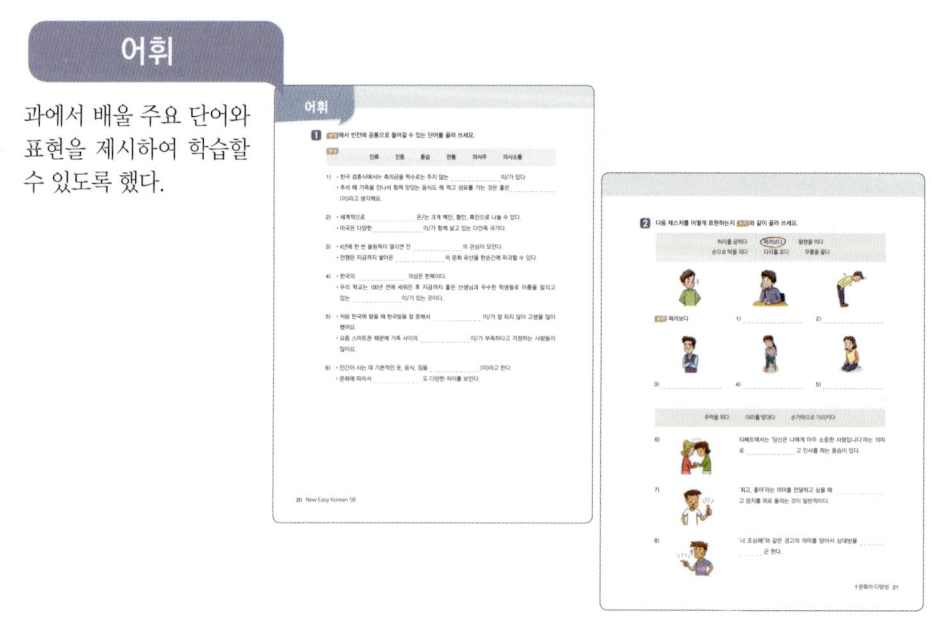

문형 연습

단계별 학습을 지향하여 다음과 같이 구성했다.

목표 문형

STEP 1
각 문형의 기본 연습 단계이다.

STEP 2
보다 확장된 연습을 할 수 있도록 대화문, 복합 문형 연습 등으로 이루어진 단계이다.

대표 대화
목표 문형의 대표적인 대화를 삽화와 함께 제시했다.

문형 활용표
문형의 형태를 제시했다.

STEP 3
배운 문형을 활용해 과제를 수행할 수 있는 단계이다.

Tip
문법 규칙 및 주의할 사항들을 제시했다.

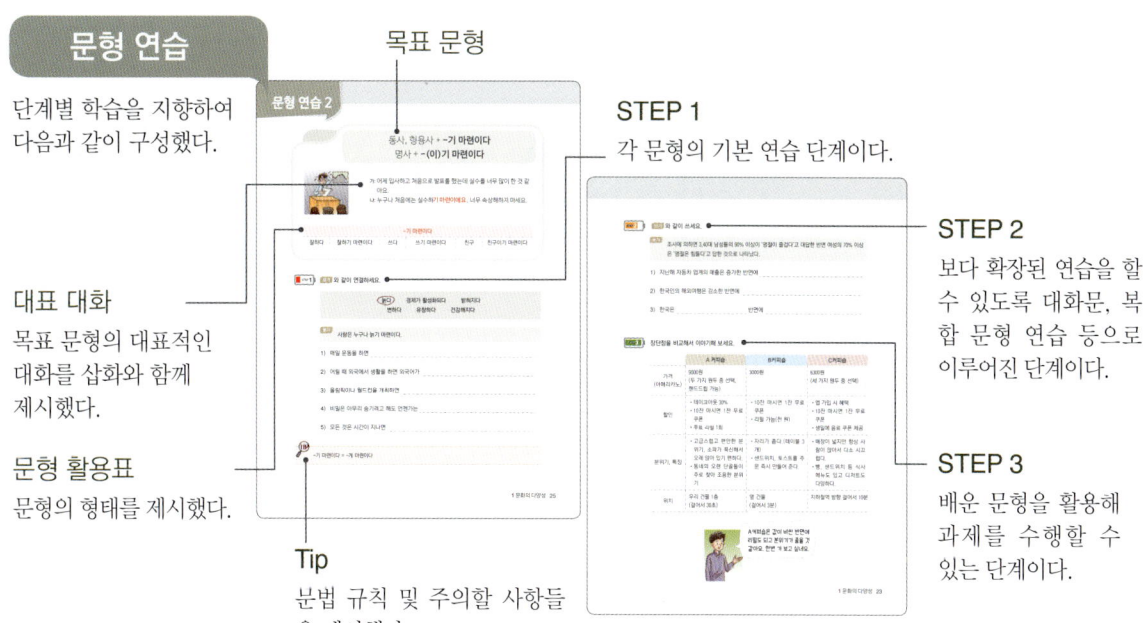

말하기

배운 목표 문형과 어휘를 활용하여 이야기할 수 있는 단계이다. 이야기 만들기, 토론하기, 설명하기, 조언하기 등 다양한 형식으로 구성했다.

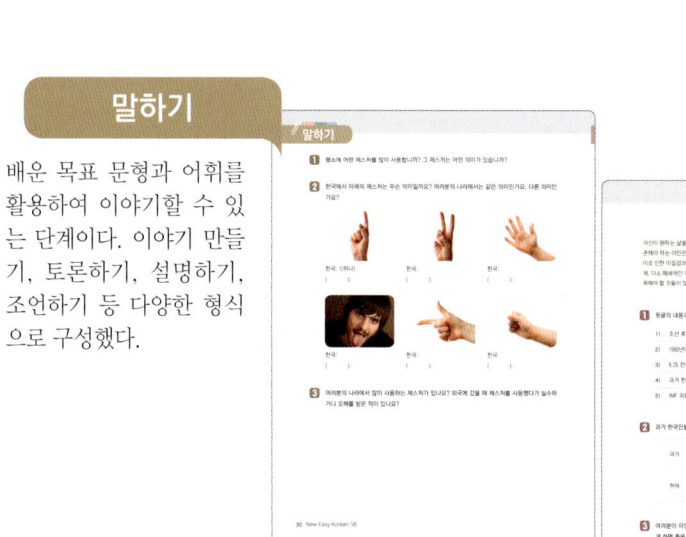

읽기/읽기 연습

목표 문형과 어휘를 활용한 읽기로 학습자의 수준에 맞는 실제적이고 다양한 종류의 글로 구성했고, 읽기 연습을 통해 지문에서 제시된 어휘, 표현을 연습, 활용할 수 있도록 구성했다.

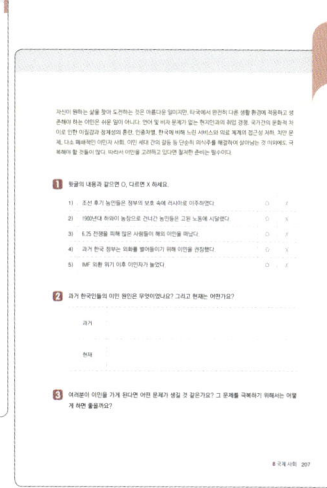

듣기

목표 문형과 어휘를 활용한 듣기로 학습자의 수준에 맞는 실제적이고 다양한 종류의 내용으로 구성했다. QR코드를 스캔하면 듣기 내용을 들을 수 있고 내용 확인을 위한 문제를 함께 제시했다.

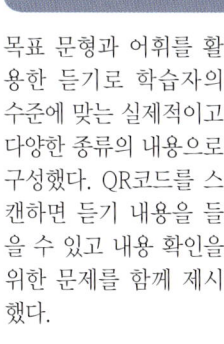

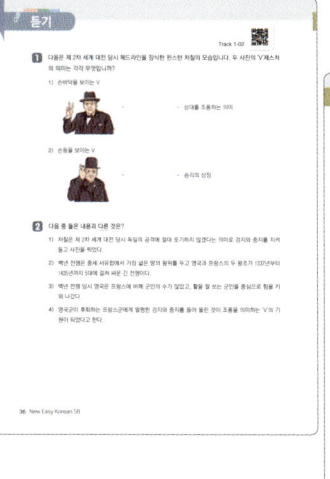

쓰기

목표 문형과 어휘를 활용해 주어진 주제에 대해 쓸 수 있도록 했다.

일러두기

종합 연습
각 과의 전체적인 내용을 복습할 수 있도록 구성했다.

JUMP PAGE
목표 문형과 관련되어 추가적으로 학습해야 할 부분이나 문법 규칙, 과의 주제와 관련 있는 읽을거리 등을 제시했다.

한국 문화
각 과의 주제와 관련 있는 한국의 문화를 소개했다.

단어 목록
각 과에 새로 나온 단어와 표현을 항목별로 제시했다.

책 속의 책

듣기 지문
듣기의 내용을 수록했다.

모범 답안
각 과의 항목별로 모범 답안을 수록했다.

단어 목록
새로 나온 어휘와 표현을 한 눈에 볼 수 있도록 제시했으며 영어, 일본어, 중국어, 베트남어로 번역했다.

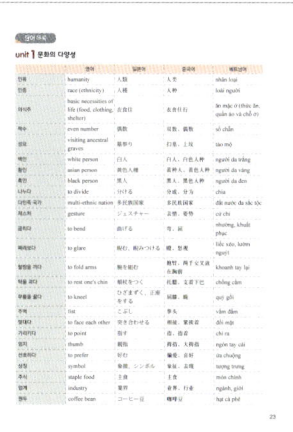

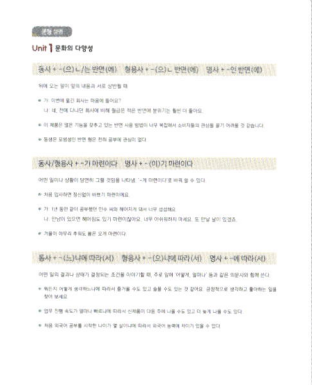

문형 설명
과의 주요 문형에 대한 설명을 표, 예문과 함께 제시했다.

교재 구성표

과	어휘	문형	말하기	
1과 문화의 다양성	• 문화 • 제스처	-(으)ㄴ/는 반면(에)	• 나라마다 다른 제스처	
		-기 마련이다		
		-냐에 따라(서)		
2과 계절과 날씨	• 날씨	-(ㄴ/는)다니(요)	• 계절별 날씨 이야기하기	
		-기(는) 틀리다		
		-(으)ㄹ걸요		
3과 경제	• 재테크	-(으)ㄴ/는 것만 못하다	• 지출 항목	
		-다가는		
		-(으)ㄴ/는 김에		
4과 명절	• 명절 풍경	-기(가) 무섭게	• 명절 문화에 대한 의견	
		-았/었/했으면 하다		
		-다(가) 보니(까)		

읽기/읽기 연습	듣기	쓰기	종합 연습	JUMP PAGE	한국 문화
• 영화를 통해 알아본 다른 나라, 다른 제스처	• V의 의미	• 문화 차이	• 1과 종합 연습	• 발표문을 쓸 때 자주 사용하는 표현	
• 날씨 마케팅	• 일기예보	• 일기예보 대본 쓰기	• 2과 종합 연습	• 날씨와 관련된 속담과 사자성어	
• 경제 뉴스	• 한국의 경제 성장 과정	• 경제 문제와 관련된 속담	• 3과 종합 연습		• 대한민국 가계 동향 조사
• 한국의 3대 명절	• 윷놀이	• 각 나라의 명절 소개	• 4과 종합 연습		• 차례 지내기

교재 구성표

과	어휘	문형	말하기
5과 직장 생활	• 회사 조직도 • 성격	-(으)ㄹ 리(가) 있다/없다	• 직장 생활
		-(으)ㄴ/는 탓에	
		-(으)ㄹ망정	
6과 6.25 한국 전쟁과 민주화 운동	• 6.25 한국 전쟁 • 대통령 선거	-았/었/했더라면	• 현대사 사건들
		-(으)ㄹ지라도	
		-아/어/해 대다	
7과 전통 음식과 과학	• 맛과 식감 • 막걸리 만들기	-다(가) 보면	• 각 나라 대표 전통 음식
		-기(가) 십상이다	
		여간 -지 않다	
8과 국제 사회	• 국제 기구 • 해외 이주	-거든	• 이민 이모저모
		-(으)ㄹ 법하다	
		-(으)ㄹ 바에(야)	

읽기/읽기 연습	듣기	쓰기	종합 연습	JUMP PAGE	한국 문화
• 직장 내 인간관계	• 육아 휴직	• 각 나라의 휴직 제도	• 5과 종합 연습	• 접두사 • 접미사	• 회사, 조직 용어
• 6.25 한국 전쟁의 발발과 전개	• 한국의 민주화 운동	• 각 나라의 정치 상황	• 6과 종합 연습		• 한국의 역대 대통령
• 김치의 과학	• 한국의 전통주	• 한국의 발효 식품	• 7과 종합 연습		• 한국의 전통 단위
• 한국인의 해외 이주	• 난민의 의미와 해결책	• 각 나라의 난민 현황 조사	• 8과 종합 연습		• 한국 내 외국인 주민 현황

등장인물 소개

조앤
- 미국 사람
- 20대
- 회사원

민수
- 한국 사람
- 30대
- 회사원

다나카
- 일본 사람
- 30대
- 회사원

쑤언
- 베트남 사람
- 30대
- 회사원

미라
- 한국 사람
- 30대
- 회사원

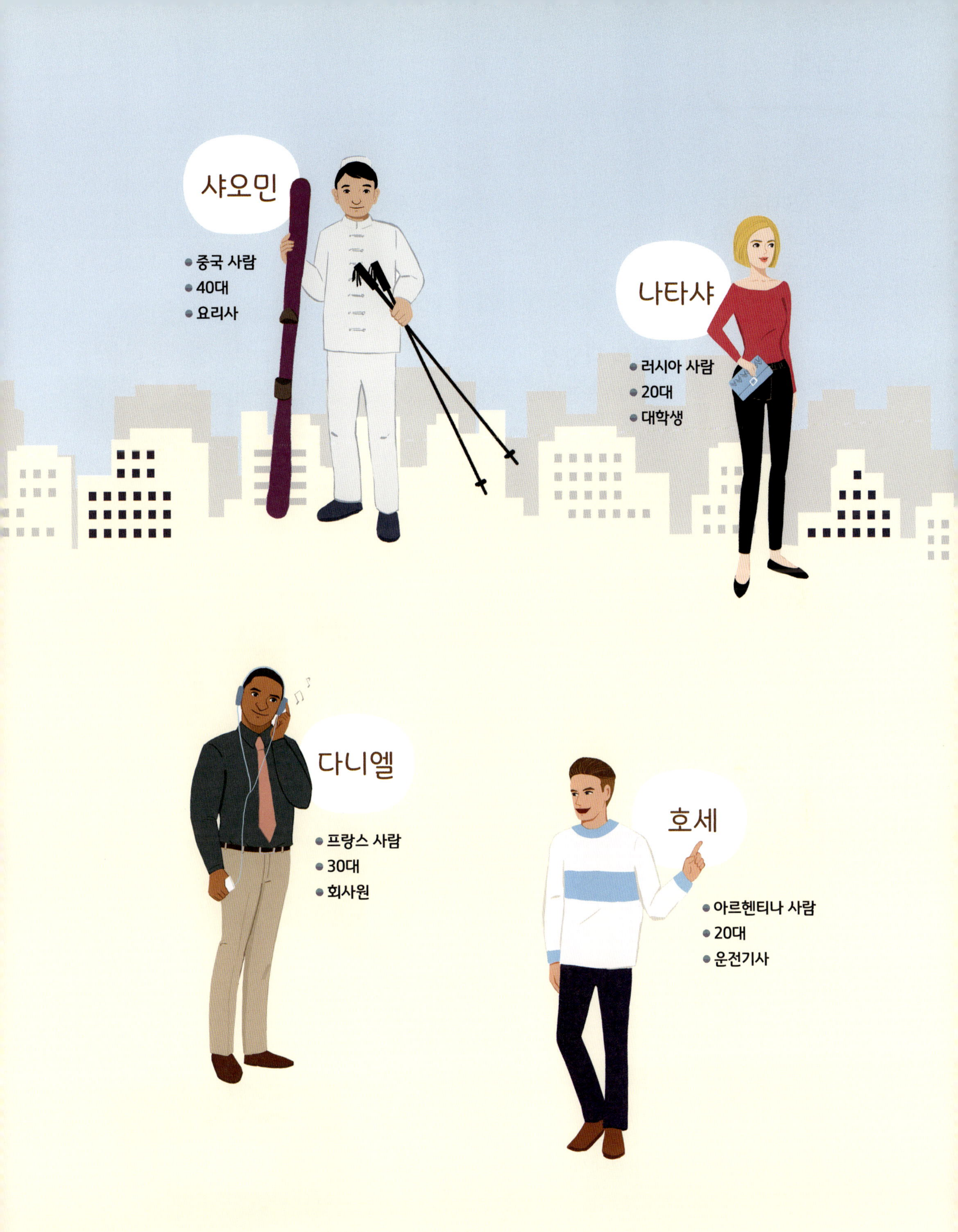
샤오민
중국 사람
40대
요리사
나타샤
러시아 사람
20대
대학생
다니엘
프랑스 사람
30대
회사원
호세
아르헨티나 사람
20대
운전기사

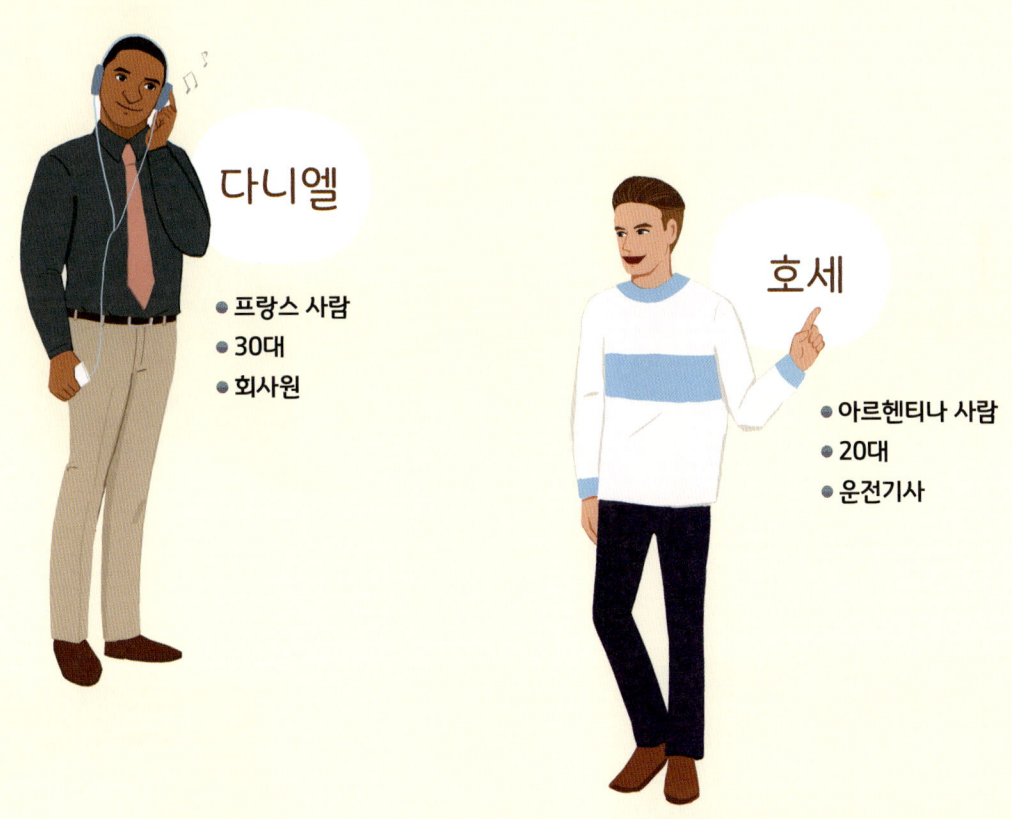

목차

머리말 3
일러두기 4
교재 구성표 8
등장인물 소개 12

unit 1 문화의 다양성 16
- -(으)ㄴ/는 반면(에)
- -기 마련이다
- -냐에 따라(서)

unit 2 계절과 날씨 42
- -(ㄴ/는)다니(요)
- -기(는) 틀리다
- -(으)ㄹ걸요

unit 3 경제 66
- -(으)ㄴ/는 것만 못하다
- -다가는
- -(으)ㄴ/는 김에

unit 4 명절 90
- -기(가) 무섭게
- -았/었/했으면 하다
- -다(가) 보니(까)

unit 5   직장 생활   114
-(으)ㄹ 리(가) 있다/없다
-(으)ㄴ/는 탓에
-(으)ㄹ망정

unit 6   6.25 한국 전쟁과 민주화 운동   140
-았/었/했더라면
-(으)ㄹ지라도
-아/어/해 대다

unit 7   전통 음식과 과학   164
-다(가) 보면
-기(가) 십상이다
여간 -지 않다

unit 8   국제 사회   190
-거든
-(으)ㄹ 법하다
-(으)ㄹ 바에(야)

책 속의 책
듣기 지문   4
모범 답안   8
단어 목록   23
문형 설명   55

unit 1
문화의 다양성

목표 문형

- –(으)ㄴ/는 반면(에)
- –기 마련이다
- –냐에 따라(서)

대화

Track 1-01

- 나타샤 씨, 어제 보니까 못 보던 사람하고 같이 가던데요?

- 아! 그분요? 우리 회사에 일하러 온 인도 친구인데 그 친구랑 이야기하면서 재미있는 걸 많이 알게 됐어요. 인도에서는 '네'라고 하고 싶을 때 고개를 젓고, '아니요'라고 하고 싶을 때 고개를 살짝 끄덕인대요.

- 신기하네요! 하긴, 나라마다 문화 차이가 있기 마련이니까요. 전에 미국 친구가 그러던데 파란색이 우울함을 상징하는 색이래요. 한국에서 파란색은 '젊음'이라든지 '희망'같은 긍정적인 느낌이라서 놀랐었어요.

- 맞아요. 문화권에 따라서 숫자에 대한 이미지도 다르잖아요. 한국, 중국, 일본에서는 '4'가 불길하다고 안 좋아하는 반면에 서양에서는 전혀 신경 쓰지 않거든요. 오히려 '6'이나 '13'을 기피하죠.

- 같은 사물이나 현상도 누가 어떻게 받아들이냐에 따라서 달라지니까 다른 나라에 대해 이해하려면 그 나라의 문화를 공부하는 건 필수인 것 같아요.

1. 나타샤는 인도 친구에게 어떤 이야기를 들었습니까?

2. 미국과 한국에서는 파란색이 각각 무엇을 상징한다고 합니까?

3. 나라마다 불길한 숫자에 대한 이미지가 어떻게 다릅니까?

어휘 및 표현

끄덕이다   젊음   불길하다   기피하다

어휘

1 보기 에서 빈칸에 공통으로 들어갈 수 있는 단어를 골라 쓰세요.

보기					
인류	인종	풍습	전통	의식주	의사소통

1) • 한국 결혼식에서는 축의금을 짝수로는 주지 않는 _____이/가 있다.
   • 추석 때 가족을 만나서 함께 맛있는 음식도 해 먹고 성묘를 가는 것은 좋은 _____(이)라고 생각해요.

2) • 세계적으로 _____은/는 크게 백인, 황인, 흑인으로 나눌 수 있다.
   • 미국은 다양한 _____이/가 함께 살고 있는 다민족 국가다.

3) • 4년에 한 번 올림픽이 열리면 전 _____의 관심이 모인다.
   • 전쟁은 지금까지 쌓아온 _____의 문화 유산을 한순간에 파괴할 수 있다.

4) • 한국의 _____ 의상은 한복이다.
   • 우리 학교는 100년 전에 세워진 후 지금까지 좋은 선생님과 우수한 학생들로 이름을 알리고 있는 _____이/가 있는 곳이다.

5) • 처음 한국에 왔을 때 한국말을 잘 못해서 _____이/가 잘 되지 않아 고생을 많이 했어요.
   • 요즘 스마트폰 때문에 가족 사이의 _____이/가 부족하다고 걱정하는 사람들이 많아요.

6) • 인간이 사는 데 기본적인 옷, 음식, 집을 _____(이)라고 한다.
   • 문화에 따라서 _____도 다양한 차이를 보인다.

2 다음 제스처를 어떻게 표현하는지 보기 와 같이 골라 쓰세요.

| 허리를 굽히다 | 째려보다 | 팔짱을 끼다 |
| 손으로 턱을 괴다 | 다리를 꼬다 | 무릎을 꿇다 |

보기 째려보다

1) _____

2) _____

3) _____

4) _____

5) _____

| 주먹을 쥐다 | 이마를 맞대다 | 손가락으로 가리키다 |

6) 티베트에서는 '당신은 나에게 아주 소중한 사람입니다'라는 의미로 _____고 인사를 하는 풍습이 있다.

7) '최고, 좋아'라는 의미를 전달하고 싶을 때 _____고 엄지를 위로 올리는 것이 일반적이다.

8) '너 조심해!'와 같은 경고의 의미를 담아서 상대방을 _____ 곤 한다.

1 문화의 다양성

문형 연습 1

동사 + -(으)ㄴ/는 반면(에)
형용사 + -(으)ㄴ 반면(에)   명사 + -인 반면(에)

가: 한국에서는 숫자 7을 선호하는 반면에 중국에서는 8을 선호해요.
나: 맞아요. 중국에서는 8이 행운의 상징인 반면 한국에서는 특별한 의미가 없죠.

	-(으)ㄴ 반면(에)		-는 반면(에)
먹다	먹은 반면에		먹는 반면에

	-(으)ㄴ 반면(에)		-인 반면(에)
바쁘다	바쁜 반면에	행운	행운인 반면에

STEP 1 보기 와 같이 연결하세요.

보기 한국 음식은 맵다. •   • 야근을 많이 시킨다.

1) 우리 형은 공부를 잘한다. •   • 일본 음식은 맵지 않다.

2) 한국은 쌀이 주식이다. •   • 운동을 잘 못한다.

3) 그 회사는 월급이 많다. •   • 유럽은 밀가루가 주식이다.

보기 한국 음식은 매운 반면 일본 음식은 맵지 않다.

1) _____
2) _____
3) _____

STEP 2 | 보기와 같이 쓰세요.

> **보기** 조사에 의하면 3,40대 남성들의 90% 이상이 '명절이 즐겁다'고 대답한 반면 여성의 70% 이상은 '명절은 힘들다'고 답한 것으로 나타났다.

1) 지난해 자동차 업계의 매출은 증가한 반면에 _____

2) 한국인의 해외여행은 감소한 반면에 _____

3) 한국은 _____ 반면에 _____

STEP 3 | 장단점을 비교해서 이야기해 보세요.

	A 커피숍	B커피숍	C커피숍
가격 (아메리카노)	9000원 (두 가지 원두 중 선택, 핸드드립 가능)	3000원	6300원 (세 가지 원두 중 선택)
할인	• 테이크아웃 30% • 10잔 마시면 1잔 무료 쿠폰 • 무료 리필 1회	• 10잔 마시면 1잔 무료 쿠폰 • 리필 가능(천 원)	• 앱 가입 시 혜택 • 10잔 마시면 1잔 무료 쿠폰 • 생일에 음료 쿠폰 제공
분위기, 특징	• 고급스럽고 편안한 분위기, 소파가 푹신해서 오래 앉아 있기 편하다. • 동네의 오랜 단골들이 주로 찾아 조용한 분위기	• 자리가 좁다.(테이블 3개) • 샌드위치, 토스트를 주문 즉시 만들어 준다.	• 매장이 넓지만 항상 사람이 많아서 다소 시끄럽다. • 빵, 샌드위치 등 식사 메뉴도 있고 디저트도 다양하다.
위치	우리 건물 1층 (걸어서 30초)	옆 건물 (걸어서 3분)	지하철역 방향 걸어서 10분

A커피숍은 값이 비싼 반면에 리필도 되고 분위기가 좋을 것 같아요. 한번 가 보고 싶네요.

	A 회사	B 회사	C 회사
연봉	8000만 원대	5000만 원대	3000만 원대
근무시간	9:00~18:00(야근 많음)	8:30~17:30	10:30~17:30
분위기	개인적인 분위기	엄격한 분위기	가족적인 분위기
복지	• 매달 월급과 별도로 자기계발비 지원 • 계열사 백화점과 마트에서 30% 할인 혜택 (세일 상품 제외)	• 5년에 한 번 해외연수 지원 • 자사 제품(가전 제품) 구입 시 20% 할인	• 1년에 한 번 장기 휴가 (한 달) 가능

A회사는 야근이 많은 반면에 복지가 좋네요

문형 연습 2

동사, 형용사 + -기 마련이다
명사 + -(이)기 마련이다

가: 어제 입사하고 처음으로 발표를 했는데 실수를 너무 많이 한 것 같아요.
나: 누구나 처음에는 실수하기 마련이에요. 너무 속상해하지 마세요.

-기 마련이다					
잘하다	잘하기 마련이다	쓰다	쓰기 마련이다	친구	친구이기 마련이다

STEP 1 보기 와 같이 연결하세요.

늙다   경제가 활성화되다   밝혀지다
변하다   유창하다   건강해지다

보기 사람은 누구나 늙기 마련이다.

1) 매일 운동을 하면 _____

2) 어릴 때 외국에서 생활을 하면 외국어가 _____

3) 올림픽이나 월드컵을 개최하면 _____

4) 비밀은 아무리 숨기려고 해도 언젠가는 _____

5) 모든 것은 시간이 지나면 _____

-기 마련이다 = -게 마련이다

STEP 2 보기 와 같이 쓰세요.

> 보기 유머 감각이 있으면 친구들에게 인기가 많기 마련이다.

1) 죄를 지으면 _____

2) 돈이 많으면 _____

3) 오랫동안 고향을 떠나 있으면 _____

4) 부지런히 일하면 _____

5) 책을 많이 읽을수록 _____

STEP 3 다음 주제들에 대해 친구와 이야기하세요.

| 친구 | 가족 | 성공 | 실패 | 돈 | 사랑 | 인생 | 일 | 꿈 |
| 공부 | 스트레스 | 고정관념 | 추억 | 습관 | 세대 차이 |

안 해본 일을 처음 하면 스트레스를 받게 마련이에요.
처음부터 너무 잘하려고 하지 말고 여유를 가져야 해요.

문형 연습 3

동사 + -(느)냐에 따라(서)
형용사 + -(으)냐에 따라(서)   명사 + -에 따라(서)

가: 운동은 힘들게 하는 것보다 자신의 체력**에 따라** 적당히 즐겁게 하는 것이 더 좋은 것 같아요.
나: 맞아요. 얼마나 많이 하느냐보다 얼마나 꾸준히 하**느냐에 따라** 몸 상태가 달라진대요.

-(느)냐에 따라(서)			
접하다	접하(느)냐에 따라(서)	먹다	먹(느)냐에 따라(서)
-(으)냐에 따라(서)			
크다	크냐에 따라(서)	작다	작(으)냐에 따라(서)
-에 따라(서)			
문화	문화에 따라(서)	풍습	풍습에 따라(서)
-았/었/했(느)냐에 따라(서)			
가다	갔(느)냐에 따라서	크다	컸(느)냐에 따라서	잘하다	잘했(느)냐에 따라서

 보기 와 같이 한 문장으로 연결하세요.

> 보기
> 어디에서 숙박을 해요? / 여행 비용에 큰 차이가 납니다.
> → 어디에서 숙박하(느)냐에 따라(서) 여행 비용에 큰 차이가 납니다.
> → 숙박 시설이 어디냐에 따라(서) 여행 비용에 큰 차이가 납니다.

1) 왜 한국어를 배워요? / 선택하는 교재가 달라져요.

    _____

2) 얼마나 좋은 상품을 개발해요? / 돈을 벌 수도 있고 파산할 수도 있다.

    _____

3) 20대에 누구를 만나요? / 인생이 결정될 수 있다.

　➡ _____

4) 외국어 실력이 좋아요? 나빠요? / 인간관계의 폭이 달라진다.

　➡ _____

STEP 2 　보기 와 같이 대화를 완성하세요.

> 보기
> 가: 당일치기로 여행할 만한 곳 좀 소개해 주세요.
> 나: 설악산 어때요? 계절에 따라 다양하고 아름다운 풍경을 볼 수 있거든요.

1) 가: 한국어를 한국 사람처럼 잘하려면 얼마나 걸릴까요?
   나: 그것은 자기가 얼마나 _____ 다르지요.

2) 가: 결혼할 때 돈이 얼마나 들까요?
   나: 글쎄요. _____ 달라지겠지요.

3) 가: 진로를 바꾸려고 하는데 적성이 우선일까 보수가 우선일까?
   나: _____ 인생이 달라질 수 있으니까 신중하게 생각해.

4) 가: 한국 회사는 입사한 지 얼마나 됐느냐에 따라 승진이 결정되죠?
   나: 요즘은 그렇지도 않아요. 비록 나이가 어리고 경력이 많지 않다고 해도 _____ _____ 승진을 빨리 할 수 있어요.

5) 가: 이민을 준비 중인데 미국에서 집을 사려면 얼마나 필요할까요?
   나: 글쎄요. 같은 미국 안에서도 _____ 차이가 많이 나요.

STEP 3 다음 주제에 대해 이야기해 보세요.

몇 개월 만에 한국어를 유창하게 하는 사람도 있고 몇 년을 한국에 있어도 한국어를 잘 못하는 사람도 있는 걸 보면 한국어 실력은 어떻게 공부하느냐에 따라서 많이 달라지는 것 같아요.

1) 한국어 실력

2) 업무 성과

3) 인상

4) 인간관계

5) 건강

6) 인생

말하기

1 평소에 어떤 제스처를 많이 사용합니까? 그 제스처는 어떤 의미가 있습니까?

2 한국에서 아래의 제스처는 무슨 의미일까요? 여러분의 나라에서는 같은 의미인가요, 다른 의미인가요?

한국: 1(하나)
(　　):

한국:
(　　):

한국:
(　　):

한국:
(　　):

한국:
(　　):

한국:
(　　):

3 여러분의 나라에서 많이 사용하는 제스처가 있나요? 외국에 갔을 때 제스처를 사용했다가 실수하거나 오해를 받은 적이 있나요?

읽기

안녕하십니까? 저는 아르헨티나에서 온 호세라고 합니다. 저는 한국에서 2년째 한국어를 공부하고 있는 학생입니다. 저는 오늘 영화 속에서 볼 수 있는 문화권마다 다른 제스처에 대해 발표하려고 합니다.

제스처(gesture), 즉 몸짓 언어는 말이 발달하기 전부터 생각을 표현하는 수단이었고 현대 사회에서도 많은 사람들은 제스처로 자신의 생각을 나타내고 있습니다. 이러한 제스처는 여러 나라에서 때로는 같은 의미로, 때로는 다른 의미로 사용됩니다.

예를 하나 들어 보겠습니다. 전 세계적으로 많이 사용되는 제스처 중 고개를 옆으로 젓는 동작이 있죠? 얼마 전에 인도를 배경으로 한 '세 얼간이(3 idiots)'라는 영화를 보고 재미있는 사실을 하나 알게 되었습니다. 만약에 여러분이 인도 친구 집에 가서 놀다가 저녁 식사 시간이 되었다고 생각해 봅시다. 친구가 어머니께 "엄마, 제 친구 저녁 먹고 가도 되죠?"라고 했을 때 친구의 어머니가 "티케"라고 하면서 고개를 옆으로 저었다고 생각해 보세요. 그럼 여러분은 어떻게 생각할 것 같으세요? 아마도 어머니가 안 된다고 하신 거라고 생각하겠죠? 여러분의 추측은 틀렸습니다. 인도에서 고개를 옆으로 젓는 행동은 '알았다'라는 뜻이고 '티케'라는 인도어는 영어의 'OK'입니다. 그러니까 친구 어머니가 '티케'라고 하면서 고개를 저었다면 '그럼. 밥 먹고 가도 돼'의 뜻으로 이해하셔야 합니다.

인도뿐만 아니라 다른 나라에도 특이한 제스처가 많습니다. '티베트에서의 7년'이라는 영화는 제2차 세계 대전 직후에 티베트에서 살게 된 오스트리아의 산악인 '하인리히 하러(Heinrich Harrer)'의 실화를 바탕으로 하고 있는데 그가 티베트의 어떤 마을에 도착하자 마을 사람들이 모두 그를 보고 혀를 쭉 내미는 장면이 있습니다. 한국에서는 처음 보는 사람에게 혀를 내미는 것은 엄청난 실례지요?
그러나 티베트에서는 이것이 처음 만난 사람에게 하는 전통적인 인사법이라고 합니다.

숫자를 세는 방법도 나라마다 조금씩 다른 제스처를 사용하는데요, 숫자 '3'을 손가락으로 표시해 보세요. 한국에서는 보통 엄지와 새끼손가락을 붙이고 나머지 세 손가락을 펴서 '3'을 표시하죠? 하지만 독일에서는 네 번째 손가락과 새끼손가락을 구부리고 나머지 세 손가락을 펴는 방식으로 '3'을 표현한다고 합니다. 영화 '바스터즈 거친 녀석들(Inglourious Basterds)'에서 2차 대전 당시 독일의 나치들이 '3'이라는 숫자를 손가락으로 표현하는 방법으로 상대가 독일인인지 아닌지를 구분하는 장면이 등장했습니다. 미국인 스파이가 독일 나치군과 함께 술을 마시다가 "여기 맥주 세 잔 주세요!"라고 하면서 엄지와 새끼 손가락을 붙이고 나머지 세 손가락을 들어 '3'을 표시합니다. 그것을 본 나치군은 그 사람이 스파이라는 것을 깨닫고 한바탕 총싸움이 벌어집니다.

저와 함께 공부하는 중국 친구에게 배운 중국에서 숫자를 세는 방법도 아주 인상적이었는데요, 한국 사람들이 열 손가락을 다 사용해서 1부터 10까지의 숫자를 표현하는 반면에, 중국에서는 한 손, 즉 다섯 손가락으로 1부터 10까지 표현한다고 합니다. 그 방법은 다음 그림과 같습니다. 자, 그럼 독일 사람이 중국에 여행

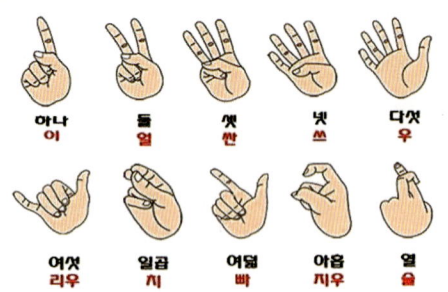

을 가서 맥주를 주문할 때 엄지와 검지를 펴서 주문을 한다면 어떻게 될까요? 독일에서는 '2'라는 뜻이지만 중국에서는 '8'이죠. 독일 사람은 맥주 두 잔을 달라는 뜻으로 주문을 했겠지만 중국 사장님은 여덟 잔의 맥주를 가지고 오겠죠. 반면에 한국에서 '2'라는 의미로 검지와 중지를 펴는 제스처는 독일에서는 '승리', 프랑스에서는 '평화'의 의미라고 합니다.

지금까지 영화 속에서 볼 수 있는 나라별 다양한 제스처에 대해 말씀드렸습니다. 제스처를 보고 상대방의 감정이나 생각을 이해하기 위해서는 그 사람이 속한 사회나 문화에 대한 이해가 있어야 합니다. 제스처는 사회와 문화에 따라서 차이가 있으므로 다른 나라에 갔을 때 사람들은 간혹 잘못된 제스처를 통해 실수를 하거나 오해를 할 수도 있습니다. 그러나 이러한 제스처를 잘 이해하고 바르게 사용한다면 말로만 하는 것보다 의사를 좀 더 정확히 전달하고 감정을 풍부하게 표현하는 방법이 될 수 있다고 생각합니다. 지금까지 제 발표를 들어주셔서 감사합니다. 질문이 있으면 해 주십시오.

1 윗글의 내용에 맞게 아래 문장을 완성해 봅시다.

사람들은 언어뿐만 아니라 _____(으)로 자신의 의사를 표현할 수 있는데 이는 사회나 문화에 따라 _____.

2 윗글의 내용과 다른 것은?

1) '티베트에서의 7년'이라는 영화는 실화를 바탕으로 만든 영화이다.

2) 독일과 미국에서 손가락으로 숫자 '3'을 표현하는 방식이 다르다.

3) 중국에서도 한국처럼 열 손가락으로 1부터 10까지의 숫자를 표현한다.

4) 한국에서 '2'라는 의미로 검지와 중지를 펴는 제스처는 독일에서는 '승리'를 의미한다.

5) 제스처는 정확히 자신의 의사를 전달하고 감정을 풍부하게 표현하는 방법이 될 수 있다.

3 다음 제스처의 의미를 정리해 봅시다.

1)

한국 :

인도 :

2)

중국 :

독일 :

3)

한국 :

프랑스 :

4)

티베트 :

한국 :

읽기 연습

1 각 손가락의 이름을 쓰세요.

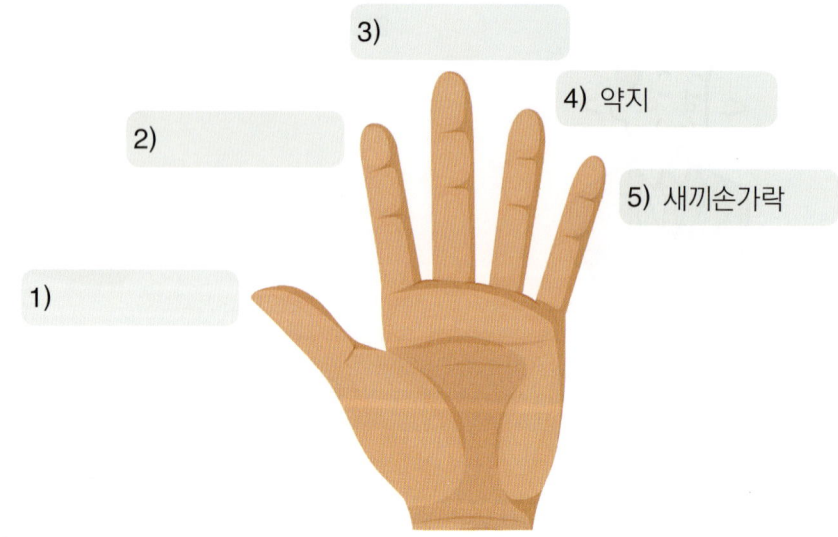

2 반대말을 연결하세요.

1) 간혹(=때때로, 때로는) •   • 부족하다

2) 특이하다 •   • 자주

3) 내밀다 •   • 보통이다

4) 풍부하다 •   • 구부리다

5) 펴다 •   • 제외되다

6) 속하다 •   • 넣다

3 보기 에서 알맞은 단어를 골라 문장을 완성하세요.

> 보기
> 산악인   추측   수단   실화
> 인종   스파이   승리   평화   의사

1) 가: 한국에서 가장 자주 이용하는 교통 _____ 이/가 무엇입니까?
   나: 일반적으로 지하철을 많이 이용합니다.

2) 우리가 지난달에 _____ 한 것과 같이 이번 달에는 A제품보다 B제품이 시장에서 인기를 끌고 있다고 합니다.

3) 에베레스트, K2와 같은 세계적인 산들을 등산하는 것을 직업으로 하는 사람을 '_____'(이)라고 한다.

4) 피부색이나 신체적 특징에 따라 구분되는 특정한 집단이 다른 집단을 무시하거나 폭행하여 신체적, 정신적 피해를 주는 것을 _____ 차별이라고 한다.

5) 요즘 한국에서는 실제로 있었던 이야기인 _____ 을/를 바탕으로 만들어진 영화가 많은 사랑을 받고 있다.

6) 가: 이번 올림픽을 위해 4년을 준비하셨는데요, 지금 기분이 어떠십니까?
   나: 목표했던 대로 팀을 _____ (으)로 이끌 수 있어서 정말 기쁘고요. 개인적으로는 이번 올림픽을 통해 슬럼프를 극복할 수 있게 된 것 같아 기분이 좋습니다.

7) 1980년대에는 남한과 북한의 관계가 매우 좋지 못했다. 북한에서 보낸 _____ 이/가 비행기를 폭발시키는 등의 테러를 계획하는 일도 있었다.

8) 처음 한국에 왔을 때는 한국말이 서툴러서 _____ 소통이 정말 힘들었다.

9) 한국의 15대 대통령인 김대중 전 대통령은 민주주의와 인권을 위해 노력한 업적을 인정받아 2000년 한국인 최초로 노벨 _____ 상을 수상했다.

듣기

Track 1-02

1 다음은 제 2차 세계 대전 당시 헤드라인을 장식한 윈스턴 처칠의 모습입니다. 두 사진의 'V'제스처의 의미는 각각 무엇입니까?

1) 손바닥을 보이는 V

· 상대를 조롱하는 의미

2) 손등을 보이는 V

· 승리의 상징

2 다음 중 들은 내용과 <u>다른</u> 것은?

1) 처칠은 제 2차 세계 대전 당시 독일의 공격에 절대 포기하지 않겠다는 의미로 검지와 중지를 치켜들고 사진을 찍었다.

2) 백년 전쟁은 중세 서유럽에서 가장 넓은 땅의 왕위를 두고 영국과 프랑스의 두 왕조가 1337년부터 1435년까지 5대에 걸쳐 싸운 긴 전쟁이다.

3) 백년 전쟁 당시 영국은 프랑스에 비해 군인의 수가 많았고, 활을 잘 쏘는 군인을 중심으로 힘을 키워 나갔다.

4) 영국군이 후퇴하는 프랑스군에게 멀쩡한 검지와 중지를 들어 올린 것이 조롱을 의미하는 'V'의 기원이 되었다고 한다.

쓰기

1 여러분의 나라와 한국의 문화에는 어떤 공통점과 차이점이 있나요?

국가	공통점	차이점

2 문화 차이로 논란이 될 수 있는 예는 어떤 것이 있을까요?

3 위에서 이야기한 것을 바탕으로 여러분의 나라의 문화와 한국 문화의 공통점과 차이점에 대해 발표문을 써 봅시다.

1 문화의 다양성

종합 연습

1 보기 에서 알맞은 단어를 골라 문장을 완성하세요..

> **보기**
>
> 고개를 젓다   고개를 끄덕이다   불과   무려
> 문화권   젊음   불길하다   일반적이다

1) 가: 영화배우 김사라 씨는 언제 봐도 항상 활기가 넘치네요.
   나: 맞아요. 얼마 전에 인터뷰에서 봤는데 사라 씨는 _____ 을/를 유지하기 위해서 매일 2시간 이상 운동하고 라면 같은 인스턴트 음식은 절대 안 먹는대요.

2) 미국에서는 아침에 거울이 깨지면 _____ 고 생각해서 하루 종일 나쁜 일이 생기지 않도록 조심한다고 한다.

3) 가: 13개월 된 우리 딸이 어제 밥을 먹는데 싫어하는 음식을 보고 처음으로 _____ 았/었어요.
   나: 하하하, 귀여웠겠네요. 그럼 좋아하는 음식을 보면 _____ 기도 해요?
   가: 그럼요, 좋다는 표현은 몇 달 전부터 했어요.

4) 유네스코가 추정한 지구상의 언어는 대략 6천여 개가 있고, 사용 인구가 10만 명이 넘는 언어는 천 개 이상이다. 모국어를 기준으로 사용 인구가 가장 많은 언어 1위는 표준 중국어(베이징어)로 _____ 11억 명 이상이 사용하고 있다.

5) 가: 한국에서는 대학교에 가는 게 _____ 것 같아요.
   나: 네, 다 대학교에 가야 한다고 생각하니까 경쟁이 더 심해지는 것 같아요.

6) 한국, 중국, 일본 세 나라는 한자 _____ (이)다. 그래서 발음이 서로 비슷한 단어가 많다.

2 보기 에서 알맞은 단어를 골라 문장을 완성하세요.

> 보기
> 숙이다   괴다   끄덕이다   끼다   가리키다   흔들다

1) 다른 사람의 말에 "맞아, 맞아"라고 얘기할 때 고개를 _____.

2) 어른을 만나면 보통 고개를 _____ 인사해야 돼요.

3) 수업을 들을 때 나도 모르게 턱을 _____ 있게 돼요.

4) 내가 손가락으로 _____ 곳을 잘 봐.

5) 친구랑 헤어질 때 손을 _____ 인사합니다.

6) 상사가 이야기할 때 팔짱을 _____ 대답하면 좀 예의 없어 보여요.

3 보기 에서 알맞은 표현이나 단어를 골라 문장을 완성하세요.

> 보기
> -에 의하면   -(으)ㄴ/는 반면(에)   -기 마련이다
> 특이하다   풍부하다   때로는

한국인은 식사할 때 젓가락과 숟가락을 1) _____ 일본과 중국은 같은 아시아 국가이지만 숟가락을 거의 사용하지 않는다. 숟가락은 한국만의 2) _____ 문화다. 한국에서 식사 때 숟가락을 쓰는 이유는 무엇일까? 한국인의 식습관을 보면 그 이유를 쉽게 알 수 있다. 한국인의 주식은 밥이다. 밥은 탄수화물이 많기 때문에 그것만으로 씹고 넘기기에는 수분이 부족한 느낌이 있다. 하지만 국물과 함께 먹으면 촉촉한 수분이 보충되어 더 효과적으로 식사를 할 수 있다. 하지만 젓가락만으로는 국물을 제대로 먹기 힘들기 때문에 한국 사람이 밥을 먹을 때는 반드시 숟가락이 필요하다. 숟가락이 필요한 이유가 또 하나 있다. 음식 문화 연구가들 3) _____ 식사 메뉴가 1인분씩 따로 나오는 서양이나 일본과는 달리 한국은 큰 접시에 담긴 찌개나 요리를 가운데 놓고 같이 먹기 때문에 숟가락이 이동식 개인 접시 역할을 한다는 것이다. 이렇게 식사 습관도 나라마다 차이가 4) _____. 이러한 차이가 5) _____ 갈등을 만들기도 하지만 다양한 문화를 만들어 우리의 삶의 모습을 6) _____ 하는 역할을 하기도 한다.

JUMP PAGE

💡 발표문을 쓸 때 자주 사용하는 표현

1 -에 의하면/따르면

> 보기
> 조사에 의하면/따르면 연평균 기온이 10년 전보다 0.2도 상승했다고 한다.

뉴스에 의하면/따르면 _____

2 (예를 들면) -(이)라든지 -같은

> 보기
> 의성어는 소리를 나타내는 말이다. 예를 들면 '멍멍'이라든지 '쿵' 같은 표현이 있다.

1) 부모님께는 _____ 선물이 좋을 것 같다.

2) 우리 고향은 _____ 이/가 유명하다.

3 -(으)로 인해서 / 인한

> 보기
> 문화 차이로 인한 갈등이 깊어지고 있다.
> 문화 차이로 인해서 갈등을 겪는 경우가 많다.

1) _____ 환경 오염이 심각하다.

2) _____ 한국 문화에 대한 관심이 커졌다.

4 수나 양을 강조하기

> 보기
> 아시아에 사는 사람은 무려 45억 명에 달한다.
> 한자 대신 한글을 일상적으로 사용한 것은 불과 100여 년 전부터다.

1) 무려: _____

2) 불과: _____

단어 목록

공부한 단어를 ✓하세요!

어휘
- [ ] 인류
- [ ] 인종
- [ ] 의식주
- [ ] 짝수
- [ ] 성묘
- [ ] 백인
- [ ] 황인
- [ ] 흑인
- [ ] 나누다
- [ ] 다민족 국가
- [ ] 제스처
- [ ] 굽히다
- [ ] 째려보다
- [ ] 팔짱을 끼다
- [ ] 턱을 괴다
- [ ] 무릎을 꿇다
- [ ] 주먹
- [ ] 맞대다
- [ ] 가리키다
- [ ] 엄지

문형 연습
- [ ] 선호하다
- [ ] 상징
- [ ] 주식
- [ ] 업계
- [ ] 원두
- [ ] 핸드드립
- [ ] 테이크아웃
- [ ] 리필
- [ ] 푹신하다
- [ ] 별도
- [ ] 계열사
- [ ] 자사
- [ ] 장기
- [ ] 늙다
- [ ] 활성
- [ ] -화
- [ ] 밝혀지다
- [ ] 유머 감각
- [ ] 고정관념
- [ ] 파산하다
- [ ] 보수
- [ ] 비록

읽기
- [ ] 문화권
- [ ] 몸짓
- [ ] 젓다
- [ ] 얼간이
- [ ] 세계 대전
- [ ] 산악인
- [ ] 실화
- [ ] 내밀다
- [ ] 세다
- [ ] 표시하다
- [ ] 새끼손가락
- [ ] 구부리다
- [ ] 나머지
- [ ] 녀석
- [ ] 나치
- [ ] 스파이
- [ ] 한바탕
- [ ] 총
- [ ] 검지
- [ ] 중지
- [ ] 속하다
- [ ] 간혹
- [ ] 의사

읽기 연습
- [ ] 약지
- [ ] 때로는
- [ ] 폭행하다
- [ ] 이끌다
- [ ] 북한
- [ ] 폭발
- [ ] 테러
- [ ] 민주주의
- [ ] 인권

듣기
- [ ] 수상
- [ ] 치켜들다
- [ ] 헤드라인
- [ ] 손등
- [ ] 조롱하다
- [ ] 백년 전쟁
- [ ] 중세
- [ ] 왕위
- [ ] 활
- [ ] 쏘다
- [ ] 후퇴하다
- [ ] 멀쩡하다
- [ ] 기원
- [ ] 손바닥

Jump Page
- [ ] 기온
- [ ] 상승하다
- [ ] 달하다

대화
- [ ] 끄덕이다
- [ ] 젊음
- [ ] 불길하다
- [ ] 기피하다
- [ ] 사물

종합 연습
- [ ] 추정하다
- [ ] 모국어
- [ ] 표준
- [ ] 식습관
- [ ] 넘기다
- [ ] 수분
- [ ] 보충되다
- [ ] 연구가
- [ ] -와/과는 달리
- [ ] 접시

unit 2
계절과 날씨

목표 문형

- -(ㄴ/는)다니(요)
- -기(는) 틀리다
- -(으)ㄹ걸요

2 계절과 날씨

대화

Track 2-01

 어! 웬 우산이에요? 오늘 비 온대요?

 뉴스 못 보셨어요? 지금 태풍이 올라오고 있대요.

 날씨가 이렇게 좋은데 태풍이라니요? 요즘 날씨가 너무 변덕스러운 것 같아요.

 맞아요. 오늘 저녁부터는 전국이 태풍의 영향권에 들어간대요. 아마 주말에는 바람이 심하게 불고 비가 계속 올걸요.

 주말에 설악산에 가려고 했는데…… 등산하기는 틀렸네.

 다음에 가셔야겠네요. 이번에는 강수량도 꽤 많고 강풍도 부니까 외출을 자제하고 피해가 없도록 주의하라고 하더라고요.

 피해를 입는 지역이 없어야 할 텐데 걱정이네요. 태풍은 언제쯤 지나간대요?

 화요일부터 갤 거래요. 그리고 당분간 비 소식은 없지만 낮 최고 기온이 33도를 넘으면서 후텁지근할 거라고 하던데요.

 와, 그럼 엄청 덥겠어요. 한국에 오기 전에는 한국의 여름이 이렇게 더운 줄 몰랐어요.

저도요. 밤에는 열대야까지 시작된다니까 걱정이에요. 작년 여름에도 더위가 기승을 부려서 잠을 설친 게 한두 번이 아니었거든요.

1 다나카는 주말에 무엇을 하려고 했습니까?

2 태풍이 지나간 후 날씨는 어떨 거라고 합니까?

3 작년 여름 날씨는 어땠다고 합니까?

어휘 및 표현

당분간

어휘

가	나
찜통더위	포근하다
불볕더위	화창하다
고기압/저기압	후텁지근하다 / 무덥다
꽃샘추위	선선하다
한파	쌀쌀하다
천고마비	기승을 부리다
강수량	
적설량	
열대야	

1 다음에서 설명하는 단어를 〈가〉에서 찾아 쓰세요.

1)  뜨거운 김으로 음식을 찌는 것 같이 더운 기운: _____

2)  몹시 뜨거운 햇볕이 내리쬐는 더위: _____

3)  비나 눈이 온 양: _____

4)  초봄에 갑자기 찾아오는 추위: _____

5) 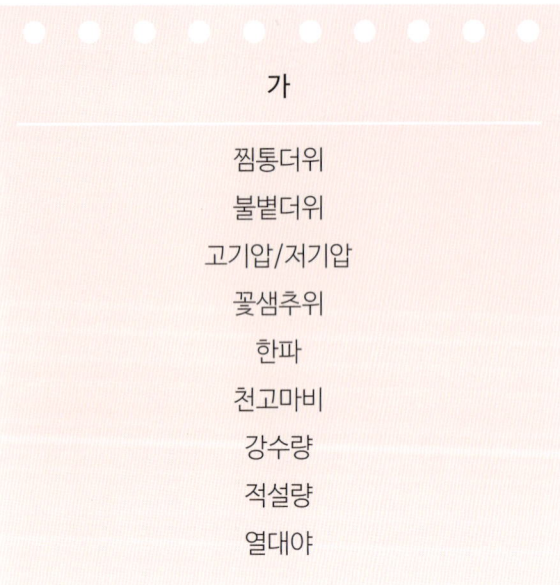 하늘은 높고 말은 살찐다는 뜻으로 아름다운 가을을 표현하는 말: _____

6) 겨울철에 기온이 갑자기 내려가는 것:

7) 눈이 쌓인 양:

8) 밤 사이의 최저 기온이 25 °C 이상인 습하고 더운 밤:

9) 대기 중에서 주위보다 기압이 낮은 영역. 상승 기류가 생겨 비가 내릴 때가 많음:

2 다음에서 설명하는 단어를 〈나〉에서 찾아 문장을 완성하세요.

1) 불쾌할 정도로 습도가 높고 덥다:

   예) 비가 오려고 그러는지 _____ 계속 에어컨을 켜고 있다.

2) 겨울 날씨가 바람이 없고 따뜻하다:

   예) 이제 3월이 다가오니까 확실히 날씨가 봄 날씨처럼 _____.

3) 시원한 느낌이 들 정도로 온도, 기온이 찬 느낌이 있다:

   예) 여름도 다 지나갔는지 아침, 저녁에는 _____ 운동하기 좋아요.

4) 기운이나 힘 등이 덜해지지 않고 계속 활발하다:

   예) 매일 30도를 넘는 불볕더위가 _____ 아이스크림과 음료수가 많이 팔린다고 한다.

5) 날씨나 바람이 소름이 돋을 정도로 상당히 차갑다:

   예) 일교차가 큰 _____ 날씨에 감기에 걸리는 사람이 많다.

6) 날씨가 따뜻하고 맑다:

   예) 날씨가 _____ 산이나 바다로 여행 가기 좋다.

문형 연습 1

동사 + -(ㄴ/는)다니(요)   형용사 + -다니(요)
명사 + -(이)라니(요)   -았/었/했다니(요)
-다니/라니/자니/냐니(요)

가: 오늘도 야근해야 할 것 같아요.
나: 또 야근**이라니** 말도 안 돼요. 그만하고 쉽시다.
가: 그만하고 쉬**자니요**. 할 일이 이렇게 쌓여 있는데요.

-(ㄴ/는)다니(요)			
가다	가다니 / 간다니(요)	먹다	먹(는)다니(요)

-다니(요)			
바쁘다	바쁘다니(요)	많다	많다니(요)

-(이)라니(요)			
선생님	선생님이라니(요)	부자	부자라니(요)

-았/었/했다니(요)					
찾다	찾았다니(요)	크다	컸다니(요)	하다	했다니(요)

STEP 1 보기와 같이 대화를 완성하세요.

보기
가: 왜 이렇게 조금 먹어요? 더 드세요.
나: 더 먹으라니요. 너무 많이 먹어서 배가 터질 것 같은데요.

1) 가: 그 손님은 요즘 잘 안 와요.
   나: _____. 어제도 오셨고 좀 전에도 왔다 가셨는데요.

2) 가: 어제 경기에서 A팀이 우승을 했대요.
   나: _____. 정말 믿을 수가 없네요.

3) 가: 요즘 날씨도 포근해졌는데 놀러 갈까요?
   나: _____. 다음 주부터 낮 기온이 영하라고 하던데요.

4) 가: 어제 뭐 했어요?
   나: _____. 하루 종일 집에서 같이 있었잖아요.

STEP 2

보기 와 같이 이야기해 보세요.

> **보기**
> 선생님: 내일 단어 시험을 볼 테니까 단어 10,000개만 외워 오세요.
> → 10,000개라니요! 그건 불가능해요!
> → 내일까지 외워 오라니 너무하시네요.

1) 미라: 제 친구 중에 복권에 30번 당첨된 사람이 있어요.

   ➡ _____.

2) 다나카: 이번 달 실적이 지난달보다 20%나 떨어져서 인원 감축을 한다고 하던데요.

   ➡ _____.

3) 제임스: 한국 사람들은 매운 음식을 별로 안 먹는 것 같아요.

   ➡ _____.

4) 분식집 아저씨: 떡볶이 1인분에 순대 1인분 드셨죠? 10만 원입니다.

   ➡ _____.

STEP 3

친구에게 신기한 이야기를 소개하세요.

전에 TV에서 할아버지와 함께 손을 잡고 산책하는 강아지를 본 적이 있어요. 뒷다리로만 사람처럼 걸어서 산책을 하는 모습이 너무 신기하고 귀여웠어요.

강아지랑 손을 잡고 산책을 하다니요! 뒷다리로만 걸을 수 있다니 진짜 신기하네요.

문형 연습 2

동사, 형용사 + -기(는) 틀리다

가: 이번 시험도 망친 것 같아요. 합격하**기는 틀렸어요**.
나: 결과는 나와봐야 알아요. 너무 낙심하지 마세요.

-기(는) 틀리다			
맑다	맑기는 틀리다	퇴근하다	퇴근하기는 틀리다

STEP 1 그림을 보고 보기 와 같이 쓰세요.

보기

 돈을 낭비하는 걸 보니 부자 되기는 틀렸네요.

1)

차가 막혀서 _____

2)

일이 밀린 걸 보니 _____

3)

비가 와서 _____

4)

사람이 많아서 _____

STEP 2 보기와 같이 대화를 완성하세요.

> 보기
> 가: 올해는 내 집 장만하셔야죠?
> 나: 요즘 집값이 너무 많이 올라서 집 사기는 틀렸어요.

1) 가: 시험 잘 쳤어요?
   나: 너무 어려워서 반도 못 풀었어요. 이번 학기에 장학금을 _____.

2) 가: 어제 면접 보셨다면서요? 잘하셨어요?
   나: 아니요, 긴장하는 바람에 실수를 많이 해서 _____.

3) 가: 어떡하지! 소금을 쏟아버렸어.
   나: 아이고, 오늘 불고기는 _____.

STEP 3 다음 날씨에는 어떤 일을 하기 힘들 것 같나요? 이야기해 봅시다.

내일도 날씨가 맑기는 틀렸네요.

그러게요. 날씨가 좋으면 외출하려고 했는데 나가기는 틀렸네요.

전국이 태풍의 영향권에 들어 많은 양의 비가 내리겠습니다. 야외 활동을 계획하셨던 분들은 자제해 주시기 바랍니다.

후텁지근한 날씨 때문에 불쾌지수가 높습니다. 오늘 밤에도 열대야 현상이 심할 것으로 예상됩니다.

폭설이 밤새 계속되고 있습니다. 내일 아침 출근길에 사고가 예상되니 안전 운전하십시오.

계속되는 가뭄으로 제한 급수가 시작되어 농민들의 얼굴에 근심이 가득합니다.

문형 연습 3

동사, 형용사 + -(으)ㄹ걸(요) 명사 + -일걸(요)
-았/었/했을걸(요)

가: 미라 씨 생일 선물로 이 책 어떨까요?
나: 이미 가지고 있**을걸요**. 전에 그 작가의 팬이라고 했거든요.

-(으)ㄹ걸(요)			
내리다	내릴걸(요)	덥다	더울걸(요)

-일걸(요)			
가수	가수일걸(요)	외국인	외국인일걸(요)

-았/었/했을걸(요)					
나오다	나왔을걸(요)	있다	있었을걸(요)	포근하다	포근했을걸(요)

STEP 1 보기 와 알맞은 단어를 골라 쓰세요.

> 화창하다   쌀쌀해지다   ⓞ좋다
> 열대야   후텁지근하다   포근해지다

보기
요즘 꽃샘추위니까 겨울옷 정리는 나중에 하는 게 좋을걸요.

1) 9월 중순부터는 아침저녁으로 _____.

2) 장마가 지나가면 진짜 _____. 그땐 어디 시원한 데로 피서를 가야 될 것 같아요.

3) 3월이 되면 날씨가 많이 _____. 추워도 조금만 더 참으세요.

4) 요즘 계속 밤에도 더웠으니까 오늘도 심한 _____. 너무 더워서 잠도 안 오고 정말 견디기가 힘드네요.

5) 오늘 밤에 비가 그친다고 했으니까 내일은 날씨가 _____.

STEP 2 보기 와 같이 대화를 완성하세요.

보기
가: 저분이 미선 씨 언니일까요?
나: 아닐걸요. 미선 씨네 가족이 다 키가 크니까 언니도 클걸요.

1) 가: 폴 씨가 오늘 회식에 올까요?
   나: 일이 쌓여 있어서 아마 _____.

2) 가: 앗! 회사에 핸드폰을 두고 왔다! 사무실에 전화 좀 해 줄래?
   나: 근데 지금 시간이면 모두 _____.

3) 가: 책을 빌리러 가려고 하는데 도서관이 몇 시까지 하는지 아세요?
   나: 글쎄요. 정확히는 모르겠지만 _____.

4) 가: 빨리 드라마 시간이 됐으면 좋겠어요. 지난주에 주인공이 드디어 범인을 알아낼 수 있는 증거를 발견하면서 끝나서 그다음 내용이 너무 궁금해요.
   나: 오늘은 _____. 올림픽 시즌이라 중계방송을 한댔어요.

5) 가: 이 가게 어디인지 알아요? SNS에 자주 올라와서 저도 가 보고 싶어요.
   나: 아마 _____. 저도 제 친구한테서 들은 적이 있어요.

STEP 3 이랬다면 어땠을까요? 친구와 이야기해 보세요.

한글이 있기 전에 한국도 한자를 썼으니까 한글이 발명되지 않았다면 아마 계속 한자를 쓰고 있었을걸요.

아닐걸요. 한국어는 한자로 표현하기에는 여러 가지 문제가 있으니까 아마 알파벳이나 가타카나 같은 표음문자를 이용했을걸요.

<보기> 세종대왕이 한글을 발명하지 않았다면

1) 비행기가 발명되지 않았다면

2) 세계가 모두 한 가지 언어를 쓴다면

3) 2차 세계 대전 / 6.25 전쟁이 일어나지 않았다면

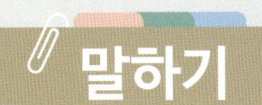

1 오늘 날씨는 어떻습니까? 오늘과 같은 날씨에는 무엇을 하는 것이 좋을까요?

2 한국의 사계절에 대해 이야기해 보세요.

계절	기간	날씨	연상되는 것
봄	3월~5월	화창하다, 꽃샘추위	꽃, 새 학기, 황사
여름			
가을			
겨울			

3 고향의 계절별 날씨와 그 계절에 연상되는 것에 대해 이야기해 보세요.

계절	기간	날씨	연상되는 것
봄			
여름			
가을			
겨울			

읽기

날씨가 쌀쌀해지면 호빵이나 어묵을 파는 가게들이 많아지고 무더운 여름이 되면 아이스크림이나 빙수 사진을 붙여 놓는 커피숍들이 늘어나죠. 이처럼 날씨와 마케팅은 떼려야 뗄 수 없는 관계입니다.

한국에서 전통적인 날씨 마케팅 하면 비 오는 날 파전에 막걸리를 빼 놓을 수 없습니다. 일반적으로 한국인들이 즐겨 마시는 술은 소주나 맥주인데요, 최근 한 주류 업체가 20~50대 소비자 3천 명을 대상으로 실시한 설문 조사 결과, 가장 즐겨 마시는 술은 맥주가 77%로 1위였습니다. 2위는 소주가 48.6%, 3위는 와인이 30.1%, 막걸리는 28.2%로 4위였는데요.

흥미로운 사실은 비가 오는 날은 소주나 맥주보다는 막걸리가 훨씬 잘 팔린다는 겁니다. 장마철 2주간 막걸리 판매량을 조사한 결과, 해당 기간 비가 오지 않는 날 대비, 비가 오는 날 막걸리 판매량은 무려 48.3%나 증가했다고 합니다. 전을 만들 때 꼭 필요한 재료인 밀가루와 파의 판매량은 각각 27%와 21%, 집에서 간편하게 데우기만 하면 먹을 수 있는 냉동 전의 판매량은 무려 168%나 증가했다니 놀랍지 않습니까?

그렇다면 왜 비가 오는 날은 전과 막걸리를 찾는 사람이 느는 걸까요? 많은 분들이 아마 알고 계실걸요. 그 이유는 한국인들은 막걸리를 마시면서 전을 함께 먹는 경우가 많은데 전을 부칠 때 나는 기름이 튀는 소리와 비 내리는 소리가 비슷하기 때문입니다. 실제로 소리의 진폭과 주파수를 측정해 보면, 기름을 부어 뜨거워진 프라이팬에 반죽을 넣을 때 나는 소리는 비바람과, 전의 기름 튀는 소리는 떨어지는 빗방울 소리와 주파수, 진폭이 흡사하다고 합니다. 때문에 빗소리를 들으며 무의식중에 파전을 떠올리고, 파전하면 막걸리라는 연상 작용으로 평소보다 막걸리를 찾는 사람들이 많아진다는 것이죠. 또, 비가 오면 일조량이 줄어 행복감을 유도하는 세로토닌의 분비가 감소하기 때문에 우울함을 쉽게 느낄 수 있는데, 이럴 때 파전에 많은 아미노산과 비타민B가 신진대사를 활발하게 하고, 세로토닌을 활성화해 우울함을 완화할 수 있다고 합니다.

장마철이 시작되면 외출하기 꺼려지고 방 안에서 처져 있기 쉬운데요. 하지만 비가 온다고 장마철 내내 집에만 있을 수는 없죠. 비 오는 날 방문하는 고객들을 대상으로 특별한 이벤트를 하고 있는 영화관이 있습니다. 이 영화관에서는 비 오는 날 방문하는 고객을 대상으로 멤버십 포인트 2천 점을 우산으로 교환해주는 이벤트를 진행하고 있습니다. 이후 이 우산을 가지고 와서 티켓을 구입하면 2천 원의 할인 혜택을 준다고 합니다. 고객들의 반응은 아주 긍정적입니다. 우산 없이 외출했다가 갑작스러운 비를 만나 당황했는데, 영화도 보고, 우산도 생기고, 할인 혜택도 받을 수 있어 일석삼조라는 반응입니다.

날씨 마케팅으로 큰 이익을 본 통신 회사도 있는데요, 이 회사는 행사 기간 동안 신규 가입을 한 고객을 대상으로 크리스마스에 첫눈이 오면 통신 요금을 되돌려주겠다는 내용의 광고를 했습니다. 그 광고를 보고 많은 사람들이 가입 신청을 하여 평년 대비 20% 이상 가입자가 늘었다고 합니다.

    아이스크림 가게에서도 날씨 마케팅을 활용하는데 여름에는 과일 맛의 상큼한 아이스크림을, 겨울이 다가오면 우유나 초콜릿이 많이 들어간 풍부한 맛의 아이스크림을 눈에 잘 띄는 곳에 진열한다고 합니다. 날씨에 따라 사람들의 입맛도 변하는 것이죠.

    이처럼 날씨 변화에 맞추어 고객의 입장에서 생각하면 상품 판매를 늘릴 수 있습니다. 날씨를 알면 돈을 벌 수 있다고 말할 수 있겠습니다.

1 빈칸에 알맞은 단어를 써서 윗글의 내용을 요약하세요.

    비 오는 날 파전과 막걸리 판매가 느는 이유는 연상 작용 때문이다. 실제로 소리의 진폭과 주파수를 측정해 보면, 기름을 부어 잘 달아오른 프라이팬에 반죽을 넣을 때 나는 소리는 1) _____ 소리와, 전의 기름 튀는 소리는 떨어지는 2) _____ 소리와 주파수, 진폭이 흡사하다고 한다. 때문에 빗소리를 들으며 무의식중에 파전을 떠올리고, 파전하면 막걸리라는 연상 작용으로 평소보다 막걸리를 찾는 사람들이 많아진다. 또, 비가 오면 3) _____ 이/가 줄어 행복감을 유도하는 세로토닌의 분비가 감소하기 때문에 우울함을 쉽게 느낄 수 있는데, 이럴 때 파전에 많은 아미노산과 비타민B가 4) _____ 을/를 활발하게 하고, 세로토닌을 활성화해 우울함을 완화할 수 있다고 한다.

2 윗글을 읽은 후의 반응으로 알맞지 않은 것을 고르세요.

1) 오늘 비가 오니까 맥주보다는 막걸리를 찾는 사람이 많을걸요.

2) 전 반죽을 프라이팬에 넣을 때 나는 소리가 비바람 소리와 흡사하다니 신기해요.

3) 비 오는 날은 무조건 영화표를 2천 원 할인해 준다니 꼭 가야겠어요.

4) 날씨 변화에 맞춰 고객의 입장에서 생각하면 큰 이익을 볼 수 있을걸요.

읽기 연습

1 다음 단어에 대한 알맞은 설명을 골라 연결하세요.

1) 마케팅 •　　　　　　　　　• 술의 종류

2) 주류 •　　　　　　　　　• 보통. 많은 경우에

3) 해당 •　　　　　　　　　• 물건을 잘 팔기 위한 조사나 광고

4) 일반적 •　　　　　　　　　• 관계된 어떤 것, 조건에 맞는 것

5) 대비 •　　　　　　　　　• 두 가지의 차이를 알기 위해 서로 비교함

2 비슷한 표현끼리 연결하세요.

1) 데우다 •　　　　　　　　• 의욕이나 기운이 없다

2) 꺼리다 •　　　　　　　　• 음식을 따뜻하게 하다

3) 처지다 •　　　　　　　　• 여러 사람에게 잘 보이게 물건을 놓다

4) 진열하다 •　　　　　　　　• 피하거나 싫어하다

3 보기 에서 알맞은 단어를 골라 쓰세요.

보기
유도하다　　흡사하다　　무의식중에　　완화하다

1) 여름에는 자외선을 차단할 수 있는 선크림이나 모자 등을 꼭 준비하시는 게 좋은데요, 만일 야외 활동을 오래 한 후 피부가 따갑고 아프다면 감자나 오이를 얇게 썰어서 붙이면 통증을 _____ 수 있습니다.

2) 생각 없이 _____ 한 말인데 마음이 상했다면 정말 미안해.

3) 공개적인 마케팅 행사를 통해 시민들의 참여를 _____고 있다.

4) 인기 가수 A씨가 발표한 신곡이 미국 가수가 3년 전에 발표한 노래와 _____ 논란이 되고 있다.

1 지금은 어느 계절입니까?

1) 늦봄　　　　2) 초여름　　　　3) 초가을　　　　4) 한겨울

2 보기의 단어를 사용해서 들은 내용과 같이 일기예보를 완성하세요.

보기

분포　　웃돌다　　각별히　　차림　　안팎　　유의하다

오늘 낮 동안 한여름 날씨를 보여 반소매 1) _____ 을/를 많이 볼 수 있었는데요. 서울도 전국이 30도 2) _____ 까지 올라간 곳도 많았습니다. 내일도 오늘과 비슷해 낮 동안에는 조금 덥겠습니다. 오늘 전국이 대체로 맑은 날씨를 보이는 가운데 제주도에는 약간의 비가 내리기도 했습니다. 내일도 고기압의 영향으로 전국이 대체로 맑은 날씨를 보이겠지만, 아침에는 곳곳에 짙은 안개가 끼는 곳이 많아서 안전 운전에 3) _____ 셔야겠습니다. 아침 기온은 11도에서 19도 4) _____ (으)로 오늘과 비슷하겠고, 한낮의 기온은 대부분 지방이 25도를 5) _____ (으)면서 일교차가 10도 이상 나겠습니다. 서울, 전주, 광주가 26도로 한낮에는 덥고 아침, 저녁은 꽤 쌀쌀한 날씨가 이어지니 감기에 걸리지 않도록 6) _____ 신경을 쓰시기 바랍니다.

3 다음 중 일기예보를 잘못 들은 사람은 누구입니까?

1) 미나: 도쿄는 오늘 계속 흐리다가 낮에 소나기가 내릴걸요.

2) 사나: 도쿄는 내일 오전부터 날씨가 좋아질걸요.

3) 수지: 워싱턴 D.C.는 낮에 조금 더울걸요.

4) 샘: 파리는 변덕스러운 날씨가 계속될걸요.

1 날씨 정보를 확인하고 일기예보를 할 수 있는 대본을 만드세요.

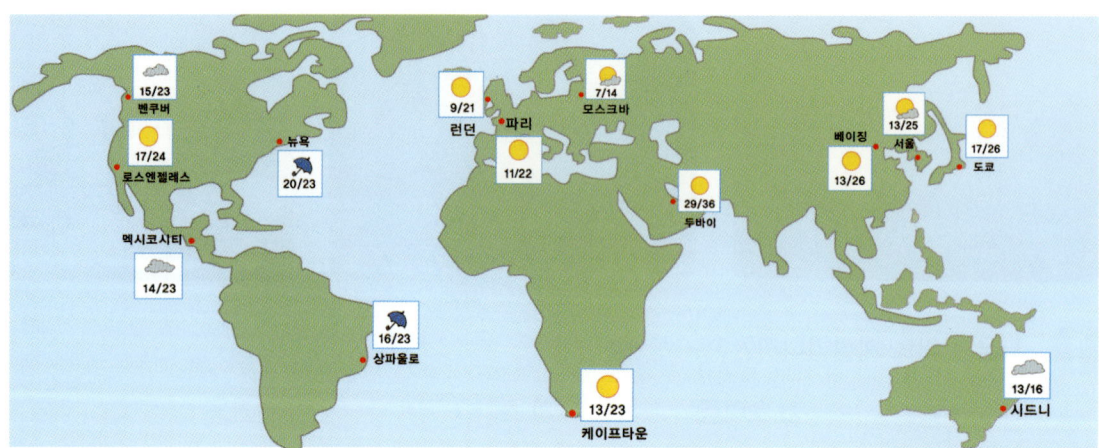

종합 연습

1 〈보기〉에서 알맞은 단어를 골라 일기예보를 완성하십시오.

> **보기**
>
> 영향권   강수량   날이 개다   후텁지근하다
> 열대야   기승을 부리다   잠을 설치다

1) 오늘부터 서울은 태풍의 _____ 에 들겠습니다. 강한 바람에 창문 등의 시설이 부서지지 않도록 주의해 주시고 가능하면 외출을 자제하시기 바랍니다.

2) 오늘 밤도 _____ 입니다. 지난주부터 30도가 넘는 지겨운 여름밤인데요, 계속되는 더위로 _____ 분들이 많을 겁니다. 조금이라도 시원한 잠자리를 찾아 한강으로 나와 텐트를 치고 있는 시민들도 있습니다.

3) 작년 겨울 진짜 추우셨죠? 올해도 작년 못지않게 추위가 _____ 것으로 보입니다. 내복을 입고 머플러와 장갑을 착용하면 체감온도가 2~3도는 올라간다고 하니까요, 추운 겨울 따뜻하게 보낼 수 있게 미리 준비하시기 바랍니다.

4) 장마가 일주일째 계속되고 있는데요, 이번 주말 드디어 _____ 다고 합니다. 나들이 가기에도, 그동안 못하셨던 빨래하기에도 좋은 날씨가 될 예정입니다.

5) 하루 종일 습도도 높고 기온도 높은 _____ 날씨가 계속되고 있습니다. 내일 오후 비가 내리면서 좀 시원해지겠는데요, 내일 올 비의 _____ 은/는 서울은 50mm, 부산은 80mm 정도가 되겠습니다.

2 〈보기〉에서 알맞은 단어를 골라 문장을 완성하십시오.

> **보기**
>
> 튀다   신규 가입   진열하다   연상 작용   평년   대비

1) 한국관광공사 조사 결과 지난 10월 한국을 방문한 관광객은 작년 _____ 5% 증가한 138만 3704명을 기록했다.

2) 계산대 앞 공간에 상품을 _____ (으)면 고객이 계산을 기다리는 동안 그 상품을 보게 되어 구매를 유도하는 효과가 있다.

3) 튀김 요리를 할 때는 뜨거운 기름이 _____ 화상을 입을 수 있으니 각별히 유의하시기 바랍니다.

4) 가: 오늘부터 K 통신에서 _____ 하는 고객들에게 휴대폰을 공짜로 준대요.
   나: 와! 진짜요? 저도 한번 알아봐야겠네요.

5) 가: 올해 빼빼로 데이랑 수능이 겹쳐서 초콜릿, 빼빼로, 사탕과 같은 제품의 판매량이 _____ 보다 50%나 증가했대요.
   나: 와! 과자 회사들이 엄청난 이익을 보겠는데요!

6) 요즘 책을 원작으로 한 영화들이 많은데요, 영화를 본 다음에 원작인 책을 읽는 게 좋다고 하네요. 그러면 우리 뇌 속에 남아 있는 영화 속의 장면이 책의 글자를 통해 _____ 을/를 일으켜 더욱 재미있다고 느끼게 된대요.

3 맞는 것에 'O' 하세요. _____ 부분은 '-(ㄴ/는)다니요, -기는 틀리다, -(으)ㄹ걸요' 문법을 활용하여 완성하세요.

가 갑자기 밖이 흐려졌어요. 비가 올 것 같아요.

나 아니, 아침까지 괜찮았는데 요즘 날씨가 왜 이렇게 1) 화창한 / 변덕스러운 거예요?

나 그렇죠? 요즘 날씨가 너무 이상해요. 게다가 덥기까지 하잖아요. 오늘 낮 2) 최고 기온 / 최저 기온이 35도래요.

가 비가 오고 나면 좀 3) 포근해 / 선선해질까요?

나 제발 좀 그랬으면 좋겠어요. 어제도 열대야 때문에 잠을 설쳤거든요.

가 시원한 사무실에서 일하는 우리도 힘든데 밖에서 일하는 분들은 진짜 4) _____

나 맞아요. 요즘 농촌에서는 5) 홍수 / 가뭄 때문에 난리래요. 농작물이 다 말라 죽어서 채소값이 엄청 오를 거라고 하더라고요.

가 이번 여름도 정말 힘드네요. 휴가 내고 어디 시원한 데로 놀러 갔으면 좋겠어요.

나 아이고, 이번 여름에는 휴가를 6) _____. 다음 주부터 중요한 프로젝트 시작한다고 부장님이 휴가 반납했다는 말 못 들으셨어요? 부장님도 휴가를 포기하셨는데 우리가 갈 수 있겠어요?

가 7) _____. 이렇게 더운데 휴가도 못 가고 사무실에 갇혀 있어야 한다고요? 너무하는 거 아니에요?

JUMP PAGE

💡 날씨와 관련된 속담과 사자성어

1 다음 설명에 맞는 속담을 찾아 쓰세요.

| 가랑비에 옷 젖는 줄 모른다 | 비 온 뒤에 땅이 굳는다 |
| 번갯불에 콩 구워 먹듯 하다 | 마른 하늘에 날벼락이다 |

1) 맑게 갠 하늘에서 치는 번개라는 뜻으로 갑자기 일어난 사고나 변화라는 뜻
   : _____

2) 어렵고 힘든 일을 겪은 다음에 더 강해진다는 말
   : _____

3) 아주 빠르고 급하게 일을 처리한다는 말
   : _____

4) 아무리 사소한 것이라도 무시할 수가 없다는 말
   : _____

2 다음 설명에 맞는 사자성어를 찾아 쓰세요.

| 설상가상 | 오리무중 | 청천벽력 | 풍전등화 | 우후죽순 |

1) 눈 위에 또 서리가 내린다는 뜻으로 불행한 일이 겹쳤다는 말
   : _____

2) 맑은 하늘에서 떨어지는 번개라는 뜻으로 뜻밖의 큰일을 만났다는 말
   : _____

3) 5리 속이 모두 안개라는 의미로 문제를 해결할 수 없는 상황에 빠졌다는 뜻
   : _____

4) 비 온 뒤에 죽순이 쑥쑥 자라듯, 어떤 일이 동시에 많이 발생한다는 의미

   : _____

5) 바람 앞에 놓인 등불이라는 의미로 매우 위태로운 상황을 뜻하는 말

   : _____

3 알맞은 표현을 사용해서 문장을 완성하세요.

1) 가: 회사 앞에 커피숍이 _____ (으)로 많아졌어요. 다들 장사가 될까요?
   나: 그러게요. 한 곳이 장사가 잘 되니까 다들 따라서 문을 연 것 같던데요.

2) 가: 어제 회사 창고에 도둑이 들었다면서요?
   나: 네. 근데 범인이 누구인지도, 어디로 갔는지도 전혀 알 수가 없는 데다가 언제 훔쳐갔는지 조차 몰라서 _____ (이)래요.

3) 가: 민수 씨랑 미라 씨가 만난 지 한 달 만에 결혼한대요.
   나: 이야! 그렇게 빨리요? _____!

4) 가: 별로 돈 쓴 데가 없는 것 같은데 왜 이렇게 항상 돈이 없나 모르겠어요.
   나: _____ 고 하잖아요. 자기도 모르게 조금씩 낭비하고 있는 데가 없는지 꼼꼼하게 생각해 보세요.

5) 가: 저 두 사람 지난주에 싸우지 않았어? 벌써 화해했나 보네.
   나: _____ 는 말처럼 싸우고 나더니 더 사이가 좋아졌어.

6) 가: 회사에서 갑자기 해고당하고, 아내까지 갑자기 쓰러져서 병원에 입원하고, 정말 힘들었지만 지금은 다 괜찮아졌어요.
   나: _____ (이)군요. 이렇게 잘 극복하셔서 다행이에요.

7) 가: 우리 그만 만나. 헤어지자.
   나: 이게 무슨 _____? 갑자기 왜 그래? 내가 뭘 잘못했어?

8) 가: 요즘 우리 회사가 사정이 어려운지 희망 퇴직을 받고 있어요. 신청 기간 안에 알아서 나가지 않으면 잘릴 거라는 소문도 있는데, 저도 언제 해고될지 몰라 너무 불안해요. 정말 _____ 같아요.
   나: 걱정만 하고 있을 게 아니라 뭔가 해결책을 생각해 봐야죠.

단어 목록

공부한 단어를 ☑하세요!

어휘
- ☐ 찜통더위
- ☐ 불볕더위
- ☐ 고기압
- ☐ 저기압
- ☐ 꽃샘추위
- ☐ 한파
- ☐ 천고마비
- ☐ 강수량
- ☐ 적설량
- ☐ 열대야
- ☐ 포근하다
- ☐ 화창하다
- ☐ 후텁지근하다
- ☐ 무덥다
- ☐ 선선하다
- ☐ 기승을 부리다
- ☐ 김
- ☐ 기운
- ☐ 내리쬐다
- ☐ 대기
- ☐ 기압
- ☐ 불쾌하다
- ☐ 소름
- ☐ 돋다

문형 연습
- ☐ 감축
- ☐ 낙심하다
- ☐ 영향권
- ☐ 급수
- ☐ 농민
- ☐ 피서
- ☐ 증거
- ☐ 중계방송
- ☐ 연상하다

읽기
- ☐ 호빵
- ☐ 마케팅
- ☐ 주류
- ☐ 철
- ☐ 해당
- ☐ 대비
- ☐ 데우다
- ☐ 튀다
- ☐ 진폭
- ☐ 주파수
- ☐ 측정
- ☐ 반죽
- ☐ 빗방울
- ☐ 흡사하다
- ☐ 무의식중에
- ☐ 작용
- ☐ 일조량
- ☐ 유도하다
- ☐ 세로토닌
- ☐ 분비
- ☐ 아미노산
- ☐ 신진대사
- ☐ 완화하다
- ☐ 꺼리다
- ☐ 처지다
- ☐ 신규
- ☐ 평년
- ☐ 상큼하다
- ☐ 진열하다

읽기 연습
- ☐ 자외선
- ☐ 차단

듣기
- ☐ 소매
- ☐ 차림
- ☐ 안팎
- ☐ 대체로
- ☐ 곳곳
- ☐ 짙다
- ☐ 유의하다
- ☐ 분포
- ☐ 웃돌다
- ☐ 각별히
- ☐ 늦-
- ☐ 한때
- ☐ 변덕스럽다
- ☐ 한-

쓰기
- ☐ 대본

Jump Page
- ☐ 가랑비
- ☐ 굳다
- ☐ 번갯불
- ☐ 마르다
- ☐ 날벼락
- ☐ 개다
- ☐ 설상가상
- ☐ 오리무중
- ☐ 청천벽력
- ☐ 풍전등화
- ☐ 우후죽순
- ☐ 서리
- ☐ 뜻밖의
- ☐ -리
- ☐ 등불
- ☐ 위태롭다

대화
- ☐ 당분간

종합 연습
- ☐ 잠자리
- ☐ 계산대
- ☐ 빼빼로 데이
- ☐ 농작물

unit 3
경제

목표 문형

- –(으)ㄴ/는 것만 못하다
- –다가는
- –(으)ㄴ/는 김에

대화

Track 3-01

- 오랜만에 시내에 나온 김에 커피라도 한잔하고 갑시다. 어? 여기 있던 커피숍이 없어졌네요.

- 그러네요. 이런 번화가에 문을 닫은 가게가 많은 걸 보니까 요즘 경기가 진짜 안 좋긴 한가 봐요.

- 맞아요. 작년에도 힘들었는데 올해는 작년만 못한 것 같아요. 월급은 그대로인데 물가는 계속 올라서 생활하기 빠듯해요.

- 호세 씨는 돈 관리를 어떻게 하고 있어요?

- 관리라고 할 것도 없는데요. 그냥 절약하려고 노력하고 생활비가 남으면 은행에 저축하고요. 미라 씨는요?

- 저는 저축도 하고 주식 투자도 하고 펀드도 하고 골고루 하고 있어요.

- 정말요? 대단하네요. 저는 아직 재테크다운 재테크를 해 본 적이 없어요. 저도 주식 같은 데 투자를 해 보고 싶긴 한데 손해를 볼까 봐 무서워서 시작을 못하겠어요.

- 분산투자를 하면 돼죠. 내 자산을 안전하게 유지할 수 있는 적금이나 예금도 이용하고, 주식이나 펀드에도 어느 정도 돈을 넣는 거예요. 요즘처럼 은행 금리가 낮을 때 저축에만 의지하다가는 물가 상승 속도를 못 따라가니까 손해거든요.

1 작년과 비교했을 때 올해 경기가 어떻다고 합니까?

2 호세는 왜 주식 투자를 못 한다고 했습니까?

3 미라는 왜 호세에게 분산투자를 하라고 했습니까?

어휘 및 표현

번화가   빠듯하다   -답다   자산

어휘

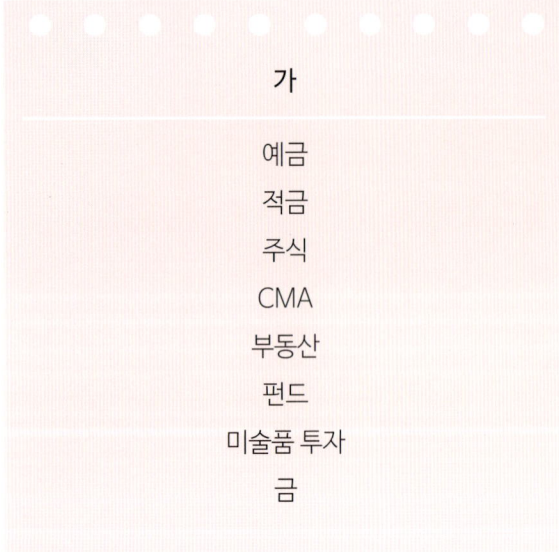

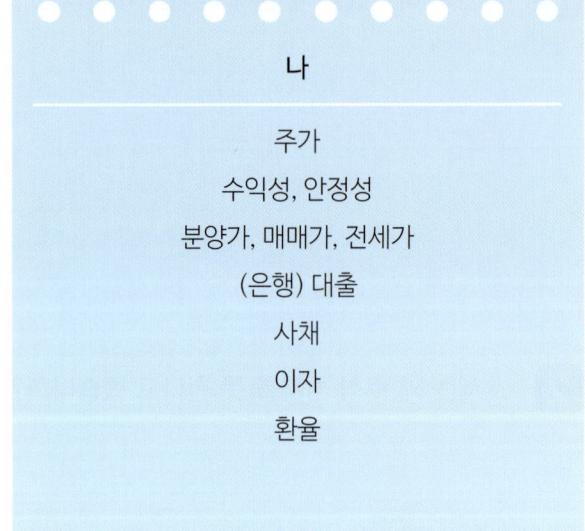

1 다음 상황에 맞는 재테크를 〈가〉에서 찾아 쓰십시오.

1) 매달 받는 월급에서 조금씩이라도 일정하게 저축하고 싶어요.:

2) 지난달에 적금을 탔는데 안전하게 이 돈을 넣어 둘 곳이 없을까요?:

3) 조금 위험하더라도 수익성이 좋은 투자 방법을 찾고 싶어요.:

4) 주식에 투자하고 싶지만 할 줄 모르는데 좋은 방법이 없을까요?:

5) 하루를 넣어 놓아도 이자가 붙는 통장 없나요?:

6) 그림이나 조각을 보는 눈이 있는데 여기에 맞는 투자 방법은 무엇일까요?:

7) 아기 돌 반지 가격이 몇 년 만에 세 배 이상 올랐어요. 앞으로 더 오르지 않을까요?:

8) 땅을 보면 위치가 좋은지 나쁜지, 어떤 건물을 지으면 좋을지 자주 생각하고 그런 추측이 잘 맞는 편이에요.:

2 다음 빈칸에 〈나〉에서 알맞은 표현을 골라 문장을 완성하십시오.

1) 가: 이번에 회사 앞에 새로 짓는 아파트 괜찮던데요. 위치도 좋고 _____ 이/가 근처 아파트 _____ 의 60%밖에 안 된대요.
   나: 그래요? 안 그래도 내년쯤 회사 근처로 이사를 하려고 했는데 한번 보러 가야겠네요.

2) 가: 이번에 적금을 하나 시작할까 해요.
   나: 펀드를 해 보는 건 어때요? 적금보다 _____ 이/가 좋잖아요.
   가: 근데 제가 아는 사람들 중에는 오히려 펀드를 하다가 돈을 잃은 사람도 있던데요. 저는 _____ 이/가 높은 적금이 불안하지 않아서 좋아요.

3) 가: K기업 이야기 들었어요? 결국 부도가 났대요.
   나: 네, 작년부터 은행에서 돈을 못 빌려서 이자가 높은 _____ 까지 빌려 쓴다는 이야기가 있더니 진짜였나 봐요.

4) 가: 요즘 _____ 변동이 심해서 걱정이에요.
   나: 네, 우리 회사도 수출을 주로 하는데 요즘 손해를 많이 보고 있어요.

5) 가: 집을 사기로 하셨다면서요? 그동안 돈을 많이 모으셨나 봐요.
   나: 아니에요. 집값의 반 이상이 제 돈이 아니고 은행에서 _____ 을/를 받은 거예요. 매달 은행에 _____ 을/를 내야 하는데 걱정이에요.

6) 가: 요즘 환경을 생각해서 전기차를 선택하는 소비자가 많아진 것 같아요. 그래서 전기차 회사의 주식에 좀 투자를 해 보려고 해요.
   나: 저도 좀 알아봤는데 지난 3년간 _____ 이/가 꾸준히 올랐더라고요. 지속 가능한 발전에 대한 인식이 높아지고 있으니, 투자할 만한 것 같아요.

문형 연습 1

동사, 형용사 + -(으)ㄴ/는 것만 못하다
명사 + -만 못하다

가: 피곤해. 집에 가고 싶다. 호텔이 집**만 못하네**.
나: 그러게. 여행을 왔는데 집에서 푹 쉬는 것**만 못한 것 같아**.

	-(으)ㄴ 것만 못하다	-는 것만 못하다
쉬다	쉰 것만 못하다	쉬는 것만 못하다

	-(으)ㄴ 것만 못하다		-만 못하다
바쁘다	바쁜 것만 못하다	집	집만 못하다

STEP 1 　보기 와 같이 바꿔서 써 보세요.

> 보기
> 나는 요리 솜씨가 없다. 건강을 생각해서 해 먹어야지 다짐하지만 맛이 없으니까 반도 못 먹고 남기게 된다. 재료비도 아깝고 차라리 냉동식품을 데워먹는 게 나은 것 같다.
> ➡ 내가 만든 요리는 <u>냉동식품만 못하다</u>. 건강을 위해 직접 요리하려고 노력하지만 맛이 없으니까 <u>냉동식품을 데워먹는 것만 못하다</u>.

1) 출근 시간 전에 외국어를 배우려고 학원에 등록을 여러 번 했지만 수업에 못 가는 날이 훨씬 더 많다. 이럴 거면 등록을 안 하는 게 나았을 것 같다.

   ➡ _____

2) 가족들은 모두 외국에 있다. 내가 아프거나 도움이 필요할 때, 또는 기쁘거나 축하할 일이 있을 때 가족보다는 가까이 있는 동료나 친구들에게 연락을 하게 된다.

   ➡ _____

동사 + 는 것만 못하다 = 동사 + 느니만 못하다
집에서 쉬는 것만 못해요. = 집에서 쉬느니만 못해요.

3) 몇 년 만에 어렵게 해외여행을 왔다. 하지만 비행기 타는 것에서부터 음식, 교통, 경비 등등 마음에 안 드는 게 한두 가지가 아니다. 사람들은 이렇게 귀찮은 여행을 왜 하는 걸까?

➡ _____

4) 힘들게 운동을 하고 난 후에는 꼭 과식을 하게 된다. 차라리 운동을 하지 않는 게 낫지 않을까?

➡ _____

STEP 2 대화를 완성하세요.

1) 가: 체력이 여전하시네요. 이렇게 높은 산을 다 오르시다니.
   나: 아니에요. 요즘 체력이 _____. 조금만 무리해도 숨이 차거든요.

2) 가: 그 영화 2편이 새로 나왔다던데, 보셨어요?
   나: 지난주에 봤는데요, 솔직히 _____.

3) 가: 그렇게 망설이시더니, 드디어 미라 씨한테 고백을 하셨군요.
   나: 지금 후회하고 있어요. 서로 어색해져서 _____.

4) 가: 어제 여기 앞에 있는 맛집에 가 봤는데요.
   나: 아! 그 집! 3년 전에 갔을 땐 진짜 맛있었는데 요즘도 맛있어요?
   가: 저도 1년 만에 간 거였는데 _____ 좀 아쉬웠어요.

STEP 3 속담의 의미를 생각해 봅시다.

'열 번 듣는 것이 한 번 보느니만 못하다'는 속담은 내가 직접 체험해 보는 것이 다른 사람의 설명을 듣거나 책을 읽는 것보다 더 효과적이라는 의미인 것 같아요.

1) 열 번 듣는 것이 한 번 보느니만 못하다.

2) 넘치면 부족한 것만 못하다.

3) 먼 친척이 가까운 이웃만 못하다.

4) 가다 말면 안 가느니만 못하다.

5) 천만 재산이 서투른 기술만 못하다.

6) 열 자식이 부부만 못하다.

7) 뛰다 말면 안 뛴 것만 못하다.

문형 연습 2

동사 + -다가는

가: 돈을 그렇게 물 쓰듯이 쓰**다가는** 나중에 큰일 나.
나: 나도 절약해야겠다고 생각하지만 그게 잘 안 돼.

	-다가는		
먹다	먹다가는	하나	하다가는

STEP 1 보기 와 같이 연결하세요.

보기 계속 스트레스를 받다 ———————————— 건강이 나빠지다.

1) 어두운 곳에서 핸드폰을 보다 •   • 시험에 떨어지다.

2) 서두르다 •   • 다칠 수 있다.

3) 음식을 급하게 먹다 •   • 체하다.

4) 공부를 게을리 하다 •   • 눈이 나빠지다.

5) 불경기가 계속되다 •   • 가게 문을 닫아야 할지도 모르다.

보기 계속 스트레스를 받다가는 건강이 나빠질 거예요.

1) _____
2) _____
3) _____
4) _____
5) _____

대화를 완성하세요.

1) 가: 이번 달 조사 결과에 의하면 수도권을 비롯한 전국 대부분 지역에서 전세나 월세는 물론이고 매매도 더 올랐대요.
   나: 그래요? 이번 정부가 실시한 부동산 대책이 효과가 별로 없나 보네요.
   _____.

2) 가: 1인 가구 1000만 시대라고 하던데, 요즘 정말 혼자 사는 사람이 많아진 것 같아요.
   나: 지금 출산율도 0.7명 정도밖에 안 된다던데 _____.

3) 가: 폴 씨가 살이 많이 빠졌던데 하루 한 끼만 먹고 3시간씩 운동을 했대요.
   나: _____. 뭐든 적당한 게 제일이에요.

4) 가: 요즘 학생들이 책을 안 읽으니까 어휘력이 떨어지나 봐요. 수업 시간 관련 내용을 배우기보다 단어 설명을 하다가 시간이 다 간대요.
   나: 디지털 콘텐츠가 많아지면서 시각 정보가 늘어서 그런가 봐요.
   계속 _____.

 이 사람들에게 어떤 조언을 해 주고 싶어요? 친구와 이야기하세요.

그렇게 담배를 피우다가는 본인 건강뿐만 아니라 주변 사람들 건강도 나빠질 거예요.

1) 담배를 너무 많이 피우는 사람

2) 돈에 집착하는 사람

3) 매일 쉬지 않고 야근하는 사람

4) 게임에 중독된 사람

5) 아이를 과잉 보호하는 사람

문형 연습 3

동사 + -(으)ㄴ/는 김에

가: 쓰레기 좀 버리고 올게요.
나: 그럼 나가는 김에 택배 왔는지 좀 확인해 줄래요? 아까 깜박하고 그냥 들어왔거든요.

	-(으)ㄴ 김에	-는 김에
쓰다	쓴 김에	쓰는 김에
받다	받은 김에	받는 김에

STEP 1  와 같이 대화를 완성하세요.

가: 진짜 김 부장 때문에 더 이상 일 못하겠어. 나 그냥 이 회사 그만둘래.
나: 참는 김에 조금만 더 참아. 요즘 취직하기가 얼마나 힘든데. 가족들 생각도 해야지.

1) 가: 옷을 새로 사셨군요.
   나: 네. 먹을 거 사러 백화점에 _____ 봄도 되고 해서 한 벌 샀어요.

2) 가: 요즘에 재미있는 영화가 많다고 하던데 예매하고 보러 가야겠다.
   나: 나도 영화 한 편 보고 싶었는데 _____ 내 것도 예매해줘.

3) 가: 이번 출장은 좀 길게 다녀오셨네요?
   나: 네, 중국에 _____ 몽골도 갔다 왔어요.

4) 가: 올해는 금연을 해 볼까 해요.
   나: 그럼 담배를 _____ 술도 끊는 건 어때요?

5) 가: 소포 보내러 우체국에 가는데 부탁할 거 있어요?
   나: 아! 그럼 _____ 기념 우표 좀 사다 주세요.

6) 가: 이번에 _____ 핸드폰 케이스도 사려고요.

　　나: 네? 지난달에 핸드폰을 바꿨는데 또 사요?

7) 가: 어머! 소라 씨! 오랜만이에요! 학원에 웬일이에요?

　　나: _____ 선생님 생각이 나서 와 봤어요. 잘 지내셨죠?

STEP 2 다음 친구들에게 무엇을 부탁하거나 조언할지 이야기해 보세요.

1) 가: 이따 집에 갈 때 마트에 좀 들르려고.
　　나: _____

2) 가: 배도 고픈데 라면이나 끓여 먹어야겠다.
　　나: _____

3) 가: 다음 주에 부산으로 출장 가게 됐는데 시간 여유가 좀 있을 것 같아요.
　　나: _____

4) 가: 강아지 산책시키고 올게.
　　나: _____

5) 가: 아무래도 졸려서 안 되겠어요. 카페 가서 커피나 한 잔 사 와야겠어요.
　　나: _____

6) 가: 이번 휴가 때 고향에 다녀오려고 하는데 뭐 필요한 거 있어?
　　나: _____

STEP 3 다음 속담의 의미는 무엇일까요?

1) 떡 본 김에 제사 지낸다.

2) 엎어진 김에 쉬어 간다.

3) 화난 김에 돌부리 찬다.

말하기

1 〈보기〉에 있는 항목을 아래 표에 알맞게 분류하세요.

〈보기〉 약값   적금   쌀값   주유비   등록금   반찬값   학원비
병원비   축의금   자동차세   영화 관람료
지하철 요금   자동차 보험료   관리비   놀이공원 입장료

식비

교통비

경조사비

문화비

교육비

세금

의료비

주거비

저축, 보험

2 현재 어디에 가장 많은 돈을 쓰고 있나요? 앞으로 어떻게 돈을 관리해야 한다고 생각하나요?

읽기

1. 〈   〉

가계 대출 1,000조 원 시대. 은행 대출을 받는 한국인이 10년 연속 증가하고 있다. 이대로 가다가는 빚 폭탄이 터진다는 불안한 뉴스를 종종 볼 수 있다. 현재 한국의 가계 대출 금액은 1,062조 원. 한국 인구를 5000만 명으로 봤을 때, 국민 1명이 2천 124만 원 정도의 빚을 지고 있는 셈이다. 가계 대출의 대부분은 주택 담보 대출로 그중 원금은 못 갚고 이자만 내는 사람이 70%가 넘는다.

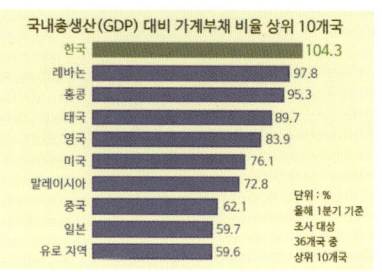

2. 〈   〉

한국은행은 3월 기준금리를 현재의 2%에서 0.25% 낮춘 연 1.75%로 결정했습니다. 한국은행은 지난해 8월과 10월에도 0.25%씩 기준금리를 인하했습니다. 한국은행의 이와 같은 결정은 디플레이션, 즉 시중에 돈이 돌지 않아 경제 활동이 침체되는 현상에 대한 걱정 때문입니다. 금리가 낮으면 은행에 돈을 묶어 두기보다는 투자나 소비에 눈을 돌리게 되고, 경제가 활성화될 수 있을 것이라 전망한 것입니다. 또, 금리 인하로 환율이 변동되면 수출이 흑자가 될 것이라는 기대도 큽니다. 그러나 금리 인하가 가계 대출을 더 빠르게 늘릴 것이라는 우려도 적지 않습니다. 또, 지난해 두 번이나 기준금리를 내렸지만 경기 부양 효과가 크지 않았기 때문에 이번 기준금리 인하도 안 하느니만 못하다는 부정적인 관측도 나오고 있습니다.

3. 〈   〉

목돈이 없는 서민이라면 학자금이 부족할 때, 내 힘으로 창업을 하고 싶을 때, 결혼 자금이 필요할 때 한 번쯤 대출을 생각해 봤을 것이다. 서민들의 경제적 자립과 꿈을 실현시켜 줄 수 있는 제도가 있다. 바로 미소금융이다. '미소금융'은 소액 신용 대출을 뜻하는 마이크로 크레디트(Micro-Credit)의 한국식 이름이다. 마이크로 크레디트는 서민이 자금과 사업 기회를 마련해 자립할 수 있도록 실시하는 대출 사업으로 1976년 방글라데시에 그라민 은행이 설립되면서 시작됐는데, 그라민은 방글라데시 말로 '마을'이라는 뜻이다. 친근한 이름의 이 은행은 담보와 성별에 관계없이 150달러 미만의 돈을 소득 하위 25%의 사람에게만 대출해 주었다. 단 한 가지의 조건은 은행이 제시하는 약관을 지키겠다는 약속을 해야 한다는 것이었다. 그라민 은행의 대출 약관은 다음과 같다.

> 1. 아이들을 학교에 보낸다.
> 2. 화장실을 늘 청결하게 청소한다.
> 3. 물은 끓여 마신다.
> 4. 죄를 짓지 않는다.
> 5. 이웃과 힘을 합한다.
> 6. 어린 자녀는 결혼시키지 않는다.

마이크로 크레디트는 아시아와 아프리카의 여러 나라와 미국, 프랑스 등 선진국으로 확대, 발전되었다. 금융기관이 대출에 따른 이익을 사회에 환원하는 성격이 강하기 때문에 금리 등 대출 조건이 대출하는 사람에게 유리하게 설정되어 있다. 근로 능력과 자립 의지가 있는 빈민층을 대상으로 대출하여 대출자의 신용이 쌓이면 추가 대출과 예금 가입 등의 다양한 혜택이 제공된다. 2001년까지 세계적으로 무려 2680만 명에 달하는 사람들이 마이크로 크레디트를 지원받았는데 사실 이것은 신청한 사람들의 6%에 불과하다고 한다. 성과는 충분히 검증됐지만 자본금이 부족해 아직은 지원 범위가 좁다는 한계가 있는 것이다. 그러나 마이크로 크레디트는 저소득층에게 '물고기 잡는 법'을 가르쳐 경제적 회생의 길을 열어주었다는 점에서 큰 의미가 있다.

1 1~3번 뉴스의 헤드라인으로 알맞은 것을 고르세요.

가. 희망을 대출해 드립니다. '마이크로 크레디트'   _____ 번 뉴스

나. 한국 은행 기준 금리 인하 결정. 경제 활성화에 도움 될까?   _____ 번 뉴스

다. 계속 쌓이는 빚 폭탄, 심각한 가계 대출 상황   _____ 번 뉴스

2 다음 중 윗글의 내용과 다른 것은?

1) 한국의 가계 대출 비율은 다른 나라 대비 심각한 수준이다.

2) 금리 인하에 부정적인 견해를 가진 사람들은 디플레이션을 걱정하고 있다.

3) 그라민 은행은 담보와 성별에 관계없이 150달러 미만의 돈을 소득 하위 25%의 사람에게만 대출해 주었다.

4) 마이크로 크레디트는 저소득층에게 '고기 잡는 법'을 가르쳐 경제적 회생의 길을 열어주었다는 점에서 큰 의미가 있다.

3 마이크로 크레디트의 대출 조건이 다른 은행에 비해 대출하는 사람에게 유리하게 설정된 이유는 무엇입니까?

1) 금융 기관이 대출에 따른 이익을 사회에 환원하는 성격이 강하기 때문에

2) 근로 능력과 자립 의지가 있는 빈민층을 대상으로 대출하기 때문에

3) 대출한 사람의 신용이 쌓이면 다양한 혜택이 제공되기 때문에

4) 성과는 충분히 검증됐지만 자본금이 부족해 아직은 지원 범위가 좁기 때문에

읽기 연습

1 반대말을 연결하세요.

1) 소액 • • 고액

2) -에 달하다 • • 갚다

3) 빈곤하다 • • -에 불과하다

4) 대출하다 • • 적자

5) 흑자 • • 부유하다

2 보기 에서 알맞은 단어를 골라 문장을 완성하세요.

보기
담보   실현   제도   대출   제시   약관   창업   학자금

1) 목돈을 쓸 일이 있어서 은행에서 _____ 을/를 받고 싶은데 카드값이 연체된 적이 많아 신용도가 낮은 데다가 _____ (으)로 할 만한 집이나 땅도 없으니까 안 된대요.

2) 옛날 한국에는 엄격한 신분 _____ 이/가 있어 다른 신분의 사람들끼리 사는 곳도 구분되어 있었고 만나는 것조차 금지되어 있었다고 한다.

3) 어릴 때 미래에 대해 상상해 보라고 하면 걸어 다니면서 사용할 수 있는 컴퓨터나 얼굴을 보면서 통화할 수 있는 전화기 같은 것을 생각하곤 했는데 우리는 이미 그 모든 것이 _____ 된 세상에 살고 있네요. 앞으로 또 어떤 기술이 개발될지 기대돼요.

4) 가: 요즘 20대는 너무 안타까워요. 취업하기가 하늘의 별 따기잖아요.
   나: 맞아요. 취직을 하더라도 등록금을 낼 돈이 없어서 빌린 _____ 을/를 갚느라 자기 마음대로 돈도 잘 못 쓰더라고요.
   가: 그렇게 취업이 힘들면 _____ 을/를 해서 사업을 하는 게 낫지 않아요?
   나: 근데 사업도 쉬운 일이 아니잖아요. 돈도 있어야 하고요.

5) 보험에 가입할 때 대충 했다가 손해를 볼 수 있어요. 가입하기 전에 꼭 _____ 을/를 잘 읽어보세요.

6) 야구 선수 김OO은 다음 시즌 해외로 옮기려고 했으나 팀에서 _____ 한 계약금과 연봉이 기대보다 적어 한국에 남기로 결정했다.

듣기

Track 3-02

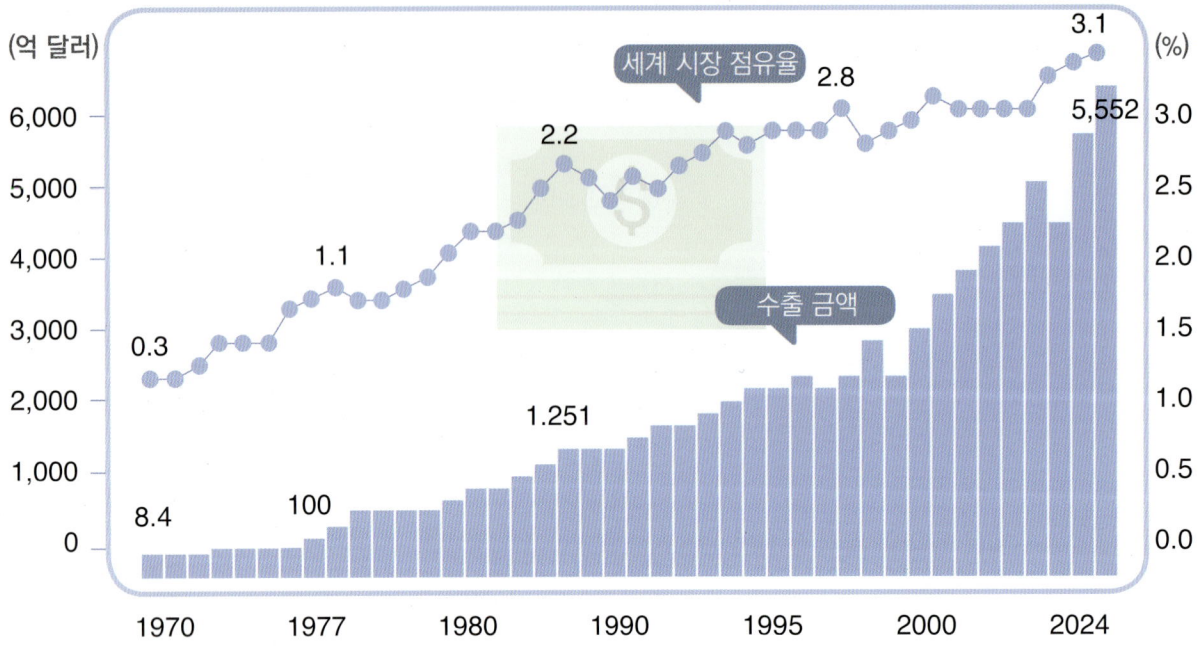

1. 한국의 경제 성장을 '한강의 기적'이라고 표현하는 이유는 무엇입니까? 아래 표의 빈칸을 채워 정리하세요.

   1) _____년부터 _____년까지 3년간의 전쟁으로 산업 시설이 거의 폐허가 되었고 자본과 자원, 기반 시설도 거의 없는 상태에서 유례가 없을 정도로 빠른 경제 성장을 이루었기 때문이다. 1953년 2) _____ 달러에 불과했던 대한민국의 1인당 국민소득은 작년 기준 1인당 3만 5천 달러를 넘었으며, 수출 실적은 1960년 3,282만 달러에서 1977년 100억 달러 돌파, 3) _____년에는 5,422억 달러로 빠르게 늘어나는 비약적인 발전을 했다.

2. 다음 중 한국의 경제 성장 과정에 대한 설명으로 틀린 것은 무엇입니까?

   1) 1960년대에는 정부 주도로 경제 발전 계획을 추진해 소규모 공장에서 생산한 의류, 신발, 가방 등의 경공업 제품을 주로 수출했다.
   2) 대한민국은 현재 휴대전화, 반도체, 자동차, 화학, 철강 등 여러 분야에서 세계적인 경쟁력을 갖추고 있다.
   3) 최근에는 음악, 게임, 웹툰 등의 문화 콘텐츠가 한국 경제를 견인하는 중요한 산업으로 떠오르고 있다.
   4) 대기업 중심의 수출 주도형 경제 구조는 독단적인 재벌 경영 문제와 대외 상황에 지나치게 민감하며 개방적이지 못하다는 단점 때문에 현재는 환영받지 못하고 있다.

쓰기

1 다음 속담과 관련된 경제 상황을 바르게 연결하세요.

1) 남의 떡이 더 커 보인다 • • 복지 정책의 한계

2) 입에 겨우 풀칠만 하다 • • 절대적 빈곤

3) 재주는 곰이 넘고 돈은 주인이 번다 • • 불공정 분배

4) 가난 구제는 나라도 못한다 • • 상대적 빈곤

5) 외상이면 소도 잡아먹는다 • • 과소비

2 여러분의 나라 또는 여러분이 속한 사회의 경제 문제는 무엇입니까? 그 원인은 무엇이라고 생각합니까?

1) 경제 문제

2) 원인

3 2번에서 이야기한 문제를 해결하는 데 개인과 기업, 정부의 역할은 무엇이라고 생각합니까?

> 예) 기업 차원: 미소금융은 삼성, 현대·기아차, SK, LG, 포스코, 롯데 등 대기업 기부금 1조 원, 국내 주요 은행의 휴면 예금 7천억 원을 포함한 기부금 1조 원, 총 2조 원으로 창업, 학자금, 주거비, 생활비 등 다양한 분야의 대출 사업을 진행하고 있다. 미소금융은 서민들의 자립을 도울 뿐만 아니라 기업들이 사회에서 얻은 이익을 사회에 도움이 되는 곳으로 환원하여 사회적 책임을 실천할 수 있다는 점에서 의미가 크다고 할 수 있다.

1) 개인 차원:

2) 기업 차원:

3) 정부 차원:

종합 연습

1 <보기>에서 알맞은 표현을 골라 문장을 완성하십시오.

<보기>
　　　　　　　　-만 못하다　　-(으)ㄴ/는 김에　　-다가는
　　수익성　안정성　펀드　주식　예금　적금　금리

가　매달 돈을 조금씩이라도 모아서 큰돈을 만들고 싶어요.

나　그럼 은행에 1) _____ 적금에 가입하세요.
　　'티끌 모아 태산'이라고 하잖아요.

가　근데 요즘 은행 2) _____ 이/가 너무 낮잖아요. 이렇게 3) _____
　　_____ 한국도 은행에 저금을 하면 오히려 손해인 시대가 올 것 같아요.

나　맞아요. 그럼 S사 4) _____ 을/를 좀 사 보는 건 어때요? 6개월 전부터 매달
　　주가가 20% 이상 올랐대요. 은행에 그냥 넣어 놓는 것보다 5) _____ 이/가
　　좋잖아요.

가　좀 더 6) _____ 이/가 높은 방법은 없을까요? 너무 불안해서……

나　미라 씨, 위험이 없는 투자는 7) _____.
　　없는 돈이다 생각하고 투자해 보세요.

2 보기에서 알맞은 속담을 골라 문장을 완성하십시오.

보기

남의 떡이 더 커 보인다   입에 겨우 풀칠만 하다
떡 본 김에 제사 지낸다   외상이면 소도 잡아 먹는다
열 번 듣는 것이 한 번 보느니만 못하다
가난 구제는 나라도 못한다   먼 친척이 가까운 이웃만 못하다

1) 가: 여보, 미영이 엄마는 이번에 또 차를 바꿨더라. 우리도 차 좀 바꾸자.
   나: 원래 _____ 는 거야. 우리 차도 충분히 좋은 차야.

2) 가: 이번 달 카드값이 너무 많이 나왔어. 카드값이 내 월급의 두 배야.
   나: _____ 고 카드가 그래서 무서운 거야.

3) 가: 얼마 전에 작년에 회사를 그만둔 회사 동기를 만났는데, 퇴직 후 차린 고깃집이 대박이 났다고 하더라. 너도 한번 도전해 봐.
   나: 전세 대출 이자 내느라 _____ 는데 창업할 여유가 어디 있어.

4) 이번 프랑스 여행에서 가장 인상적이었던 건 제가 좋아하는 화가의 작품을 실제로 본 거예요. _____ 는 말처럼 확실히 책으로 보는 것과는 차원이 달랐어요.

5) 가: 이번 폭우로 가게 안에 물이 찼다면서요? 많이 놀랐겠어요?
   나: 네, 다행히 옆 가게 사장님이 빨리 알려주셔서 큰 피해를 막을 수 있었어요. 역시 이웃이 좋더라고요.
   가: 그러니까 _____ 는 말이 있는 거 아니겠어요!
   나: 맞아요. _____ 고 바닥 공사를 새로 했더니 깔끔해져서 가게 분위기도 훨씬 좋아졌어요.

6) 가: 복지 제도가 좋아졌음에도 불구하고 항상 주변에 불우이웃이 있는 걸 보면 참 안타까워요.
   나: 그러니 _____ 는 말이 있는 거겠죠.

3 경제 87

한국 문화

대한민국 가계 동향 조사

가구당 월평균 소득 (단위: 천원, % 전년동분기대비)

소득 **4,793** (-0.8%)
- 근로소득 3,028 (+4.9%)
- 사업소득 927 (+0.1%)
- 재산소득 40 (+21.8%)
- 이전소득 718 (-19.6%)
- 비경상소득 80 (-12.5%)

가구당 월평균 지출 (단위: 천원, % 전년동분기대비)

가계지출 **3,652** (+4.1%)
- 소비지출 2,691 (+2.7%)
- 비소비지출 962 (+8.3%)

소득 항목별 구성비 (단위:%)

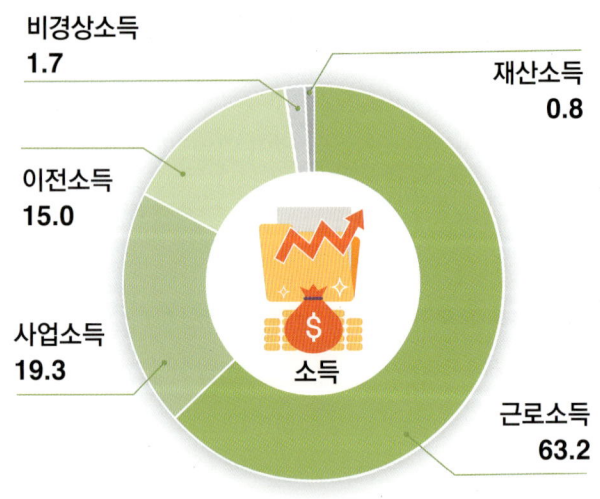

- 비경상소득 1.7
- 재산소득 0.8
- 이전소득 15.0
- 사업소득 19.3
- 근로소득 63.2

소비지출 비목별 구성비 (단위:%)

- 가정용품·가사서비스 4.4
- 주류·담배 1.4
- 음식·숙박 15.8
- 식료품·비주류음료 13.8
- 교통 12.5
- 주거·수도·광열 11.8
- 보건 8.3
- 기타상품·서비스 8.3
- 오락·문화 7.5
- 교육 6.3
- 의류·신발 5.3
- 통신 4.5

단어 목록

어휘
- [ ] 적금
- [ ] CMA
- [ ] 미술품
- [ ] 주가
- [ ] 수익성
- [ ] 분양가
- [ ] 사채
- [ ] 이자
- [ ] 재테크
- [ ] 직금을 나나
- [ ] 부도
- [ ] 변동

문형 연습
- [ ] 경비
- [ ] 숨이 차다
- [ ] 게을리하다
- [ ] 불경기
- [ ] -을/를 비롯하다
- [ ] -끼
- [ ] 어휘력
- [ ] 시각
- [ ] 집착하다
- [ ] 과잉
- [ ] 우표
- [ ] 케이스
- [ ] 돌부리

말하기
- [ ] 주유비
- [ ] 경조사비
- [ ] 의료비
- [ ] 주거비

읽기
- [ ] 국내총생산(GDP)
- [ ] 부채
- [ ] 비율
- [ ] 상위
- [ ] 연속
- [ ] 폭탄
- [ ] 빚을 지다
- [ ] 담보
- [ ] 원금
- [ ] 금리
- [ ] 인하하다
- [ ] 디플레이션
- [ ] 시중
- [ ] 침체되다
- [ ] 흑자
- [ ] 우려
- [ ] 부양
- [ ] 관측
- [ ] 목돈
- [ ] 서민
- [ ] 학자금
- [ ] 자금
- [ ] 실현하다
- [ ] 금융
- [ ] 소액
- [ ] 친근하다
- [ ] 하위
- [ ] 약관
- [ ] 청결하다
- [ ] 선진국
- [ ] 확대
- [ ] 환원하다
- [ ] 유리하다
- [ ] 검증
- [ ] 자본금
- [ ] 탓
- [ ] 한계
- [ ] 회생
- [ ] 견해

읽기 연습
- [ ] 고액
- [ ] 빈곤하다
- [ ] 부유하다
- [ ] 연체되다

듣기
- [ ] 유례
- [ ] 자본
- [ ] 폐허
- [ ] 기반
- [ ] 추진하다
- [ ] 소규모
- [ ] 생산하다
- [ ] 경공업
- [ ] 반도체
- [ ] 화학
- [ ] 철강
- [ ] 비약
- [ ] 독단
- [ ] 재벌
- [ ] 대외
- [ ] 개방

쓰기
- [ ] 풀
- [ ] 재주
- [ ] 구제
- [ ] 외상
- [ ] 공정
- [ ] 분배
- [ ] 휴면

대화
- [ ] 번화가
- [ ] 빠듯하다
- [ ] -답다
- [ ] 자산

종합 연습
- [ ] 티끌

unit 4
명절

목표 문형

- -기(가) 무섭게
- -았/었/했으면 하다
- -다(가) 보니(까)

대화

- 설날이 엊그제 같은데 벌써 추석이네요. 이번 추석에 어디 가세요?

- 이번 추석은 서울에 있을 예정이에요. 부모님께서 올라오시기로 했거든요.

- 아! 부모님께서 역귀성하시는군요. 예매는 하셨어요?

- 네, 연휴 첫날 서울로 올라오는 표는 다행히 예매를 했는데 서울에서 지방으로 내려가는 표는 이미 다 매진이라서 연휴 지나고 천천히 가시기로 했어요.

- 역시 민족의 대이동이라 할 만하군요. 그래도 이번 명절은 서울에서 편하게 쉴 수 있겠네요.

- 네, 작년에는 고향에 내려가느라고 퇴근하기가 무섭게 터미널로 달려가야 했는데 올해는 그 고생을 안 해도 될 것 같아요. 고속도로도 꽉 막혀서 평소보다 두 배 이상 걸렸었거든요.

- 정말 힘들었겠네요. 어차피 누군가 움직여야 하는 거라면 시간 여유가 있는 부모님들께서 서울로 오시는 게 나은 것 같아요. 길에서 낭비하는 시간도 훨씬 줄고요.

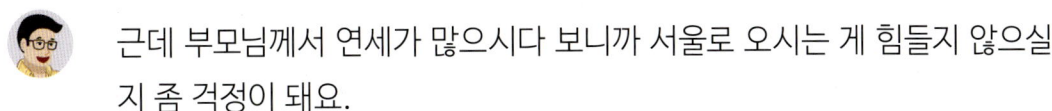

근데 부모님께서 연세가 많으시다 보니까 서울로 오시는 게 힘들지 않으실지 좀 걱정이 돼요.

서울에 오시면 민수 씨가 잘 챙겨드리세요. 좋은 데도 많이 모시고 가고요. 가족과 함께 좋은 명절 보내셨으면 해요.

1 민수는 이번 추석을 어디에서 보내기로 했습니까?

2 민수는 작년 추석 귀성할 때 왜 고생했다고 했습니까?

3 쑤언은 왜 역귀성이 좋다고 생각합니까?

어휘

가	나
민족(의)대이동 조상 세배 덕담 귀성 역귀성	(설, 추석, 명절을) 쇠다 차례를 지내다 제사를 지내다 성묘를 하다 송편을 빚다 교통 체증이 극심하다

1 다음 빈칸에 알맞은 것을 〈가〉에서 찾아 쓰세요.

1) 남이 잘되기를 비는 말. 주로 새해에 많이 주고받는 말: _____

   예) 새해 첫날 할아버지께서 우리에게 "항상 건강하고 하고자 하는 일 모두 성공하거라."라고 _____ 을/를 해주셨다.

2) 설날, 추석처럼 큰 명절 때 대부분의 사람들이 고향이나 가족이 있는 곳으로 가는 것: _____

   예) 연휴 첫날부터 _____ 이/가 시작되어 기차표가 90% 이상 매진되었고 고속도로 곳곳이 몸살을 앓고 있습니다.

3) 새해 첫날에 어른들께 인사로 하는 절: _____

   예) 저는 어릴 때 설날이 너무 좋았어요. 왜냐하면 많은 친척분들께 _____ 을/를 드리면 꼭 세뱃돈을 주셨거든요. 일 년 동안 쓸 용돈이 생기는 거죠.

4) 부모님을 뵙기 위하여 고향으로 돌아가거나 돌아옴: _____

   예) 명절을 맞아 사람들은 양손 가득 선물을 들고 _____ 길에 올랐다.

5) 보통 명절 때에는 자식이 고향에 계신 부모님을 찾아가는데 거꾸로 부모님이 객지에 있는 자식들을 찾아가는 것: _____

   예) 요즘 명절에는 바쁜 자녀들을 대신해 시골에 계시는 부모님이 자녀들이 있는 도시로 올라오는 _____ 이/가 많아지고 있다.

6) 돌아가신 아버지나 어머니 위의 어른: _____

예) 제사를 지내면 음식도 많이 해야 하고 여러 가지 불편한 점이 있긴 하지만 돌아가신 _____을/를 추억하고 존경을 표현할 수 있다는 점에서는 긍정적이라고 생각한다.

2 빈칸에 알맞은 표현을 〈나〉에서 골라 쓰세요.

1)  추석이 되면 가족들이 모두 한자리에 모여 앉아 추석 음식인 _____ 오순도순 이야기를 나눈다.

2)  설날과 추석은 한국에서 가장 큰 명절이기 때문에 대부분의 사람들이 고향으로 이동을 한다. 그래서 연휴 기간은 전국 고속도로의 _____.

3)  조상께서 돌아가신 날에는 _____, 설날이나 추석에는 모든 조상님께 _____

4)  추석에는 돌아가신 조상의 무덤에 찾아가 음식을 차려 놓고 절을 하고 무덤에 자란 풀도 정리하는 등 _____ 풍습이 있다.

5)  가: 미라 씨, 명절을 잘 _____?
나: 아니요, 오히려 연휴 기간 동안 차례 음식 준비하고 손님을 맞이하느라 더 피곤했어요.

문형 연습 1

동사 + -기(가) 무섭게

가: 추석 맞이 세일을 한다고 해서 마트에 갔다가 사람이 너무 많아서 그냥 왔어요.
나: 그래서 저도 어제 문 여는 시간에 맞춰서 갔는데 문을 **열기가 무섭게** 손님들이 모여들더라고요.

-기(가) 무섭게			
하다	하기가 무섭게	먹다	먹기가 무섭게

STEP 1 빈칸에 알맞은 단어를 골라 보기 와 같이 쓰세요.

| 끝나다 | 따르다 | 꺼내다 | 얘기하다 | ⭕시작되다 | 도착하다 | 받다 |

보기
가: 한 해가 시작되기가 무섭게 벌써 11월이네요.
나: 네, 설날에 가족들을 만났던 게 엊그제 같은데 진짜 시간이 빠르네요.

1) 가: 어제 왜 수업이 _____ 갔어요?
   나: 아, 집에 손님이 와 계셨거든요.

2) 가: 보통 퇴근 후에 뭐 하세요?
   나: 우선 집에 _____ 텔레비전을 켜고 시원한 물을 한 잔 마셔요.

3) 가: 어제 부장님하고 이야기는 잘 됐어?
   나: 아니, 내가 말을 _____ 부장님이 버럭 화를 내셔서 제대로 이야기도 못 했어.

4) 가: 난 왜 만날 돈이 없을까?
   나: 월급을 _____ 다 써 버리니까 그렇지. 돈을 그렇게 물 쓰듯이 하면 어떡해?

5) 가: 어제 민수 씨 많이 취했더라.

   나: 술을 _____ 마셔 버리니까 어떻게 안 취할 수가 있겠어.

6) 가: 어제 배우 K 씨가 TV에 나와서 바나나가 건강의 비결이라고 _____
   대형 마트에서 바나나가 다 품절돼 버렸대요.

   나: 흠...... 바나나만 먹는다고 다 K씨처럼 되지는 않을 텐데요.

STEP 2 다음 속담이나 표현의 의미를 보기 와 같이 설명하세요.

> **보기**
> 가: '발 없는 말이 천 리 간다'라는 속담은 무슨 뜻인가요?
> 나: 말은 전하기가 무섭게 멀리 퍼진다는 의미예요.

1) 가: '번갯불에 콩 구워 먹는다'라는 말은 언제 쓸 수 있나요?

   나: 행동이 아주 빠르거나, 어떤 일을 _____ 빨리 진행시킨다는 의미로 써요.

2) 가: '호랑이도 제 말하면 온다'라는 말은 언제 사용하나요?

   나: 다른 사람에 대해서 _____ 그 사람이 그 자리에 나타난다는 뜻으로 말조심하라는 의미로 써요.

3) 가: '게 눈 감추듯 먹는다'는 무슨 뜻인가요?

   나: 음식을 _____ 빨리 먹어버린다는 뜻이에요.

4) 가: '날개가 돋친 듯이'나 '불티나게'는 어떨 때 쓰는 말이에요?

   나: 물건이 _____ 잘 팔릴 때 쓰는 말이에요.

STEP 3 다음과 같은 상황에서 여러분이 하는 일, 또는 하고 싶은 일은 무엇인가요? 친구들과 이야기해 봅시다.

> 오늘은 날씨가 추우니까 집에 가기가 무섭게 따뜻한 물로 샤워한 다음 좋아하는 잠옷으로 갈아입고 따뜻한 국물 요리를 먹을 거예요. 온돌 바닥 위에 앉아 귤을 까 먹으면서 좋아하는 예능 프로그램을 보고 싶어요.

1) 집에 가다

2) 고향에 돌아가다

3) 좋아하는 연예인을 우연히 만나다

4) 여행지에 도착하다

5) 맛있어 보이는 음식이 나오다

6) 복권에 당첨되다

문형 연습 2

> 동사, 형용사 + **-았/었/했으면 하다**
> 명사 + **-이었/였으면 하다**

가: 새해에도 온 가족이 건강하고 원하는 바 다 **이루었으면 해요**.
나: 맞아요. 평안한 한 해가 **되었으면 해요**.

	-았/었/했으면 하다				
오다	왔으면 하다	이루다	이루었으면 하다	하다	했으면 하다

	-이었/였으면 하다		
명절	명절이었으면 하다	휴가	휴가였으면 하다

STEP 1 아래의 사람들은 어떤 바람이 있나요? 보기 와 같이 쓰세요.

보기
미라: 고향이 멀어서 명절 때마다 너무 힘들어요.
➡ 고향이 가까웠으면 해요, 부모님께서 서울에 오셨으면 해요, 귀성길이 안 막혔으면 해요.

1) 민수: 회사가 너무 멀어서 밥 먹듯이 지각을 해요.
   ➡ _____

2) 쑤언: 부모님이 잔소리가 너무 심하셔서 혼자 살고 싶은데 전세가 생각보다 많이 비싸요.
   ➡ _____

3) 스티브: 한국어는 하면 할수록 어려워요. 언제부터인가 한국어가 늘지 않는 것 같아서 불안해요.
   ➡ _____

4) 샤오민: 올림픽에서 우리 선수들이 부상 없이 좋은 성적을 거두었으면 좋겠어요.
   ➡ _____

STEP 2 보기 와 같이 쓰세요.

> 보기
> 새해에도 온 가족이 다 건강했으면 해요.

1) 다음 승진 시험 때는 꼭 _____

2) 열심히 공부해서 좋은 성적을 _____

3) 내일은 날씨가 _____

4) 저는 지금 _____

STEP 3 다음은 한국의 풍습을 정리한 표입니다. 빈칸을 완성하고 마지막 칸에는 여러분이 알고 있는 한국 풍습이나 여러분 나라의 풍습을 써 보세요.

한국에서는 아기가 건강했으면 하는 뜻으로 돌잔치 때 금반지를 선물합니다. 아기가 커서 진학을 할 때나 큰일이 생겼을 때 도움이 되었으면 하는 의미도 있습니다.

소망	풍습
보기 • 아기가 건강했으면 하다. • 앞으로 아이가 진학을 하거나 큰일이 있을 때 도움이 되었으면 하다.	돌잔치 때 금반지를 선물한다.
	동지에 팥죽을 먹는다.
	정월대보름에 부럼을 먹는다.
	시험 전에 머리나 손톱을 깎지 않고 미역국을 안 먹는다.

문형 연습 3

동사, 형용사 + -다(가) 보니(까)
명사 + -(이)다(가) 보니(까)

가: 미안해. 요즘 일이 바쁘**다 보니** 연락을 못했어.
나: 괜찮아. 이해해. 나도 어제 일하**다 보니까** 벌써 저녁 7시가 다 됐더라고. 점심도 안 먹었는데.

-다(가) 보니(까)			
바쁘다	바쁘다(가) 보니(까)	먹다	먹다(가) 보니(까)

-(이)다(가) 보니(까)			
문화	문화다(가) 보니(까)	전통	전통이다(가) 보니(까)

STEP 1 보기 와 같이 연결하고 쓰세요.

보기: 오랫동안 자취를 하다 • — • 요리 솜씨가 좋아지다.

1) 한국의 명소에 대해 찾다 • • 서울의 여러 장소를 알게 되다.
2) 한국어를 배우다 • • 친구가 많이 생기다.
3) 사람 만나는 걸 좋아하다 • • 사람들이 기억을 못 하다.
4) 업무가 힘들다 • • 스트레스를 꽤 받다.
5) 이름이 발음하기 어렵다 • • 한국 문화도 알게 되다.
6) 경치가 아름답다 • • 태국어를 배우게 되다.
7) 남자친구가 태국 사람이다 • • 관광객들이 많이 찾다.

> 보기 오랫동안 자취를 하다 보니까 요리 솜씨가 좋아졌다.

1) _____
2) _____
3) _____
4) _____
5) _____
6) _____
7) _____

STEP 2 보기 와 같이 대화를 완성하세요.

> 보기
> 가: 와! 어떻게 그렇게 송편을 예쁘게 빚어요?
> 나: 추석 때마다 가족들과 함께 많이 빚다 보니까 잘 만들게 됐나 봐요.

1) 가: 새 헤어스타일이 정말 잘 어울리네요.
   나: 고마워요. 저도 처음에는 거울을 볼 때마다 좀 어색해서 잘 안 어울리는 것 같아 속상했는데 자꾸 _____ 괜찮은 것 같아요.

2) 가: 항상 사무실에 앉아서 _____ 뱃살이 자꾸 쪄요.
   나: 저도 그랬는데 꾸준히 _____ 살도 빠지고 건강도 좋아졌어요. 토미 씨도 해 보세요.

3) 가: 요즘 눈이 갑자기 나빠진 것 같아요.
   나: 잠들기 전까지 _____ 눈이 나빠지는 사람들이 많대요.

4) 가: _____ 자꾸 식사를 거르게 돼요.
   나: 그러면 안 돼요. 건강을 생각해서 잘 챙겨 먹어야죠.

5) 가: 날씨가 _____ 감기 환자가 갑자기 는 것 같아요.
   나: 맞아요. 환절기니까 감기 걸리기 쉽죠.

STEP 3 이 사람들은 어떻게 성공을 하거나 실패를 하게 되었을까요?

| 올림픽에서 금메달을 딴 선수 | _____ 중독자 |

| 올해의 판매왕 | 지하철 노숙자 |

| 한국어 말하기 대회에서 1등을 한 외국인 | 범죄자 |

〈 올림픽에서 금메달을 딴 선수 〉
저는 처음부터 운동에 재능이 있는 사람은 아니었습니다. 하지만 꾸준히 연습하다 보니 이렇게 좋은 결과를 낼 수 있었던 것 같습니다.

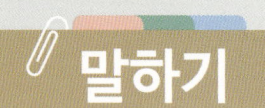

말하기

1 평소에 여러분의 가족 및 친척, 또는 배우자의 가족, 친척과 함께하는 시간이 많은 편입니까?

2 돌아가신 조상을 기억하고 감사하며, 가까운 가족들과 모여서 시간을 보내면서 이야기할 기회를 가질 수 있다는 점에서 한국의 명절 문화는 유대감을 형성하는 데 긍정적인 영향을 준다고 할 수 있지만, 교통 체증이나 감정적 갈등 등으로 불편함을 느끼는 사람들도 많아요. 여러분의 생각은 어떤가요?

순위	항목	비율
1위	명절 비용(추석 선물, 부모님 용돈)	14.0%
2위	추석 연휴가 짧은 점	12.7%
3위	구직, 진로 관련 잔소리	11.5%
4위	결혼, 출산 관련 잔소리	11.0%
5위	장거리 운전 및 교통 체증	10.3%
6위	명절 노동(음식, 집안일)	9.2%

읽기

(가) 명절이란 전통적으로 해마다 일정하게 즐기거나 기념하는 날을 말한다. 한국의 명절은 설날과 추석을 비롯해서 부럼을 먹으며 한 해의 건강을 기원하는 음력 1월 15일 정월대보름, 음력 5월 5일 단오, 하루 중 낮이 가장 짧은 날인 동지 등이 있다. 이 중 설날, 단오, 추석을 3대 명절이라고 한다. 말 그대로 한국에서 가장 중요한 세 명절이라는 뜻이다.

(나) 설날은 음력 1월 1일로 오랜 옛날부터 1년을 잘 정리하고 새해를 맞이한다는 뜻에서 중시해 온 명절이다. 요즘도 새해 첫날이 되면 해돋이를 보러 가는 사람들이 많은데 옛날부터 '설날 해돋이를 보지 못하고 자 버리면 눈썹이 하얗게 센다'는 재미있는 미신이 있었다. 그래서 설날 전날 밤에는 가족들이 모두 모여 앉아 한 해 동안의 추억이나 새해의 결심에 대해 이야기하며 밤을 새웠다고 한다. 설날 아침이 되면 가장 먼저 하는 일은 조상께 차례를 드리는 일이다. 차례가 끝나면 웃어른께 세배를 드리면서 "새해 복 많이 받으세요. 새해에는 건강하세요."와 같은 덕담을 주고받는다. 설날에는 차례를 지낸 음식과 함께 떡국을 먹는데 떡국을 먹으면 나이를 한 살 더 먹는다고 하여, 나이를 물을 때 떡국을 몇 그릇 먹었느냐고 묻기도 한다. 설날에는 윷놀이, 제기차기, 연날리기를 한다.

(다) 단오는 음력 5월 5일로 모내기를 끝내고 풍년을 기원하는 차례를 지내는 날이다. 음력 5월은 비가 많이 오기 시작하는 달로 나쁜 병이 유행하기 쉽기 때문에 건강을 기원하는 의미로 창포를 삶은 물로 머리를 감는 풍습이 있다. 옛날에는 창포 뿌리를 깎아서 붉은 물을 들인 후 여성들은 비녀를 만들어 꽂았으며 남자들은 허리에 차고 다녔다고 하는데 이것은 귀신이 붉은색을 싫어한다고 생각했기 때문이다. 또 궁에서는 왕이 신하들에게 더운 여름을 건강하게 보내라는 의미로 부채를 선물했다고 한다. 단오 때 하는 대표적인 전통 놀이로는 씨름과 그네뛰기가 있다.

(라) 음력 8월 15일 추석은 설날과 함께 가장 중요하게 생각하는 큰 명절이다. 추석을 '한가위'라고도 하는데 '한'은 '크다', '가위'는 '가운데'라는 뜻으로 8월의 한가운데 있는 날이라는 뜻으로도 이해할 수 있고 일 년 중 가장 곡식과 과일이 풍부하여 넉넉한 때라는 뜻으로도 생각할 수 있다. 추석에는 햅쌀로 밥을 짓고 콩, 팥, 밤, 대추 등으로 속을 채워 넣어 송편을 만든다. 송편을 잘 만들면 좋은 배우자를 만나며, 잘 못 만들면 못생긴 배우자를 만나게 된다는 말이 있어서 추석이 되면 온 가족이 모두 모여 송편을 빚으며 서로 솜씨를 자랑하기도 한다. 이렇게 준비한 음식으로 차례를 지낸 후 조상의 묘를 찾아가 성묘를 한다. 옛날 추석에는 여성들이 '반보기'를 했다고 전해지는데, 시집간 딸이 친정 어머니와 중간 지점에서 만나 반나절 동안 가져온 음식을 나눠 먹으며 쌓인 이야기를 나누는 풍습이었다. 추석의 전통 놀이로는 윷놀이, 줄다리기, 강강술래 등이 있다. 특히 강강술래는 한가위 민속놀이로 가장 잘 알려져 있는데 세계문화유산으로도 지정되어 있으며 임진왜란 때 이순신 장군이 사람들에게 강강술래를 하게 해 군대가 많아 보이도록 해서 전쟁에 이겼다는

이야기도 전해진다.

　(마) 최근에는 도시화와 핵가족화로 인해 명절의 의미도 축소되고, 그 절차 역시 간소해졌다. 그러나 명절의 의미는 그대로이다. 조상을 기억하고, 온 가족이 모여 따뜻함을 나눌 수 있는 명절의 참뜻을 지켜갔으면 한다.

1 (가)~(마)의 중심 내용을 정리하세요.

(가) 명절의 의미와 한국의 3대 명절

(나)

(다)

(라)

(마)

2 설날, 단오, 추석에 대해 아래 표에 정리하세요.

	설날	단오	추석
날짜			
하는 일			
음식			
놀이			

3 다음 중 윗글의 내용과 다른 것을 고르세요.

1) "떡국을 몇 그릇 먹었냐?"는 질문은 나이를 묻는 의미이다.

2) 단오에는 건강을 기원하는 풍습이 많다.

3) '한가위'는 8월의 한가운데 있는 날이라는 뜻이기도 하고, 일 년 중 가장 넉넉한 때라는 뜻도 있다.

4) '반보기'는 지금도 남아있는 추석 풍습이다.

5) 임진왜란 때 이순신 장군이 사람들에게 강강술래를 하도록 했다는 이야기도 전해진다.

읽기 연습

1 명절의 날짜와 풍습을 연결하세요.

1) 설날 • • 음력 1월 15일 • • 떡국, 세배

2) 정월대보름 • • 음력 1월 1일 • • 부럼

3) 단오 • • 일 년 중 낮이 가장 짧고 밤이 • • 팥죽
　　　　　　　　　가장 긴 날 (보통 12월 22일)

4) 추석 • • 음력 8월 15일 • • 송편, 성묘

5) 동지 • • 음력 5월 5일 • • 창포물에 머리 감기

2 다음 그림에 알맞은 단어를 보기 에서 골라 쓰세요.

보기
　　연날리기　　씨름　　그네뛰기　　제기차기
　　윷놀이　　모내기　　강강술래　　줄다리기

1)

2)

3)

4)

5)

6)

7)
_____

8)
_____

3 보기 에서 알맞은 단어를 골라 쓰세요.

| 보기 | 중시하다　세다　풍년　기원하다　성묘　핵가족　축소되다 |

1) 한국인이 가장 _____ 명절은 설날과 추석이다.

2) _____ (이)란 조상의 묘를 찾아가 준비한 음식으로 차례를 지내고 묘를 깨끗하게 정리하는 것이다.

3) 한국에서는 입학시험을 앞둔 학생에게 합격을 _____ 의미로 초콜릿이나 떡을 선물한다.

4) 고등학교 때 짝사랑했던 친구를 40년 만에 만났다. 얼굴에는 주름이 생기고 머리가 하얗게 _____ 여전히 멋진 모습이었다.

5) 여름 휴가 기간이 지난해 2주에서 올해 1주로 _____.

6) 제가 어릴 때만 해도 할아버지, 할머니를 모시고 사는 대가족이 많았는데 요즘은 거의 부모님과 자녀 한두 명인 _____ 이/가 대부분이죠.

7) 올해 사과가 _____ (이)라서 사과 값이 예년에 비해 저렴해졌대요. 값이 쌀 때 제철 과일을 많이 먹는 게 좋겠죠?

Track 4-02

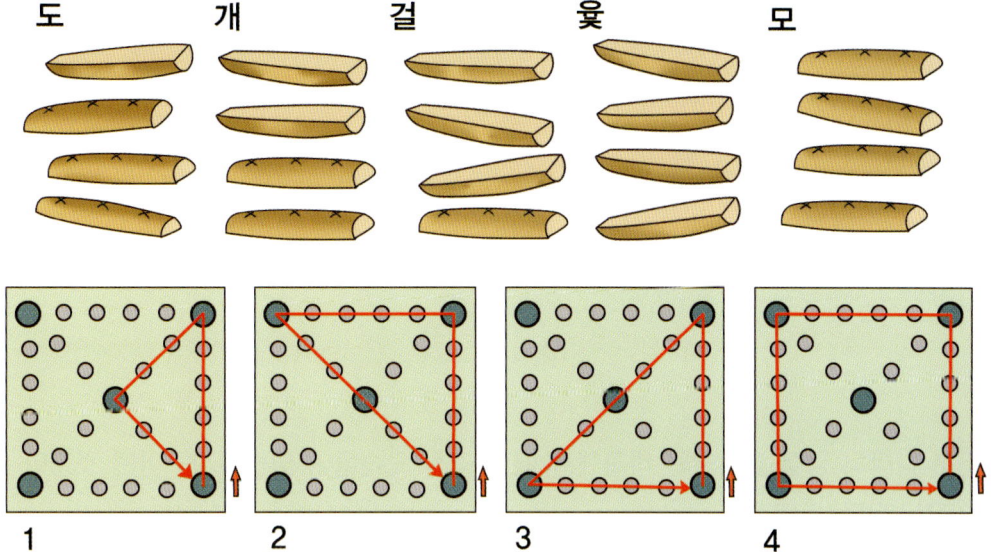

1 들은 내용과 <u>다른</u> 것은?

1) 윷놀이는 모든 말이 판을 돌아서 먼저 나가는 팀이 이기는 게임이다.

2) 말이 큰 원에서 한 번 멈춰야 지름길로 갈 수 있다.

3) 윷이나 모가 나왔을 때, 다른 팀의 말을 잡았을 때는 세 번 던진다.

4) 윷놀이는 기원전 2333년 고조선 때부터 시작된 것으로 농경 사회의 주요 가축인 말, 소, 양, 개, 돼지를 보고 만든 것이라고 한다.

2 들은 내용과 같으면 O, 다르면 X에 ∨ 하세요.

1)	각각의 말들은 따로 가도 되고 같이 가도 되는데, 같이 가는 것을 업는다고 한다.	O	X
2)	보폭이 작은 돼지는 '도'로 1칸, 보폭이 큰 소는 '모'로 5칸까지 전진한다.	O	X
3)	윷 중 하나에만 특별한 표시를 하는데 그 윷으로 도가 나왔을 때는 '뒷도'라고 하고 한 칸 뒤로 간다.	O	X
4)	윷놀이처럼 막대기 4개를 던져 노는 민속놀이는 다른 나라에도 있다.	O	X

쓰기

1 여러분 나라의 가장 큰 명절은 무엇입니까?

	나 (나라:)	친구 (나라:)
명절 이름		
날짜		
먹는 음식		
하는 일, 하는 놀이		

2 여러분 나라의 명절을 과거와 비교했을 때 달라진 모습들이 있습니까? 어떤 것들이 달라졌고 그 이유는 무엇입니까?

과거:

현재:

3 위에서 이야기한 것을 중심으로 여러분 나라의 명절을 소개하는 글을 쓰세요.

> **보기**
>
> 　　헝가리에서 한국의 설날이나 추석만큼 중시하는 명절이 바로 부활절이다. 국민 대다수가 가톨릭을 믿기 때문이다. 헝가리에서는 해마다 부활절이 되면 예쁘게 장식한 달걀을 친구, 애인, 동료 등 가까운 사람들과 주고받는 풍습이 있다. 달걀은 전 세계적으로 부활의 상징인데 특히 헝가리에서 달걀은 풍요로움, 다산의 의미도 있다. 애인에게 줄 달걀은 특별히 빨간색으로 칠하는데 빨간색이 사랑을 상징하기 때문이다.

종합 연습

1 보기에서 알맞은 단어를 골라 문장을 완성하세요.

> 보기
>
> -기(가) 무섭게   -다(가) 보니(까)   쇠다   중시하다
> 기원하다   조상   차례(를) 지내다   역귀성   넉넉하다

팀   미나 씨, 추석 잘 1) _____?

미나   추석 연휴가 끝나고 나서 오히려 피로가 쌓인 것 같아요. 연휴 전날 일이 2) _____ 터미널로 뛰어가서 버스를 탔는데 길이 너무 막혀서 평소에 세 시간이면 가는 고향을 일곱 시간 걸려서 도착했거든요.

팀   많은 사람들이 한꺼번에 3) _____ 정체가 심했나 봐요. 근데 요즘 4) _____ 이/가 많아져서 예전보다는 명절 정체가 좀 덜하다고 하던데 아닌가요? 지방에 계시는 어르신들이 수도권에 있는 자녀를 보러 올라오시는 경우가 많다고 하던데요.

미나   그래도 아직은 수도권에서 지방으로 가는 사람이 훨씬 많으니까요. 지친 상태로 집에 도착했는데 엄마가 이미 5) _____ 준비를 시작하셔서 바로 음식을 같이 만들어야 했어요. 우리 집이 큰집이라서 명절에 친척들이 다 우리 집으로 와서 아침에 차례를 지내고 저녁까지 먹고 가거든요. 명절에는 20인분 요리는 기본이에요. 게다가 엄마가 손이 크셔서 항상 음식을 6) _____ 만드시니까 명절 때는 거의 하루 종일 부엌에 있어야 해요.

팀   정말 힘들겠네요. 차례는 같이 집에서 지내더라도 저녁은 근처 식당에 가서 먹으면 안 되나요?

미나   저도 그렇게 하자고 몇 년째 말씀드리고 있는데 엄마는 건강이 허락할 때까지는 직접 음식을 만들어서 친척들에게 대접하고 싶다고 하세요. "명절 음식은 정성이야. 돌아가신 7) _____ 님들도 이 음식 드시고 널 지켜 주실 거야."라고 늘 말씀하시면서요. 엄마 마음은 알겠지만 명절 지나면 항상 여기저기 아프시니까 속상해요.

팀   제사나 차례가 후손들의 건강과 안녕을 8) _____ 의미가 있다고 얼마 전 한국 문화 수업에서 배웠던 게 떠오르네요. 전통을 9) _____ 미나 씨 어머니의 마음도 이해가 가요.

한국 문화

차례 지내기

1. **음식을 놓는 방법**

    1열 : 수저, 밥, 국
    2열   어동육서(魚東肉西)
         : 생선은 동쪽, 고기는 서쪽
    3열 : 생선탕, 고기탕 등의 탕류
    4열   좌포우혜(左脯右醯)
         : 좌측 끝에는 포, 우측 끝에는 식혜
    5열   조율이시(棗栗梨柿)
         : 왼쪽부터 대추, 밤, 배, 감
         홍동백서(紅東白西)
         : 붉은 과일은 동쪽, 흰 과일은 서쪽

2. **주의할 점**

    1) 삼치, 갈치, 꽁치 등 끝에 '치'자가 들어간 생선과 복숭아는 놓지 않는다.
    2) 고춧가루와 마늘 양념을 하지 않는다.
    3) 떡을 만들 때 팥은 쓰지 않는다.

3. **순서**

    1) 향을 피우고 제주(祭主)가 모시기 그릇에 술을 붓고 두 번 절한다.
    2) 모두 다 같이 두 번 절한다.
    3) 상 위에 술을 올린다.
    4) 떡국 혹은 송편에 수저를 놓는다.
    5) 모두 다 잠시 동안 공손히 서 있는다.
    6) 수저를 치우고 밥그릇에 뚜껑이 있으면 덮는다.
    7) 상을 치우고 음식을 나누어 먹는다.

단어 목록

공부한 단어를 ☑하세요!

어휘
- ☐ 쇠다
- ☐ 차례
- ☐ 빚다
- ☐ 체증
- ☐ 뵙다
- ☐ 양-
- ☐ 거꾸로
- ☐ 객지
- ☐ 오순도순
- ☐ 무덤

문형 연습
- ☐ 만날
- ☐ 따르다
- ☐ 감추다
- ☐ 날개
- ☐ 돋치다
- ☐ 불티나다
- ☐ 예능
- ☐ 바
- ☐ 평안하다
- ☐ 거두다
- ☐ 동지
- ☐ 팥
- ☐ 정월대보름
- ☐ 부럼
- ☐ 명소
- ☐ 끊이다
- ☐ 노숙자
- ☐ 범죄자

말하기
- ☐ 유대감
- ☐ 형성하다
- ☐ 장거리
- ☐ 노동

읽기
- ☐ 단오
- ☐ 중시하다
- ☐ 해돋이
- ☐ 세다
- ☐ 웃어른
- ☐ 윷놀이
- ☐ 제기차기
- ☐ 연날리기
- ☐ 모내기
- ☐ 풍년
- ☐ 창포
- ☐ 비녀
- ☐ 꽂다
- ☐ 부채
- ☐ 씨름
- ☐ 그네뛰기
- ☐ 곡식
- ☐ 햅쌀
- ☐ 밤
- ☐ 대추
- ☐ 채우다
- ☐ 묘
- ☐ 친정
- ☐ 지점
- ☐ 반나절
- ☐ 줄다리기
- ☐ 강강술래
- ☐ 민속
- ☐ 임진왜란
- ☐ 장군
- ☐ 축소되다
- ☐ 절차
- ☐ 간소하다

읽기 연습
- ☐ 짝-
- ☐ 예년
- ☐ 제철

듣기
- ☐ 도
- ☐ 개
- ☐ 걸
- ☐ 윷
- ☐ 모
- ☐ 말
- ☐ 판
- ☐ 지름길
- ☐ 업다
- ☐ 기원전
- ☐ 농경
- ☐ 가축
- ☐ 양
- ☐ 보폭
- ☐ 전진하다
- ☐ 막대기

쓰기
- ☐ 부활절
- ☐ 대다수
- ☐ 부활
- ☐ 다산

종합 연습
- ☐ 후손

unit 5
직장 생활

목표 문형

- -(으)ㄹ 리(가) 있다/없다
- -(으)ㄴ/는 탓에
- -(으)ㄹ망정

대화

Track 5-01

👩 다나카 씨, 왜 그렇게 기분이 안 좋아 보여요?

👨 이번에 온 신입 때문에 좀 짜증이 나네요.

👩 왜요? 다퉜어요?

👨 별일은 아닌데요, 한창 업무에 집중하고 있는데 그 직원이 계속 왔다 갔다 하더라고요. 그럴 때마다 책상에 쌓여 있는 서류가 툭툭 떨어지는데 제가 일에 집중이 될 리가 있어요?

👩 많이 성가셨겠네요.

👨 막상 그 사람은 아무렇지도 않은 눈치더라고요. 항상 서류나 책을 쌓아 놓기만 하고 정리를 안 하는 탓에 책상을 지나갈 때마다 뭔가 하나씩 떨어지기 일쑤예요. 책상 정리를 좀 하라고 몇 번 이야기를 했는데도 소 귀에 경 읽기예요.

👩 눈치가 없는 사람이네요. 근데 저도 그만큼은 아니지만 정리를 잘 못하는 편이라 할 말이 없네요.

👨 저는 책상 정리가 안 돼 있으면 일이 손에 안 잡히거든요. 그래서 퇴근이 좀 늦어질망정 일과 후에 책상을 정리하면서 처리가 끝난 서류는 바로 버려요.

저는 바로 안 버리고 몇 달 정도는 갖고 있는 편이에요. 지난 서류에서 새로운 아이디어를 얻을 때도 있어서요.

1 다나카는 왜 짜증이 났습니까?

2 다나카와 쑤언이 서류를 정리하는 방식은 각각 어떻게 다릅니까?

3 여러분은 일이나 공부를 할 때 어떤 편입니까?

어휘 및 표현
한창   툭툭   성가시다

5 직장 생활

어휘

1 다음은 회사 조직도입니다. 어떤 부서에서 하는 일인지 골라 쓰세요.

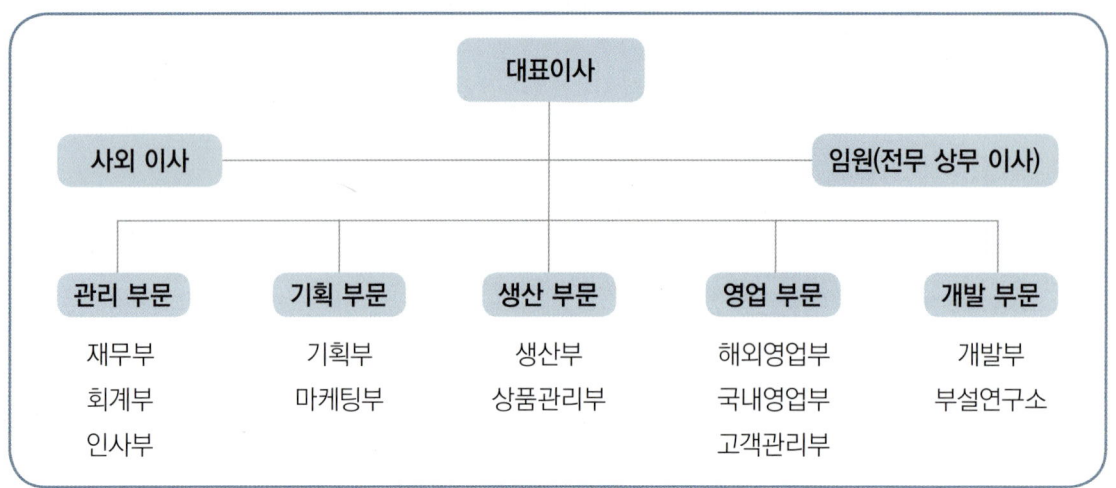

1) _____ : 직원의 채용, 교육, 퇴사 등의 각종 관리 담당

2) _____ : 기업, 제품에 대한 대중 매체 광고, SNS 광고 진행을 담당

3) _____ : 급여 계산, 세금 납부, 결산 서류 작성 등 돈과 관련된 다양한 업무를 진행

4) _____ : 회사를 어떻게 경영할 것인지 목표에 따른 전략 수립

5) _____ : 해외 시장에서 제품을 판매하기 위해 진행되는 업무를 담당

6) _____ : 국내 시장에서 제품을 판매하기 위해 진행되는 업무를 담당

7) _____ : 소비자들을 기업의 고객으로 만들고, 이를 장기간 유지하기 위한 서비스를 담당

8) _____ : 판매할 제품을 공장에서 직접 생산

2 다음은 다나카 씨의 동료들에 대한 글입니다. 알맞은 단어를 골라 문장을 완성하세요.

우리 해외 영업부 팀장님은 힘들어하는 직원이 있으면 따뜻한 말로 위로해 주시는 1) (자상한 / 무뚝뚝한) 성격이에요. 넘치는 카리스마로 일도 2) (겸손하게 / 추진력 있게) 잘하셔서 너무 멋있어요. 제 옆자리 대리님은 3) (눈치가 빠르고 / 눈치가 없고), 4) (결단력이 있는 / 공감을 잘하는) 성격이라서 말로 표현하지 않아도 상대방의 기분이나 생각을 잘 읽는 편이에요. 저는 성격이 5) (복잡한 / 단순한) 편이라서 다른 사람의 말을 들으면 이것저것 생각하지 않고 그냥 말 그대로를 받아들이고 별로 스트레스를 안 받는 편이에요. 이런 성격 차이는 틀림이 아니라 다름이라는 것을 받아들이고 6) (소극적으로 / 적극적으로) 이해하려고 노력해야 좋은 인간관계를 만들 수 있다고 생각해요.

3 알맞은 어휘를 고르고 보기 와 같이 이야기해 보세요.

> **보기**
> 모든 일에 최선을 다하고 열심히 하는 (게으른 /(성실한)) 사람은 우리 과장님이에요.

1) 말을 할 때 아주 솔직하게 (직선적으로 / 보수적으로) 하는 사람은 _____

2) 지인 중에서 다른 사람을 잘 이끄는 (창의적인 / 카리스마가 있는) 사람은 _____

3) 고민하지 않고 결정을 잘하는 (얌전한 / 결단력 있는) 사람은 _____

문형 연습 1

동사/형용사 + -(으)ㄹ 리(가) 있다/없다
명사 + -일 리(가) 있다/없다

가: 저분이 새로 오신 부장님**일 리가 있어요**? 저렇게 젊은 사람인데요?
가: 저분이 아**닐 리가 없어요**. 제가 어제 회사 홈페이지에서 본 사진이랑 똑같아요.

-(으)ㄹ 리(가) 있다/없다			
오다	올 리(가) 있다/없다	젊다	젊을 리(가) 있다/없다

-일 리(가) 있다/없다			
어제	어제일 리(가) 있다/없다	처음	처음일 리(가) 있다/없다

STEP 1 알맞은 단어를 골라 보기 와 같이 쓰세요.

| 장사가 안 되다 | 모르다 | 첫사랑 | 실패하다 | 잊다 |

보기
이 동네에 가게는 거기 하나뿐인데 장사가 안 될 리가 없어요.

1) 내가 토니 씨랑 10년을 같이 살았는데 그 사람 성격을 _____?

2) 그분이 얼마나 기억력이 좋은데. 약속을 _____?

3) 저 사람이 내 _____. 비록 몇 년 만에 본 거지만 그때랑 얼굴이 완전히 다른데.

4) 이번엔 절대 _____. 내가 완벽하게 준비했거든요.

STEP 2 보기 와 같이 대화를 완성하세요.

보기
가: 어제 시험을 봤는데 아무래도 불합격일 것 같아요.
나: 그렇게 열심히 준비했는데 떨어질 리가 없어요. 걱정 마세요.

1) 가: 그 소문 들었어요? 이 앞 빌라가 전세 사기로 경매에 넘어갔대요.
   나: 어머! 제가 그 빌라 주인을 좀 아는데 _____.

2) 가: 어제 과장님이 퇴근길에 음주 운전을 하다가 사고를 내셨대요.
   나: 네? 과장님이 _____? 술을 한 모금도 못 드시는데……

3) 가: 어제 진짜 막내가 창문 깬 거 아니래? 집에 그 애밖에 없었는데 이상하잖아. 거짓말하는 거 아닐까?
   나: 아니라니까요. 막내가 얼마나 착한데 _____.

4) 가: 심심한데 준수 씨 불러서 근교로 나들이나 갈까요?
   나: 준수 씨가 _____? 밖에 나가는 걸 얼마나 싫어하는데요.

STEP 3 친구와 이야기하세요.

손님, 손님이 주신 카드는 도난 카드라서 사용하실 수 없다고 나오는데요.

제 지갑 안에 계속 들어있었는데 도난 카드일 리가 있어요? 좀 전까지도 잘 사용했는데 그럴 리가 없어요.

레스토랑 직원: 손님, 손님이 주신 카드는 도난 카드라서 사용하실 수 없다고 나오는데요.

친구: 너희 팀 과장이 너에 대해서 험담을 하고 다닌대. 둘이 혹시 무슨 일 있어?

상담원: 고객님께서 응모하신 '성형수술비 마련' 이벤트에 당첨되셔서 5천만 원 상당의 성형수술을 무료로 받으실 수 있습니다. 축하합니다.

친구: 브라이언 씨가 남자친구 맞죠? 어제 브라이언 씨가 어떤 여자하고 같이 반지를 사고 있던데요. 혹시 바람을 피우는 게 아닐까요?

동료: 제가 어떤 다이어트 제품 광고를 봤는데요. 일주일 정도 지방을 없애고 싶은 곳에 바르고 자기만 하면 살이 빠진대요. 같이 사러 갈래요?

친구: 우리 학원 근처에 있는 커피숍 있잖아요. 3000원만 내면 케이크랑 커피가 무한 리필이래요.

문형 연습 2

동사 + -(으)ㄴ/는 탓에
형용사 + -(으)ㄴ 탓에   명사 + -인 탓에

가: 보고서 아직 안 됐어요?
나: 죄송합니다. 회의가 **길어지는 탓에** 정신이 없었어요.

	-(으)ㄴ 탓에	-는 탓에
먹다	먹은 탓에	먹는 탓에

	-(으)ㄴ 탓에		-인 탓에
바쁘다	바쁜 탓에	불경기	불경기인 탓에

STEP 1 보기 와 같이 맞는 것에 'O', 틀린 것에 'X'를 하고 틀린 것은 바르게 고치세요.

보기
과일 값이 비싼 탓에 조금밖에 못 샀다. (O)
시험 문제가 쉬운 탓에 모두 좋은 점수를 받을 수 있었다. (X)
→ 쉬워서

1) 그 가게는 주변 가게보다 싼 탓에 늘 손님이 몰린다. (   )

2) 불황인 탓에 백화점에서는 물건을 사지 않고 구경만 하는 사람들이 늘었다고 한다. (   )

3) 날씨가 따뜻한 탓에 별로 고생하지 않고 산에 갔다 왔어요. (   )

4) 네가 이렇게 편안히 사는 것은 부모님이 부자인 탓이야. (   )

5) 요즘은 날이 춥고 건조한 탓에 화재 사고가 잦다. (   )

6) 우리 아버지는 항상 자신의 말만 맞다고 우기는 탓에 사람들과 자주 갈등이 생겨요. (   )

7) 프로 골퍼 P씨가 세계 정상의 자리에 오를 수 있었던 이유는 밤잠도 줄여 가며 연습을 한 탓이다. (   )

8) 연예 프로그램을 진행하는 사회자 A씨는 생각 없이 말을 하는 탓에 어디를 가나 욕을 먹는다. (   )

STEP 2 보기와 같이 대화를 완성하세요.

> 보기
> 가: 한국 사람들이 다른 나라 사람에 비해 위암 발병률이 높다면서요?
> 나: 네, 자극적인 음식을 많이 먹는 탓인 것 같아요.

1) 가: 난 어릴 때 별명이 먹보였는데 넌?
   나: 난 울보였어. 자주 ＿＿＿＿＿＿＿＿＿＿ 그런 별명이 붙었지.

2) 가: 오랜만에 간 가족 여행은 재미있었어?
   나: 재미있기는. ＿＿＿＿＿＿＿＿＿＿ 제대로 놀지도 못했어.

3) 가: 회사와 노조 간에 갈등이 심각하던데 협상은 어떻게 됐어요?
   나: ＿＿＿＿＿＿＿＿＿＿ 좀 힘들 것 같던데요.

4) 가: 아무리 회사 사정이 나빠도 그렇지 그렇게 열심히 일하던 실장님을 해고한 이유를 모르겠어요.
   나: ＿＿＿＿＿＿＿＿＿＿ 그렇게 되었다는군요.

5) 가: 이번 세계 선수권 대회에 김 선수의 최대 라이벌인 캐나다 선수가 출전을 포기했다면서요?
   나: 네, 이번 시합을 위해 지난 일 년 동안 힘들게 준비했는데 ＿＿＿＿＿＿＿＿＿＿ 이번 경기에 출전할 수 없게 됐대요.

STEP 3 다음은 직장 생활을 하면서 생길 수 있는 문제입니다. 그 원인에 대해 이야기해 봅시다.

"회사에 들어가면 1년을 넘기지 못하고 그만두게 돼요."

"새로운 환경에 적응하기 힘든 탓에 그런 거 아닐까요?"

회사에 들어가면 1년을 넘기지 못하고 그만두게 돼요.

최선을 다했는데 이번에도 승진 대상에서 누락됐어요.

얼마 전 결혼했는데 앞으로 임신과 육아, 일을 잘 병행할 수 있을지 걱정이에요.

지금 대기업에 다니고 있는데 스타트업에 스카우트 제의를 받았어요. 고민이에요.

문형 연습 3

동사/형용사 + -(으)ㄹ망정
명사 + -일망정

가: 요즘 물가가 많이 올랐는데 음식값이 그대로네요.
나: 아무리 재료 값이 올랐을망정 음식값을 막 인상할 수는 없지요. 제가 조금 손해를 볼망정 손님들은 부담 없이 따뜻한 한 끼를 드셨으면 좋겠습니다.

-(으)ㄹ망정

보다	볼망정	작다	작을망정

-일망정

친구	친구일망정	가족	가족일망정

-았/었/했을망정

가다	갔을망정	먹다	먹었을망정	포기하다	포기했을망정

 보기 와 같이 알맞은 단어를 골라 이야기를 완성하세요.

| 비싸다 | 굿다 | 지각하다 | 쓰다 | 다르다 | 밀리다 |

저는 한국에 처음 왔을 때는 고시원에 살았는데, 방이 너무 좁은 데다가 창문도 없고 벽이 얇아서 옆방 소리가 다 들리는 탓에 스트레스를 많이 받았어요. 그래서 집세가 보기 비쌀망정 이사를 하는 게 낫겠다고 생각해서 집을 찾다가 인터넷에서 지금 룸메이트를 만나서 같이 살게 됐어요. 제 룸메이트는 대학생인데, 건강에 신경을 정말 많이 써요. 아침에 늦잠을 잤는데 수업에 1) _____ 아침밥을 거르면 안 된다고 차려 먹고 나가고, 입에 2) _____ 건강에 좋다고 이상한 냄새가 나는 한약도 꼬박꼬박 챙겨 먹어요. 또 아무리 날씨가 3) _____ 매일 밖에 나가서 두세 시간씩 운동을 하고 들어와요. 저도 건강이 중요하다는 건 알지만, 제 룸메이트처럼 부지런하게 건강을 챙기지는 못할 것 같아요. 저는 할 일이 4) _____ 누워서 쉬는 걸 좋아하는 게으른 사람이거든요. 우리는 성격은 5) _____ 서로의 생각과 생활을 존중하는 좋은 룸메이트예요. 앞으로도 이 친구와 함께 살면서 한국 생활을 즐기고 싶어요.

STEP 2 보기와 같이 문장을 완성하세요.

> 보기
> 가: 우리 시험 공부를 하나도 못 했는데 어떡하지? 그냥 오늘 학교에 가지 말까?
> 나: 점수가 나쁠망정 포기하면 안 되지. 할 수 있는 데까지 해 보자.

1) 가: 우리 이사님은 자수성가를 하셨다면서요?
   나: 네, 젊은 시절 _____ 꿈은 항상 크게 가졌던 게 성공의 비결이라고 말씀하시더라고요. 정말 멋지죠?

2) 가: 와, 이게 다 민수 씨 할아버님 책이에요? 정말 독서를 좋아하셨나 봐요.
   나: 네, 학생 때부터 밥은 _____ 책은 꼭 사서 읽으실 정도였대요.

3) 가: 한국에서는 노동 운동이 여러 번 있었다고 들었어요.
   나: _____ 노동 환경 개선을 위해 용기를 낸 분들 덕분에 우리가 지금 더 좋은 환경에서 일할 수 있는 거겠지요.

4) 가: 전에 다니던 회사는 왜 갑자기 그만둔 거예요?
   나: 고생하는 직원들을 위해 월급을 더 주지는 _____ 회사가 어렵다는 핑계로 연말 보너스도 안 준다고 해서요.

STEP 3 친구와 이야기해 보세요.

일상 생활에서 절대 포기할 수 없는 것이 있어요?

저는 평일에 야근을 할망정 주말에는 푹 쉬고 싶어요. 나만의 주말을 절대 포기할 수 없어요.

1) 일상 생활에서 절대 포기할 수 없는 것이 있어요?

2) 인간관계에서 절대 포기할 수 없는 것이 있나요?

3) 직장을 선택할 때 절대 포기할 수 없는 것이 있나요?

4) _____ 절대 포기할 수 없는 것은 무엇인가요?

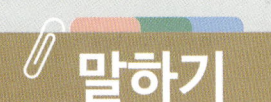

- '직장 생활'에 대한 가치를 느끼나요?

1.7%	9%	27.8%	42.3%	19.2%
전혀 느끼지 않는다		보통이다	자주 가치를 느낀다	항상 가치를 느끼고 있다

- '직장 생활'에 대한 가치를 느낀다면 어떤 요소에서 느끼시나요?

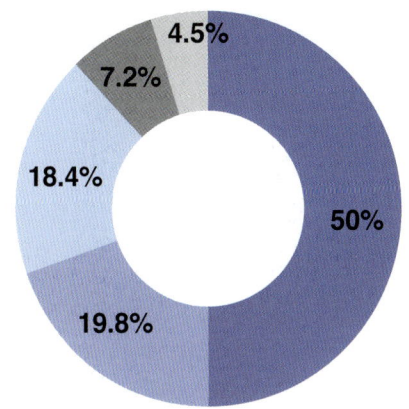

- 매월 받는 월급을 통해 느낀다.
- 직장 동료들과 협력하는 활동을 통해 느낀다.
- 성장하고 있는 나의 모습을 통해 느낀다.
- 소속감을 통해 느낀다.
- '일'에 대한 가치를 생각해보지 않았다.

1 첫 직장에 입사했을 때와 지금을 비교해서 이야기해 봅시다.

1) 열정	
2) 업무 능력	
3) 인간관계	
4) 월급	

2 퇴사하고 나서도 계속 연락하고 싶은 직장 내 동료가 있나요? 반대로 퇴사하면 절대로 연락하고 싶지 않은 동료도 있나요? 왜 그런 것 같나요?

읽기

　직장 내에서 친밀한 관계를 유지하기보다는 적당한 거리감을 유지하는 직장인들이 많은 것으로 나타났다. 기성세대가 동료와의 친밀도를 소속감, 협력과 관련된 것이라 생각하고 중요시한 것과는 매우 다른 모습이다.

　한 여론 조사 기관이 직장인 1000명을 대상으로 진행한 조사 결과, 응답자의 46.6%가 친한 직장 동료와 사적으로 연락을 '가끔 하는 편'이라고 응답했다. 이어 '연락하지 않는다'는 의견은 36.8%로 사내 관계에 일정한 선을 긋고자 하는 직장인 역시 상당수인 것으로 나타났다. '자주 한다'는 의견은 11.9%로 가장 낮았다. 같은 업무를 고민하다 보니 쉽게 친해질 수 있고, 공감대 형성 또한 잘 되지만 퇴근 후 직장 동료와 연락하는 것 자체가 업무의 연장선이라고 생각하는 직장인이 많아졌기 때문이다. 직장 동료와 사적으로는 연락하지 않는 이유로는 '밖에서까지 직장 동료를 보고 싶지 않아서'가 45.7%로 1위를 차지했다. 이어 직장 내에서만 친한 형식적인 관계가 대부분이라서(34.6%), 사적으로는 성격, 취향이 달라서(13.9%), 다른 지인들과 연락하기 바쁜 탓(5.8%) 등의 이유가 뒤를 이었다.

　직장인 김 모(28세)씨도 "직장 동료와 업무 시간 외에 따로 연락하지 않는다"며 "사적으로 연락해도 결국 업무 이야기밖에 안 하게 된다. 그러다 보면 결국 스트레스가 쌓이게 되더라"고 말했다. 또, "직장 동료에게 사적인 얘기를 털어놓는 순간 오히려 그게 약점이 되는 것 같다. 그래서 동료에게 고민이나 속 깊은 이야기는 털어놓지 않는다"면서 "퇴사하면 자연스럽게 연락이 끊기는 게 직장 동료다. 결국 서로의 필요에 의해 만나는 것"이라고 덧붙였다.

　이렇다 보니 직장 내 인간관계에 피로감을 느낀 일부 젊은 층은 직장 내에서 아웃사이더가 될망정 사적 영역을 지키고자 하고 있다. 조사 결과 응답자 44.1%가 "나는 '㉠인싸'가 되기를 포기한 자발적 아웃사이더"라고 답한 것으로 나타났다. 연령대별로는 20대 44.4%, 30대 49.5%, 40대 39.1%, 50대 이상 28.9%로 20·30대인 MZ세대에서 자발적 아웃사이더의 비율이 높았다. 즉, 직장인들은 ㉡워라밸을 유지하고자 직장 동료와 친분 관계를 만들지 않고, 사내에서 개인적인 고민이나 속마음을 털어놓았다가 되레 자신에게 불이익으로 돌아올 수 있다는 불안감 때문에 동료와 어느 정도의 거리를 유지하고 있는 것이다.

　직장인 이 모(30)씨는 "사회 생활을 하면서 마음 맞는 친구를 찾기 쉬울 리가 있을까? 다들 업무에 불이익을 당하지 않게 최소한의 관계는 유지하지는 것 같다"라며 "오히려 친하다는 이유로 업무상 부탁을 하는 경우가 많았다. 어쩔 수 없이 그 부탁을 들어주긴 했지만, 그때마다 직장 동료와 적절한 거리를 유지해야겠다는 생각이 들었다"고 말했다. 또, "직장 동료와 친해지고 밥을 같이 먹다 보면 다른 동료에 대한 험담도 나오는데, 그런 것들을 신경 쓰다 보면 너무 피곤해진다"고 덧붙였다.

　전문가는 "지금의 청년층은 '저녁 있는 삶, 더 나은 삶의 질'을 지향한다. 직장에서의 일은 직장에서 다 끝내고 저녁에는 내 개인 시간을 편하게 즐기고 싶어하는 것"이라고 말했다. 이어 "청년층은 남에게 피해를 주지 않는 선에서 자유를 누리고 싶다는 사고방식을 가지고 있는 것"이라며 "이기주의와 개인주의는 다르다. 이러한 개인주의 성향을 존중할 필요가 있다"고 강조했다.

1 위의 글을 요약해 기사의 헤드라인을 완성하세요.

> "직장 동료와 굳이 _____ 고 싶지 않아요."
>
> 직장인 10명 중 4명 "나는 _____"
>
> 전문가 "'_____' 추구하는 젊은 층 성향과 관련"

2 다음 중 윗글의 내용과 다른 것은 무엇입니까?

1) 동료와는 같은 업무를 고민하다 보니 공감대 형성이 쉽지만 퇴근 후 동료와 연락하는 것 자체가 업무의 연장이라고 생각하는 직장인도 있다.

2) 동료와 사적으로 자주 연락하지 않는다는 직장인이 절반 이상이었다.

3) 조사 결과 20대에서 자발적 아웃사이더의 비율이 가장 높았다.

4) 동료에게 개인적인 고민이나 속마음을 털어놓았다가 되레 자신에게 불이익으로 돌아올 수 있다는 불안감 탓에 동료와 어느 정도의 거리를 유지하는 경우가 많다.

3 위의 글에서 ㉮와 ㉯의 의미를 이야기해 봅시다.

　㉮ 인싸

　㉯ 워라밸

4 동료와 친구가 될 수 있다고 생각합니까? 자신의 의견을 이야기해 봅시다.

읽기 연습

1 반대말을 연결하세요.

1) 친밀하다 • • 강제적

2) 기성세대 • • 소수

3) 자발적 • • 어색하다

4) 상당수 • • 끊다

5) 잇다 • • 집단주의

6) 개인주의 • • 신세대

2 보기 에서 알맞은 단어를 골라 문장을 완성하세요.

보기				
MZ세대	형식적	불이익	적절하다	지향하다

1) _____(이)란 1980년대 초반~2000년대 초반에 출생한 밀레니얼 세대와 1990년대 중반~2000년대 초반에 출생한 Z세대를 묶어 부르는 말로 디지털 환경에 익숙하고, 최신 유행과 색다른 경험을 추구하는 특징을 보인다.

2) 전 직장에서 친하게 지내던 동료들과는 퇴사 후에도 꾸준히 만날 수 있을 거라고 생각했는데 업무 분야가 달라지다 보니 점점 _____(으)로 안부 인사만 주고받게 되어서 결혼식에 초대해도 될지 고민 중이다.

3) 가: 요즘 예능 프로그램은 너무 자극적이어서 가족들과 함께 보기에는 _____지 않은 것 같아요.
   나: 맞아요. 저도 며칠 전에 딸하고 같이 TV를 보다가 깜짝 놀라서 채널을 돌렸다니까요.

4) 육아 휴직을 사용한 직원이 직장에서 _____을/를 당하는 경우가 종종 있어 사회적인 문제가 되고 있다.

5) 선진국일수록 많은 국민들이 더 건강하고 문화적으로 생활할 수 있도록 노력하는 복지 국가를 _____.

 듣기

1 다음 중 들은 내용과 일치하는 것을 고르세요. Track 5-02

1) 김시훈 씨는 공무원인데 3년 6개월간 육아휴직을 냈다.
2) 김시훈 씨는 큰아이가 어린이집에 가고, 돌이 막 지난 막내가 낮잠을 자는 시간이 되어서야 비로소 하루 중 유일한 자신만의 휴식 시간을 갖는다.
3) 김시훈 씨는 원래 가정적인 성격에 집안일을 잘하는 편이었기 때문에 전업 주부로서의 생활에 꽤 만족하고 있다.
4) 김시훈 씨가 육아휴직을 낸다고 했을 때 처음에는 가족들이 모두 반대했다.

2 김시훈 씨의 일과를 정리하세요.

오전 1) _____ 시 출근하는 아내의 아침 식사 차려 주기 ➡ 큰아이 어린이집에 보내기 ➡ 막내 아침밥 먹이기 ➡ 오전 2) _____ 시까지 설거지, 청소, 빨래 ➡ 막내 낮잠 재우기 ➡ 휴식 ➡ 막내 간식 먹이고 동네 산책 ➡ 오후 3) _____ 시 막내 낮잠, 저녁 준비

3 다음 중 김시훈의 생각이 아닌 것을 고르세요.

1) 주부가 된 후 일상이 무기력해지고 양말을 뒤집어 놓는 것 같은 사소한 일에 쉽게 짜증이 난다.
2) 그동안 집안일이나 육아는 엄청난 노동 강도에 비해 제대로 된 평가를 받지 못했다.
3) 주부들은 육아와 가사 스트레스에서 벗어나기 위해 취미를 만들어야 한다.
4) 가족 구성원이 가사 노동, 육아를 하는 것에 자부심을 느낄 수 있도록 칭찬과 격려를 해줘야 한다.

쓰기

여러분의 나라의 휴직 제도에 대해 조사해서 써 보세요.

> **보기**
> 한국의 육아휴직
> : 육아휴직의 기간은 1년 이내로 자녀 1명당 1년 사용이 가능하므로 자녀가 2명이면 각각 1년씩 2년 사용 가능하다. 휴직은 근로자의 권리이므로 부모가 모두 근로자이면 한 자녀에 대하여 아빠도 1년, 엄마도 1년 사용 가능하며, 부부가 동시에 같은 자녀에 대해 육아 휴직을 사용하는 것도 가능하다.

종합 연습

1 보기 에서 알맞은 단어를 골라 문장을 완성하십시오.

> 보기
>
> 성가시다   입장   육아휴직   지향하다
> 자상하다   존중하다   사고방식

1) 가: 언니랑 같이 사니까 좋겠어요.
   나: 챙겨주는 건 고마운데 가끔은 너무 잔소리를 해서 좀 _____.

2) 가: 미라 씨 남자친구는 참 _____ 것 같아요.
   나: 네. 정말 마음이 넓고 따뜻한 사람이에요.

3) 가: 진정한 배려란 뭘까요?
   나: 상대방의 _____에서 먼저 생각하는 거죠.

4) 가: 대리님은 어릴 때 외국 생활을 오래 해서 그런지 _____ 이/가 다른 한국 직원들이랑 좀 다른 것 같아요.
   나: 그렇죠? 좀 더 자유롭고 창의적인 생각을 잘하는 것 같아요.

5) 가: 한국에서는 1950년대부터 민주주의를 _____ 사회운동이 시작되었어요.
   나: 미국에서는 그 시기에 흑인 차별을 없애자는 사회운동이 일어난 걸로 유명해요.

6) 가: 좋은 인간관계는 결국은 상대를 _____ 것부터 시작하는 것 같아요.
   나: 맞아요. 서로의 차이가 틀림이 아닌 다름이라는 것을 이해하는 것이 가장 중요하다고 생각해요.

7) _____(이)란 근로자가 만 8세 이하 또는 초등학교 2학년 이하의 자녀를 양육하기 위하여 신청, 사용하는 휴직을 말합니다. 2020년 2월 28부터는 부부 동시 신청이 가능해졌습니다.

2 다음을 읽고 물음에 답하십시오.

> 안정된 직장과 그 안에서 쌓은 경력을 미련 없이 버리고 새로운 분야에서 다시 일을 시작하는 사람들이 늘어나고 있다. 이러한 사람들은 똑같이 반복되는 답답한 일상에서 벗어나 새로움을 (㉠)한다. 또한 이들은 비록 월급이 (㉡) 자신이 진정 원하는 일을 하겠다고 말한다.

1) ㉠에 알맞은 것을 고르십시오.
　① 형성　　② 병행　　③ 지향　　④ 결단

2) ㉡에 알맞은 것을 고르십시오.
　① 줄어들 리 없는　　② 줄어들망정
　③ 줄어든다면　　　　④ 줄어드는 탓에

3 보기 에서 알맞은 표현을 골라 대화를 완성하십시오.

> 보기
> 　　-(으)ㄴ/는 탓　　-(으)ㄹ망정　　-(으)ㄹ 리(가) 있다/없다
> 　겸손하다　　성실하다　　얌전하다　　직선적이다　　추진력있다

미카　리사 씨는 집중력이 진짜 좋은 것 같아요. 가끔 일할 때 불러도 잘 못 듣더라고요.

리사　집중력이 좋기는요. 요즘 집중력이 1) _____ 책을 한 권 다 끝낸 게 언제인지 기억도 안 나요.

미카　에이, 리사 씨가 2) _____ ? 못 믿겠어요. 또 리사 씨는 야근을 3) _____ 맡은 일을 꼭 책임지고 제대로 끝내잖아요. 그런 4) _____ 모습이 정말 멋있어요.

리사　아이고, 과찬의 말씀입니다. 미카 씨야말로 늘 일을 꼼꼼하고 완벽하게 잘하니까 팀장님이 늘 입에 침이 마르도록 칭찬하시는 게 당연해요.

미카　아니에요. 아직 많이 부족해요.

리사　미카 씨는 이런 5) _____ 태도도 멋져요.

JUMP PAGE

💡 접두사, 접미사

1 접두사, 접미사의 의미를 바르게 연결하세요.

1) 맨-: 맨손, 맨주먹, 맨발, 맨땅 •　　　　　　• 하나인, 혼자인

2) 외-: 외아들, 외동딸, 외며느리 •　　　　　　• 어떤 상태가 계속되다

3) 헛-: 헛걸음, 헛소문, 헛수고 •　　　　　　• 속이 빈, 소용없는, 보람 없는

4) -거리다: 반짝거리다, 꼬르륵거리다 •　　　• 어떤 특징이나 자격이 있다

5) -쟁이: 멋쟁이, 겁쟁이, 고집쟁이 •　　　　• 어떤 성격이나 특징이 있다

6) -답다: 학생답다, 엄마답다, 정답다 •　　　• 어떤 특징이 심하거나 많은 사람

7) -스럽다: 여성스럽다, 걱정스럽다, •　　　　• 다른 것이 없는
　　　　 자랑스럽다, 자연스럽다

2 다음 빈칸에 알맞은 단어를 쓰세요.

1) 어제 오래간만에 백화점에 갔는데 문이 닫혀 있어서 _____ 했어.

2) 김 사장님은 젊은 시절 _____(으)로 작은 가게를 시작해 지금 한국 최고의 기업을 이룬 분으로 많은 존경을 받고 있다.

3) 늦잠을 자서 아침을 안 먹고 수업을 들으러 갔더니 배에서 계속 _____ 소리가 나서 너무 부끄러웠어요.

4) 우리 딸은 _____(이)라 그런지 또래 친구를 사귀는 것을 어려워해 처음 어린이집에 보낼 때는 걱정이 많았는데, 지금은 많이 익숙해진 것 같다.

5) 이웃과의 소통이 줄면서 서로 돕고 아끼던 _____ 동네 풍경도 이제는 옛날 이야기가 되었다.

6) 요즘 _____ 않게 좀 우울해 보이는데 무슨 일 있어?

한국 문화

회사, 조직 용어

직위	직급	직책
직무상의 위치, 서열 · 사원-대리-과장 -차장-부장 등	직위의 최소 구분 단위 · 1호봉, 2호봉, 1급, 2급 등	맡은 일에 대한 책임, 권한 · 팀장, 본부장, 파트장 등

단어 목록

공부한 단어를 ☑하세요!

어휘
- ☐ 조직도
- ☐ 이사
- ☐ 사외
- ☐ 임원
- ☐ 전무
- ☐ 상무
- ☐ 부문
- ☐ 재무
- ☐ 회계
- ☐ 인사
- ☐ 부설연구소
- ☐ 급여
- ☐ 납부
- ☐ 결산
- ☐ 전략
- ☐ 수립
- ☐ 자상하다
- ☐ 무뚝뚝하다
- ☐ 카리스마
- ☐ 겸손하다
- ☐ 추진력
- ☐ 눈치가 빠르다
- ☐ 눈치가 없다
- ☐ 결단력
- ☐ 직선적
- ☐ 얌전하다

문형 연습
- ☐ 경매
- ☐ 모금
- ☐ 도난
- ☐ 험담
- ☐ 응모하다
- ☐ 상당
- ☐ 바람(을)피우다
- ☐ 무한
- ☐ 우기다
- ☐ 욕(을)먹다
- ☐ 위암
- ☐ 발병율
- ☐ 먹보
- ☐ 울보
- ☐ 별명
- ☐ 노조
- ☐ 협상
- ☐ 라이벌
- ☐ 누락
- ☐ 병행
- ☐ 스타트업
- ☐ 스카우트
- ☐ 제의
- ☐ 고시원
- ☐ 한약
- ☐ 꼬박꼬박
- ☐ 운동

말하기
- ☐ 협력
- ☐ 성장하다
- ☐ 소속감
- ☐ 열정

읽기
- ☐ 친밀하다
- ☐ 거리감
- ☐ 기성세대
- ☐ 여론
- ☐ 사적
- ☐ 사내
- ☐ 선(을)긋다
- ☐ 상당수
- ☐ 공감대
- ☐ 형성
- ☐ 연장선
- ☐ 형식
- ☐ 털어놓다
- ☐ 덧붙이다
- ☐ 인싸
- ☐ 자발
- ☐ 아웃사이더
- ☐ MZ세대
- ☐ 워라밸
- ☐ 친분
- ☐ 되레
- ☐ 불이익
- ☐ 적절하다
- ☐ 질
- ☐ 지향하다
- ☐ 잇다
- ☐ 사고방식
- ☐ 이기주의
- ☐ 개인주의
- ☐ 성향

읽기 연습
- ☐ 강제
- ☐ 집단주의
- ☐ 안부

듣기
- ☐ 휴직
- ☐ 어린이집
- ☐ 막
- ☐ 비로소
- ☐ 유일하다
- ☐ 전업
- ☐ 가사
- ☐ 구성원
- ☐ 보상
- ☐ 자부심

대화
- ☐ 한창
- ☐ 툭툭
- ☐ 성가시다

종합 연습
- ☐ 진정하다
- ☐ 미련

unit 6
6.25 한국 전쟁과 민주화 운동

목표 문형

- -았/었/했더라면
- -(으)ㄹ지라도
- -아/어/해 대다

6.25 한국 전쟁과 민주화 운동

대화

Track 6-01

🧑‍🦰 다니엘 씨 할아버지께서 한국에 계신 적이 있다면서요?

👨 네, 6.25때 UN군으로 한국에 오셔서 3년 정도 계셨었대요. 어릴 때 할아버지께 한국에 대한 이야기를 많이 들어서 자연스럽게 한국에 대해 관심을 많이 갖게 됐어요. 할아버지가 안 계셨더라면 저는 평생 한국이라는 나라에 대해 잘 모르고 살았을지도 몰라요.

🧑‍🦰 그랬군요. 실은 저희 할아버지가 한국 분이세요. 할아버지 고향은 북한이었는데 6.25 때 남쪽으로 피난을 오셨대요. 민간인에게도 총을 쏘아 대는 모습을 보면서 큰 공포를 느꼈고, 가족들에게 다시 전쟁을 경험하게 할 수 없다는 생각에 미국으로 이민을 가셨대요. 말이 안 통하는 외국에서 고생할지라도 전쟁보다는 낫다고 생각하신 거죠.

👨 정말 안타까운 사연이네요. 그럼 할아버지는 북한에 가족이 있으시겠네요?

🧑‍🦰 네. 이산가족 찾기를 통해 헤어진 친척들을 만나 보려고 했지만 잘 안 됐대요. 평생 고향을 그리워하다 돌아가셨어요.

👨 정말 슬프네요. 앞으로는 절대 그런 비극이 생겨서는 안 될 텐데요.

1 다니엘의 할아버지는 언제 한국에 오셨습니까?

2 다니엘은 왜 한국에 대해 관심을 갖게 됐다고 했습니까?

3 조앤의 할아버지는 왜 미국으로 이민을 가셨습니까?

어휘

1 다음은 6.25 한국전쟁에 대한 설명입니다. 알맞은 단어를 골라 문장을 완성하세요.

| 휴전 | 식민 | 공산주의 | 자본주의 | 분단 | 점령 |

1945년 8월 15일 일본의 1) _____ 지배에서 벗어나 광복을 맞음.

⬇

제2차 세계대전에서 승리한 미국과 소련의 다툼 속에 38선이 그어짐. 북쪽은 소련이 남쪽은 미국이 2) _____.

⬇

3) _____ 와/과 _____ 대립: 남쪽에서는 이승만 정부가, 북쪽에서는 김일성 정권이 시작됨.

⬇

1953년 7월 27일 4) _____ 협정

⬇

국제 정치와 이념 갈등, 6.25 전쟁으로 5) _____ 국가가 됨.

2 다음은 한국의 대통령 선거에 대한 설명입니다. 알맞은 단어를 골라 문장을 완성하세요.

| 직접 선거 | 간접 선거 | 당선되다 | 권리 | 선출하다 | 출마하다 | 정당 |

〈대한민국 헌법 제67조〉
대통령은 국민의 보통·평등·직접·비밀 선거에 의하여 1) _____.

1919년 대한민국 임시 정부를 이어 1948년 대한민국 정부가 수립된 이후 다양한 선거제도를 시도해 왔고, 1987년부터 국민이 직접 투표를 하는 2) _____ (으)로 대통령을 뽑고 있다. 대한민국을 대표하는 인물을 뽑는 선거인 만큼 대한민국에서 실시하는 선거 중 가장 큰 정치 행사이며, 투표율도 거의 70% 이상을 기록하고 있다. 선거일 기준 만 18세 이상의 국민이라면 누구나 투표를 할 수 있는 3) _____이/가 있다. 선거일 기준 5년 이상 국내에 거주하고 있는 40세 이상의 국민은 대통령 선거에 후보로 4) _____ 수 있으나, 일반적으로는 소속된 5) _____에서 추천을 받는 경우가 대부분이고, 소속이 없는 경우 일정 수 이상의 추천을 받아야 한다. 2000년대 이후 한국에서는 다섯 번의 대통령 선거가 있었는데 2002년 노무현, 2007년 이명박, 2012년 박근혜, 2017년 문재인, 2022년 윤석열이 대통령으로 6) _____.

18대 대통령 선거 2012.12.19

당선
박근혜
새누리당

전국 투표율 75.8%
투표자수 30,721,459명

2위
문재인
민주통합당

51.55% 48.02%

19대 대통령 선거 2017.05.09

당선
문재인
더불어민주당

전국 투표율 77.2%
투표자수 32,807,908명

2위
홍준표
자유한국당

41.08% 24.03%

20대 대통령 선거 2022.03.09

당선
윤석열
국민의 힘

전국 투표율 77.1%
투표자수 34,067,853명

2위
이재명
더불어민주당

48.56% 47.83%

문형 연습 1

동사/형용사 + **-았/었/했더라면**
명사 + **-이었/였더라면**

가: 핸드폰을 보면서 걷다가 다른 사람하고 부딪히는 바람에 다쳤어요.
나: 좀 더 조심**했더라면** 다치지 않았을 텐데요.

-았/었/했더라면					
가다	갔더라면	이기다	이겼더라면	대화하다	대화했더라면

-이었/였더라면			
상황	상황이었더라면	의사	의사였더라면

STEP 1 보기 와 같이 문장을 연결하세요.

보기 조금만 더 참다 • — • 친구와 싸우지 않다.

1) 미리 예매하다 • • 시험을 잘 보다.

2) 평소에 운동을 열심히 하다 • • 영화를 볼 수 있다.

3) 양치질을 잘하다 • • 그런 정책을 펴지 않다.

4) 저축을 꾸준히 하다 • • 내 집을 장만하다.

5) 어젯밤에 열심히 공부하다 • • 이렇게 건강이 나빠지지 않다.

6) 낮에 열심히 일하다 • • 저녁에 야근할 필요가 없다.

7) 내가 대통령이다 • • 치과에 안 가도 괜찮다.

| 보기 | 조금만 더 참았더라면 친구와 싸우지 않았을 거예요. |

1) _____
2) _____
3) _____
4) _____
5) _____
6) _____
7) _____

STEP 2 보기와 같이 대화를 완성하세요.

| 보기 | 가: 어머! 오늘 생일이에요? 미리 알았더라면 선물을 준비했을 텐데 미안해요.
나: 괜찮아요. 이렇게 얼굴 보고 같이 밥 먹는 게 선물이죠, 뭐. |

1) 가: 어제 정아 씨네 집들이 진짜 재미있었는데 민호 씨도 _____
   좋았을 텐데 아쉽네요.
   나: 그러게요. 저도 가고 싶었는데 어쩔 수 없었어요.

2) 가: 도착한 지 한 시간도 안 됐는데 벌써 어두워졌네요. 아무래도 우리가 너무 늦게 출발한 것 같아요.
   나: 그러게요. _____ 어두워지기 전에 도착했을 텐데요.

3) 가: 저런, 머리랑 옷이 다 젖었네요! 비 맞고 왔나 봐요.
   나: 네, 아침에 일기예보를 _____ 비를 안 맞았을 텐데……

4) 가: 오늘부터 백화점 세일을 시작한대요.
   나: 진짜요? _____ 지난주에 안 사고 기다렸을 텐데……

5) 가: 과장님이 어제 회사에서 쓰러지셨다면서요?
   나: 네, 빨리 병원에 _____ 큰일 날 뻔했어요.

6) 가: 6.25 전쟁 때 무려 16개국이 한국을 도와주기 위해 군대를 보냈다면서요?
   나: 네, 그 나라들이 _____ 한국은 큰 위험에 처했을 거예요. 한국도 이제는 살기 좋은 나라가 되었으니, 과거에 큰 도움을 받은 것을 잊지 말고 어려운 나라를 돕는 역할을 해야 한다고 생각해요.

STEP 3 만약 나의 인생에서, 실제 역사에서 이 사건이 없었다면 어땠을까요? 친구와 이야기해 보세요.

> 제 할아버지는 한국 분이세요. 할아버지는 한국전쟁 때 가족과 함께 북한에서 부산으로 피난을 가셨다가 70년대에 미국으로 이민을 가셨대요. 그때 할아버지가 피난을 가시지 않으셨더라면 저는 태어나지 않았을지도 몰라요.

1) 나의 인생

2) 한국 역사

3) 세계 역사

4) ?

문형 연습 2

동사/형용사 + -(으)ㄹ지라도
명사 + -일지라도

가: 지난주에 거래처에 갔을 때 명함을 깜박했는데, 우리 팀 김 대리가 내 것까지 다 챙겨 왔더라고.
나: 김 대리가 나이는 어릴지라도 생각이 참 깊은 것 같아.

-(으)ㄹ지라도			
어리다	어릴지라도	작다	작을지라도

-일지라도			
오해	오해일지라도	처음	처음일지라도

STEP 1 보기와 같이 한 문장으로 연결하세요.

보기 경기에 지다 / 반칙 없이 최선을 다하겠다.
➡ 경기에 질지라도 반칙 없이 최선을 다하겠다.

1) 아무리 화가 나다 / 폭력을 사용해서는 안 된다.
   ➡ _____

2) 가난하다 / 주위 사람들에게 폐를 끼치고 싶지는 않다.
   ➡ _____

3) 머리가 좋다 / 노력하지 않으면 성공할 수 없다.
   ➡ _____

4) 전문가 / 가끔은 실수할 수 있다는 것을 이해해 줘야 한다.
   ➡ _____

STEP 2 보기와 같이 문장을 완성하세요.

보기: 목숨을 잃게 될지라도 나라를 버릴 수는 없다.

1) 어떤 어려움이 _____ 꿈을 포기하지 않고 끝까지 노력하겠다.

2) 유학 생활이 _____ 계속 열심히 공부하려고 한다.

3) 모든 사람들이 다 _____ 나는 이 일을 할 것이다.

4) 아무리 _____ 약속을 지켜야 한다.

5) 가까운 _____ 지켜야 할 예절이 있다고 생각한다.

6) 비록 그 말이 _____ 나는 그 사람을 계속 믿고 싶다.

STEP 3 다음 위인들의 명언은 무슨 뜻일까요? 친구와 이야기해 보세요.

"아무것도 변하지 않을지라도 내가 변하면 모든 것이 변한다."는 발자크의 말에 정말 공감해요. 전 회사에서 관계가 좀 어색했던 동료가 있었는데 제가 먼저 마음을 열고 다가간 후로 관계가 훨씬 좋아졌고, 지금은 둘도 없는 친구가 되었거든요.

아무것도 변하지 않을지라도 내가 변하면 모든 것이 변한다.
: 오노레 드 발자크 (Honoré de Balzac 1799~1850)

내일 지구가 멸망할지라도 나는 오늘 사과나무를 하나 심을 것이다.
: 바뤼흐 스피노자 (Baruch Spinoza 1632~1677)

사람은 누구나 주어진 일과 원하는 것이 있다. 비록 보잘것없을지라도.
: 윌리엄 셰익스피어 (William Shakespeare 1564~1616)

삶이 그대를 속일지라도 슬퍼하거나 노여워하지 말라. 슬픈 날엔 참고 견뎌라. 즐거운 날이 오고야 말 테니.
: 알렉산드르 푸시킨(Aleksandr Sergeevich Pushkin 1799~1837)

문형 연습 3

동사 + -아/어/해 대다

가: 요즘 아이들이 사춘기가 되더니 밥이며 간식을 시도 때도 없이 먹**어 대서** 냉장고 채우기 바빠요.
나: 어머, 키가 크려고 그러나 봐요.

-아/어 대다

| 사다 | 사 대다 | 찍다 | 찍어 대다 | 잔소리하다 | 잔소리해 대다 |

 보기 와 같이 알맞은 단어를 골라 대화를 완성하세요.

| 조르다 | 깨우다 | 괴롭히다 | 찍다 | 물다 | 짖다 |

가: 요즘 강아지를 키우기 시작했다면서요?
나: 네, 우리 아이가 몇 날 며칠을 강아지 키우고 싶다고 노래를 부르면서 하도 [보기] 졸라 대서 유기 동물 보호센터에서 한 마리 입양했어요.
가: 아이가 정말 좋아했겠네요. 저도 작년에 고양이를 입양했는데, 얼마나 귀여운지 몰라요. 근데 집이 아파트라서 이웃 눈치도 좀 보일 것 같은데 괜찮아요?
나: 워낙 얌전하고 순해서 집 안에선 괜찮아요. 그런데 예전 주인한테 학대를 당한 건지 밖에서 산책하다가 남자만 보면 자꾸 1) _____ 저도 같이 긴장하면서 다니고 있어요.
가: 아이고, 그렇게 예쁜 아이들을 2) _____ 사람들이 있다니 믿고 싶지 않지만 그런 일이 종종 있나 봐요.
나: 처음 며칠은 적응하느라 스트레스를 받았는지 가구나 신발을 계속 3) _____ 혼내기도 했었는데, 이제는 그 버릇도 고쳤어요.
가: 정말 다행이네요. 우리 고양이는 새벽부터 밥 달라고 4) _____. 알람이 따로 필요가 없다니까요.
나: 하하하, 늦잠 자는 버릇을 고친 게 고양이 덕분이군요.
가: 아내도 처음엔 좀 어색해하다가, 요즘은 하루 종일 고양이 따라다니며 사진을 5) _____ 바빠요.

STEP 2 보기와 같이 대화를 완성하세요.

> 보기
> 가: 어제 음식 주문한 지 10분도 안 됐는데 왜 안 나오냐고 재촉해 대는 손님이 있었어.
> 나: 아이고, 너무 당황스러웠겠다.

1) 가: 도서관에서 시험 공부한다더니 왜 벌써 와?
   나: 옆에 앉은 사람이 계속 다리를 _____ 집중이 안 되길래 그냥 포기하고 왔어.

2) 가: 매일 같이 놀자고 _____ 마크 씨가 요즘은 안 보이는데 무슨 일 있대요?
   나: 글쎄요. 아마 요즘 취업 준비 때문에 바쁜가 봐요.

3) 가: 어제 카페에 갔는데 옆 테이블 아기가 계속 동영상을 보면서 얌전히 앉아 있어서 깜짝 놀랐어요.
   나: 우리 조카도 동영상을 자주 보길래 걱정돼서 오빠한테 조심스럽게 물어봤더니, 안 보여 주면 _____ 어쩔 수가 없대요.

4) 가: 네, 103동 관리 사무소입니다. 무슨 일이시죠?
   나: 안녕하세요. 507호 주민인데요. 아랫집 사람이 담배를 _____ 연기가 다 저희 집으로 올라오는데 조치를 취해 주실 수 있을까요?

5) 가: 하루가 멀다 하고 주차 문제로 이웃이랑 _____ 결국 차 팔았다며?
   나: 유지비도 많이 나가고 이웃이랑 싸우는 것도 싫어서. 그래서 요즘 자전거 타고 다니는데 꽤 좋더라고.

STEP 3 여러분을 곤란하게 하는 것들에 대해 이야기해 봅시다.

> 저는 스트레스를 받으면 배가 불러도 계속 음식을 먹어 대는 버릇이 있어요. 짜고 매운 자극적인 음식을 먹고 나면 단 게 당기고, 또 단 걸 먹으면 다시 짠 게 먹고 싶어져서 편의점에서 손에 잡히는 대로 사 대곤 해요.

1 여러분 나라의 현대사에서 중요한 사건은 무엇인가요?

	나 (나라:)	친구 (나라:)
이름		
날짜		
중요한 인물		
계기		
내용		

2 위의 사건에 대해 여러분은 어떻게 생각하나요?

읽기

(가) 1945년 한국은 일본의 식민 지배에서 벗어났지만, 미국과 소련의 신탁통치를 받게 되었다. 북위 38도 위선을 기준으로 남쪽은 미국, 북쪽은 소련이 점령하게 된 것이다. 한국 내에서는 미국과 소련에 의지하지 말고 통일을 하자는 의견과, 남북 각각 정부를 만들자는 의견이 부딪혔다. 통일 의견 쪽의 지도자였던 김구는 38선을 건너서 북측 대표와 합의를 하겠다고 했지만 성과가 없었고 2개월 뒤 암살당하고 말았다. 한편 일제강점기에 독립운동가로 활동했던 정치인 이승만은 신탁통치 아래 통일 정부를 만들었다가는 미국에 비해 가까운 위치에 있는 소련 때문에 한반도 전체가 공산주의 국가가 될 위험이 있다고 보고, 남한에 단독 정부를 세운 다음 소련을 쫓아내고 북쪽을 되찾겠다고 밝혔다. 결국 1948년 7월 20일 UN의 감독 아래 실시된 선거에서 당선된 이승만은 대통령이 되었고, 3일 뒤 북한에서도 김일성이 최고 지도자가 되었다.

(나) 1949년 미국이 주한 미군을 철수하자 소련의 지원으로 막강한 군사력을 보유하고 있던 김일성은 보름 안에 전쟁을 마무리할 수 있다고 큰소리를 치며 1950년 6월 25일 일요일 새벽 갑작스럽게 남한을 공격했다. 북한군은 남한군의 두 배가 넘는 군사력과 무기를 이용해 빠른 속도로 남쪽으로 내려왔다. 당시 라디오에서는 서울을 지킬 테니 안심하라는 이승만 대통령의 목소리가 방송되고 있었지만, 이는 미리 녹음된 것이었고 이미 이승만과 정부 고위직들은 서울을 떠나 피난을 간 뒤였다. 한강대교가 폭발되면서 서울은 고립되었고, 북한은 열흘 만에 부산 근처까지 점령했다.

(다) 이 상황을 접한 미국은 바로 남한에 미군을 보냈고, 상황이 심각함을 알게 된 UN에서도 유엔군을 보내기로 결정했다. 16개국으로 결성된 UN연합군과 남한군은 1950년 9월 15일 인천 상륙 작전에 성공하여 9월 28일 서울을 되찾았고, 38선을 넘어 북으로 올라가서 통일을 눈앞에 두게 되었다.

(라) 한편 중국은 미군이 대한민국 방어를 명분으로 중국까지 노리고 있다고 의심하고 UN군이 38선을 넘어 올라올 경우 중국에 대한 위협으로 생각하겠다고 발표한 상태였고, 결국 1950년 10월, 10만 명이 넘는 중국군을 북한에 지원했다. 결국 남한군은 다시 38선 아래로 쫓겨날 수밖에 없었다. 그 후 2년이 넘는 기간 동안 전투가 계속되며 양측 모두 심각한 인명 피해와 재산 피해를 입었다. 결국 1953년 7월 27일, 평화적으로 전쟁이 끝날 수 있는 상황이 될 때까지 전투를 중단한다는 협정을 맺으며 전쟁은 휴전이 되었다.

(마) 1950년 6월 25일부터 1953년 7월 27일까지 3년 1개월 2일 동안 벌어진 6.25 한국 전쟁으로 인해 약 520만 명의 사상자가 발생하였으며 안타깝게도 민간인의 피해가 매우 컸다. 한반도 전체 인구 20~25%는 기아 위기에 직면했으며, 고아의 수가 25만 명이 넘었다. 또한 무려 1,000만 명의 이산가족이 발생하여 지금까지도 역사의 비극으로 남아 있다. 전쟁 이후 남북한의 경제는 파탄 수준에 이르렀다. 학교나 병원, 공장, 도로 등 거의 모든 사회 기반 시설이 파괴되었으며 남한에서만 집을 잃은 사람이 200만여 명에 달했다.

(바) 휴전 협정의 내용에 따라 비무장지대(DMZ)와 군사분계선(MDL)이 만들어져 남과 북으로 분단된 채 현재에 이르고 있다. 이산가족 만남, 금강산 관광, 개성공단, 남북정상회담 등을 통해 조금이나마 긴장이 해소된 시기도 있었지만 집권하는 정당에 따라 대북 정책의 변화도 많으며, 통일에 대해서도 의견이 분분한 상황이다. 한 나라의 영토가 분단되고, 민족이 분단되어 서로를 적대시한다는 것은 분명한 비극이다. 마음만 먹으면 지구 반대편에도 갈  수 있는 시대에 고향을 잃고 가족의 생사도 알지 못한 채 슬픔 속에서 삶을 보내는 사람들이 있다. 군사력을 유지하기 위해 어린 나이에 하던 일을 모두 멈추고 국방의 의무를 다해야 하는 청년들이 있다. 전쟁은 잠시 멈췄지만, 그로 인한 고통은 끝나지 않았다. 오랜 시간이 걸릴지라도 평화 통일을 위한 노력을 멈추지 말아야 할 이유이다.

1 (가)~(바)에 알맞은 제목을 고르세요.

> **보기**
> 신탁통치의 시작, 각각의 정부를 수립한 남과 북
> UN 연합군의 지원
> 6.25로 인한 피해
> 중국의 북한군 지원과 휴전 협정
> 6.25 전쟁의 시작
> 휴전 협정 후 현재까지의 남북 관계

(가) 신탁통치의 시작, 각각의 정부를 수립한 남과 북

(나)

(다)

(라)

(마)

(바)

2 윗글의 내용과 같으면 O, 다르면 X 하세요.

1)	1950년 6월 25일 북한이 남한을 공격했지만 남한이 전쟁에서 이겼다.	O	X
2)	인천 상륙 작전이 성공하여 1년 만에 서울을 되찾았다.	O	X
3)	중국은 미국에 대해 위협을 느껴 북한을 지원했다.	O	X
4)	6.25로 인해 수많은 사상자가 생겼고 대부분의 시설들이 파괴되었다.	O	X
5)	이산가족 만남, 금강산 관광, 개성공단, 남북정상회담 등을 통해 남북 관계의 긴장이 해소된 시기도 있었다.	O	X

3 평화 통일을 위한 노력이 필요한 이유는 무엇입니까?

읽기 연습

1 다음 그림에서 나타내는 것을 보기 에서 골라 쓰세요.

보기: 남한   북한   북위   위선   38(삼팔)선   군사분계선

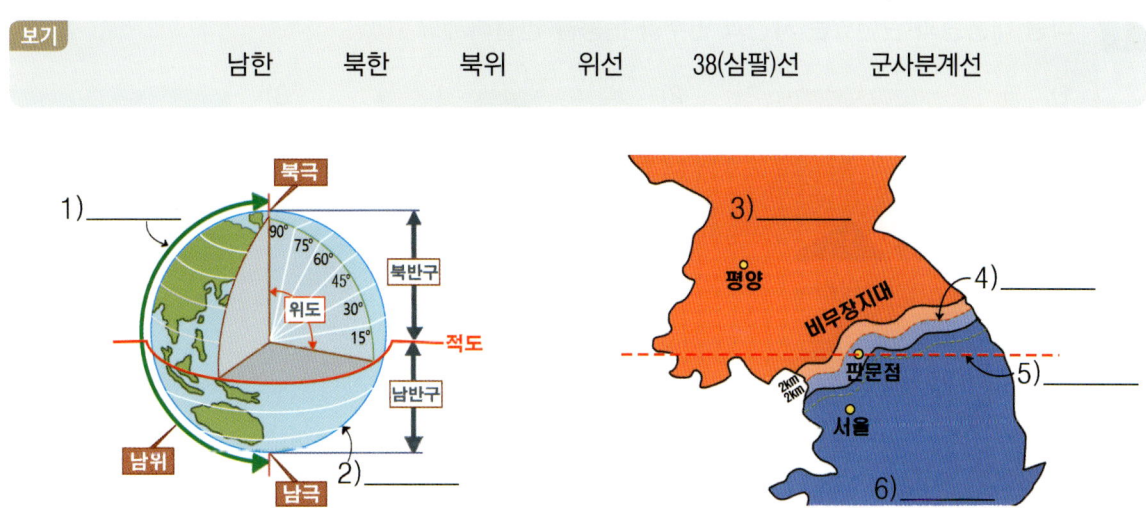

2 보기 에서 알맞은 단어를 골라 쓰세요.

보기: 식민   통일   당선   직면   사상자   분단

1) 일제강점기란 1910년 8월 29일 일본에게 국권을 빼앗긴 이후 1945년 8월 15일 광복이 되기까지 35년간 _____ 지배를 받은 시기를 말한다.

2) 1989년 11월 독일 _____ 의 상징이던 베를린 장벽이 무너지고 1990년 10월 3일 _____ 이/가 되었다.

3) 현재 한국을 대표하는 최고 책임자는 대통령으로 국민들의 직접 선거에 _____ 된 사람이다. 대통령의 임기는 5년이고 연임은 불가능하다.

4) 지금 우리 사회가 _____ 한 문제를 해결하지 못한다면 앞으로 더 심각한 세대 갈등과 경제 문제가 발생할 수 있다.

5) 6.25 한국 전쟁 기간 동안 약 500만 명 이상의 _____ 이/가 발생해 역사의 비극으로 남았다.

듣기

Track 6-02

1 다음 대통령과 관련있는 사건과 민주화 운동을 연결하세요.

1)
초대 이승만 대통령

2)
5~9대 박정희 대통령

3)
11~12대 전두환 대통령

12년 장기 집권,
부정 선거 벌임
고등학생 김주열
시위 중 사망

5.18 광주 민주화
운동 무력 진압
간접 선거
→ 직접 선거

5.16 군사 쿠데타
18년간 독재

부마항쟁

6월 항쟁

4.19 혁명

2 다음 빈칸을 채우세요.

민주주의란 모든 국민이 나라의 1) _____ 으로서 권리를 갖고, 그 권리를 2) _____ 고 평등하게 누릴 수 있는 정치 방식이다. 모든 국민이 정치에 3) _____ 할 수 있으며 대표를 선택할 수 있고, 정부가 하는 일을 비판할 수 있으며, 누구나 자유롭게 자신의 의견을 표현할 수 있는 사회이다.

3 들은 내용과 다른 것을 고르세요.

1) 한국의 민주주의는 많은 희생을 통해 국민들의 손으로 직접 이루었다고 말할 수 있다.

2) 전두환 대통령은 10년 이상 장기 집권하다가 살해당했다.

3) 5.18 민주화 운동은 당시 위험을 무릅쓰고 광주로 들어가 취재를 한 독일 기자에 의해 세상에 알려졌다.

4) 독재 정치를 한 대통령들은 자신의 이익을 위해 개헌을 반복했다.

5) 이승만과 박정희, 전두환 대통령은 격렬하게 민주주의를 요구하는 분노한 국민들을 무력으로 철저하게 진압하려 하였다.

쓰기

1 여러분 나라의 현재 정치 상황은 어떤가요?

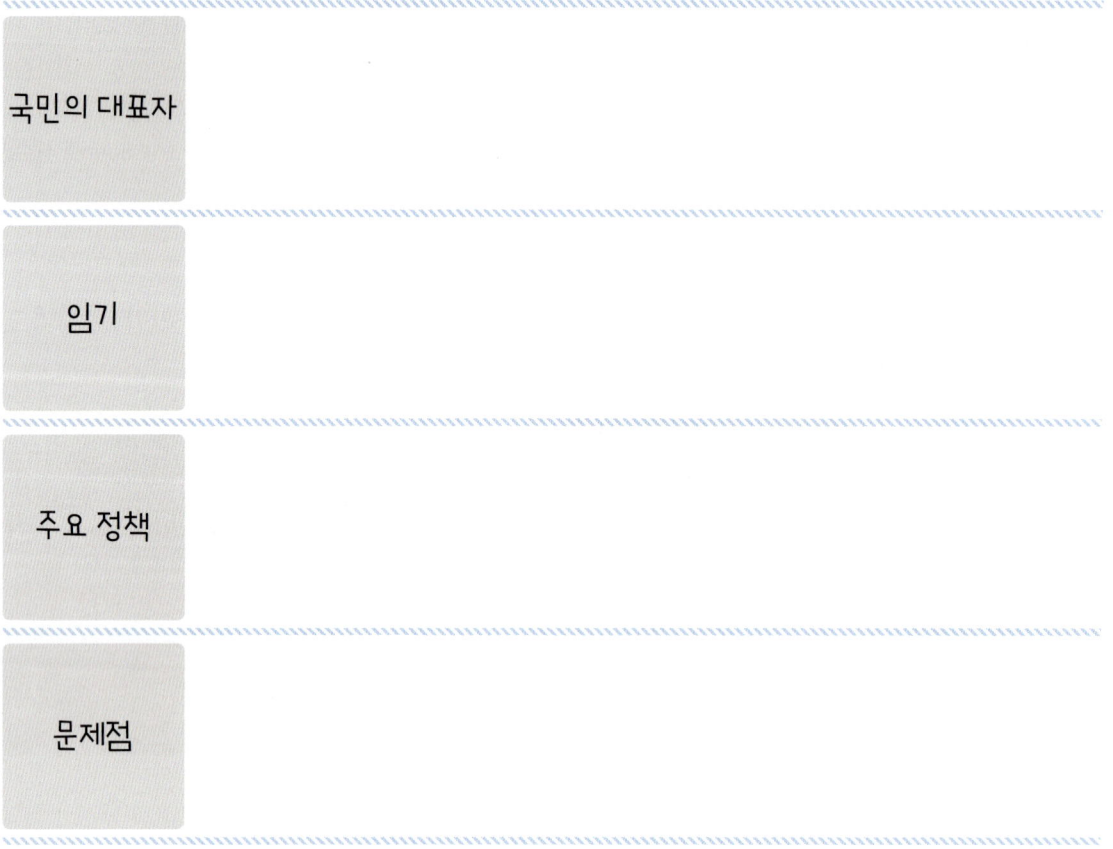

2 위의 내용을 바탕으로 여러분의 나라의 정치 상황과 개선점에 대해 정리해서 써 봅시다.

종합 연습

1 보기 에서 알맞은 단어를 골라 문장을 완성하세요.

> 보기
>
> -았/었/했더라면   분분하다   국방   혁명
> 고위직   -(으)ㄹ지라도   무릅쓰다

1) 가: 쑤언 씨, 작년에 쓰던 교과서 저 주시면 안 돼요?
   나: 어머, 어떡하죠? 얼마 전에 청소하다가 더는 쓸 일이 없을 거라고 생각해서 버렸는데…
   미리 _____ 좋았을 걸 그랬네요.

2) 가: 이번에 정부에서 새롭게 내놓은 대북정책에 대해 찬반 의견이 _____ 더라고요.
   나: 시간이 좀 걸리더라도 충분히 상의해서 옳은 결정을 내렸으면 해요.

3) 가: 요즘 뭘 해도 재미가 없어. 그냥 일하고 집에 와서 자고, 또 일하고…… 정말 너무 괴롭다.
   나: 당신이 가족을 위해 어려움을 _____ 고 있는 거 잘 알아. 너무 고맙고 미안해.

4) 가: 제가 좋아하는 아이돌이 군대 때문에 활동을 쉬게 돼서 너무 슬프지만, _____ 의 의무를 다하는 모습이 정말 멋있어 보이기도 해요.
   나: 맞아요. 조금만 기다리면 더 멋있는 모습으로 금방 돌아올 거예요.

5) 가: 서울시가 평등한 직장 생활을 위해 _____ 공무원들을 대상으로 폭력 예방 교육을 실시했다고 하던데요.
   나: 직장 내에서는 상하관계 때문에 불편한 감정을 느껴도 얘기하기가 어려운데, 시에서 나서서 알려 주면 효과가 좋을 것 같아요.

6) 가: 로봇이나 인공 지능은 만화에나 나오는 이야기인 줄 알았는데, 요즘 뉴스를 보면 곧 일상적으로 사용하게 될 것 같죠?
   나: 4차 산업 _____ (이)라고도 하잖아요. 저는 기대가 돼서 좀 설레기도 해요.

7) 가: 자립 준비 청년에게 기부를 하고 싶은데 꾸준히 할 수 있을지 걱정이에요.
   나: 만약 내 상황이 _____ 지원을 끊어서는 안 되니까 잘 생각해 보고 결정하세요.

한국 문화

한국의 역대 대통령과 투표율

단어 목록

어휘
- [ ] 6.25(한국 전쟁)
- [ ] 휴전
- [ ] 식민
- [ ] 공산주의
- [ ] 자본주의
- [ ] 분단
- [ ] 점령
- [ ] 지배
- [ ] 벗어나다
- [ ] 광복
- [ ] 소련
- [ ] 38선
- [ ] 대립
- [ ] 정권
- [ ] 민간인
- [ ] 협정
- [ ] 이념
- [ ] 당선되다
- [ ] 선출하다
- [ ] 출마하다
- [ ] 정당
- [ ] 헌법
- [ ] 평등
- [ ] 거주하다

문형 연습
- [ ] 피난
- [ ] 폭력
- [ ] 폐를 끼치다
- [ ] 목숨
- [ ] 멸망하다
- [ ] 보잘것없다
- [ ] 노여워하다
- [ ] 조르다
- [ ] 괴롭히다
- [ ] 재촉하다

말하기
- [ ] 현대사

읽기
- [ ] 신탁통치
- [ ] 북위
- [ ] 위선
- [ ] 합의
- [ ] 암살
- [ ] 일제강점기
- [ ] 한반도
- [ ] 주한
- [ ] 미고
- [ ] 철수하다
- [ ] 막강하다
- [ ] 녹음
- [ ] 고위직
- [ ] 고립
- [ ] 열흘
- [ ] 결성
- [ ] 연합군
- [ ] 상륙
- [ ] 작전
- [ ] 방어
- [ ] 명분
- [ ] 노리다
- [ ] 전투
- [ ] 양측
- [ ] 기아
- [ ] 직면하다
- [ ] 이산가족
- [ ] 비극
- [ ] 파탄
- [ ] 비무장지대
- [ ] 군사분계선
- [ ] 이르다
- [ ] 공단
- [ ] 정상회담
- [ ] 집권하다
- [ ] 대북 정책
- [ ] 분분하다
- [ ] 영토
- [ ] 적대시하다
- [ ] 생사
- [ ] 군사력
- [ ] 국방
- [ ] 의무

읽기 연습
- [ ] 극
- [ ] 반구
- [ ] 적도
- [ ] 남위
- [ ] 판문점
- [ ] 국권
- [ ] 베를린 장벽
- [ ] 임기
- [ ] 연임

듣기
- [ ] 초대
- [ ] 벌이다
- [ ] 분노
- [ ] 부정
- [ ] 시위
- [ ] 혁명
- [ ] 쿠데타
- [ ] 독재
- [ ] 요구
- [ ] 격렬하다
- [ ] 항쟁
- [ ] 무력
- [ ] 진압
- [ ] 살해
- [ ] 철저하다
- [ ] 무릅쓰다
- [ ] 취재
- [ ] 희생
- [ ] 개헌

unit 7
전통 음식과 과학

목표 문형

- -다(가) 보면
- -기(가) 십상이다
- 여간 -지 않다

7 전통 음식과 과학

대화

Track 7-01

- 샤오민 씨, 다음 한국어 수업 숙제가 발효 음식에 대해 조사해 가는 건데 좀 도와주실 수 있어요?

- 그럼요, 한국에는 김치, 된장, 고추장, 막걸리, 젓갈 같은 여러 가지 발효 음식이 있어요. 발효 식품은 면역력을 높이고 소화를 도와 건강 식품으로 각광 받고 있죠.

- 근데 처음 발효 음식을 만들기 시작한 건 건강을 위해서라기보다는 음식을 더 오래 저장하기 위해서였겠죠?

- 그렇죠. 봄, 가을에는 맑고 건조한 날이 많아 식재료가 풍부하고 보관하기도 쉽지만, 더운 여름에는 상온에 식재료를 두다 보면 상하기 십상이니까 소금이나 간장에 절여서 오래 먹을 수 있도록 했을 거예요.

- 맞아요. 또 한국의 겨울은 여간 추운 게 아니니까 신선한 식재료를 구하기 힘들 것을 대비해서 김장을 했겠죠. 중국에서도 발효 음식을 많이 먹나요?

- 그럼요, 오랜 옛날부터 차나 콩, 달걀을 발효해서 먹어 왔는데 특히 발효차는 독특한 맛과 향이 좋아서 추천해요.

1. 나타샤는 어떤 숙제가 있다고 했습니까?

2. 발효 식품은 왜 건강 식품으로 각광 받고 있습니까?

3. 한국인들이 처음 발효 식품을 만들기 시작한 것은 어떤 이유에서였습니까?

4. 중국에는 어떤 발효 식품이 있다고 합니까?

어휘 및 표현

각광(을) 받다   식재료

7 전통 음식과 과학

어휘

1 다음 음식의 맛과 식감을 골라 쓰세요.

맛	식감
새콤하다	아삭하다
달콤하다	쫄깃하다
매콤하다	촉촉하다
짭짤하다	바삭하다
담백하다	말랑하다

1)
맛: _____
식감: _____

2)
맛: _____
식감: _____

3)
맛: _____
식감: _____

4)
맛: _____
식감: _____

5)
맛: _____
식감: _____

2 다음은 막걸리를 만드는 과정입니다. 보기 에서 알맞은 단어를 골라 문장을 완성하세요.

보기: 밭치다   젓다   덮다   거르다   찌다   독하다

1) 쌀을 전분이 나오지 않을 때까지 깨끗하게 씻은 후 체에 _____ 물기를 뺀다.

2) 쌀을 40~50분 정도 _____ 꼬들꼬들한 고두밥을 만든 후 식혀서 누룩, 물을 넣고 손으로 잘 섞는다.

3) 깨끗한 항아리에 옮겨 담는다. 항아리 입구는 공기가 잘 통하도록 깨끗한 천으로 _____.

4) 온도가 15~25도로 유지되는 곳에 두고 발효하면서 처음 3~4일은 하루에 한두 번씩 _____.

5) 거품이 나지 않고 윗부분이 맑아지면 체에 _____.

6) 완성된 막걸리는 16도 정도로 _____ 때문에 물을 섞어 원하는 도수를 맞춘다.

문형 연습 1

동사 + -다(가) 보면

가: 일이 빨리 손에 익어야 할 텐데 걱정이에요.
나: 처음부터 잘하는 사람이 어디 있어요. 하다 보면 익숙해질 테니까 걱정 마세요.

-다(가) 보면			
받다	받다(가) 보면	쌓이다	쌓이다(가) 보면

STEP 1 보기 와 같이 연결하고 쓰세요.

보기 쭉 가다 ————————— 편의점이 나올 거예요.

1) 한국에서 오래 살다 • • 물건이 많이 망가져요.

2) 너무 긴장하다 • • 아는 것도 대답을 못 할 때가 있어요.

3) 성실하게 일하다 • • 매운 음식에 익숙해질 거야.

4) 이사를 자주 다니다 • • 곧 승진 기회를 잡을 수 있을 거예요.

5) 친구들과 수다를 떨다 • • 시간 가는 줄 모른다.

보기 쭉 가다 보면 편의점이 나올 거예요.

1) _____
2) _____
3) _____
4) _____
5) _____

STEP 2 보기와 같이 대화를 완성하세요.

보기
가: 정말 죄송합니다. 제 실수 때문에 일이 더 늦어졌네요.
나: 괜찮아요, 일하다 보면 실수할 때도 있는 거죠.

1) 가: 건강을 위해서 집에서 음식을 해 먹으려고 하는데 잘 안 되네요.
   나: 음식은 자주 _____ 늘어요. 조금씩 다른 메뉴에 도전해 보세요.

2) 가: 아버지께서 담배를 전보다 많이 피우시는 것 같은데요.
   나: 그러게요. 담배를 _____ 건강이 나빠질 텐데 걱정이네요.

3) 가: 근처에 전통주 센터가 있다고 하던데 어딘지 아세요?
   나: 이 앞 사거리에서 우회전해서 쭉 _____ 왼쪽에 보일 거예요.

4) 가: 자! 이제 뛰어 볼까?
   나: 잠깐만. 준비 운동을 안 하고 _____ 다치기 쉬워.

5) 가: 팀장님하고는 뭔가 어색해요. 많이 엄격하신 분 같아서……
   나: 아니에요, 알고 보면 얼마나 정이 많고 따뜻한 분인지 몰라요.
   _____ 친해질 수 있을 거예요.

–다(가) 보니까 VS –다(가) 보면
열심히 공부하다 보니까 한국어를 잘하게 됐어요.
열심히 공부하다 보면 한국어를 잘하게 될 거예요.

STEP 3 친구와 이야기하세요.

요즘 우리 아기 재롱을 보다 보면 시간 가는 줄 몰라요.

부럽네요. 저는 요즘 회사 일이 눈코 뜰 새 없이 바빠서 일하다 보면 시간 가는 줄 몰라요. 어제는 점심시간인 줄도 모르고 계속 책상 앞에 앉아 있었어요.

시간 가는 줄 몰라요.	한국에 대해서 잘 알게 될 거예요.
기분 전환이 돼요.	취업에 성공할 수 있을 거예요.
나름 전문가가 될 거예요.	지금보다는 더 나아질 거예요.

문형 연습 2

동사 + -기(가) 십상이다

가: 이거 먹어도 되는 걸까? 냄새가 좀 이상한 것 같기도 한데……
나: 아깝다고 생각 말고 버려. 여름에 음식을 잘못 먹었다가는 식중독에 **걸리기 십상이야**.

-기(가) 십상이다			
붓다	붓기 십상이다	걸리다	걸리기 십상이다

STEP 1 보기 와 같이 알맞은 단어를 골라 문장을 완성하세요.

> (망치다)   도둑을 맞다   실패하다   감기에 걸리다
> 손해를 보다   태우다   사고가 나다   쉬다

보기 아이를 위한다고 뭐든지 다 해 주면 아이를 망치기 십상이다.

1) 좀 덥다고 이불을 덮지 않고 자다가는 _____

2) 경험자의 말을 안 들으면 _____

3) 요리하다 한눈을 팔면 음식을 _____

4) 운전할 때 집중하지 않으면 _____

5) 말을 많이 하는 직업을 가진 사람들은 목이 _____

6) 여행지에서 돈을 한꺼번에 많이 가지고 다니다가는 _____

7) 재산을 모두 한곳에 투자하다가는 _____

STEP 2 보기와 같이 대화를 완성하세요.

> 보기
> 가: 된장찌개가 다 됐나 봐요. 제가 식탁에 갖다 놓을까요?
> 나: 뚝배기가 엄청 뜨거워서 손을 데기 십상이에요. 조심해요.

1) 가: 이 쇼핑몰은 모든 상품을 80% 이상 할인을 해 준대요.
   나: 할인율이 너무 높으면 _____ 꼼꼼히 살펴보고 사세요.

2) 가: 시간이 없어서 5분 안에 식사를 해야 하니까 서두르세요.
   나: 5분이라니요. 그렇게 급하게 먹다가는 _____.

3) 가: 부장님이 오늘도 야근이라고 집에 가지 말래.
   나: 아, 진짜! 이렇게 매일 야근하다가는 _____.

4) 가: 요즘 제주도 바다가 아주 멋지다는데 며칠 휴가 내고 갔다 올까 봐요.
   나: 마감이 코앞인데 휴가 내고 놀러 갔다가는 _____.

5) 가: 이 식당은 개업했을 때에 비해 음식 수준이 점점 떨어지는 것 같아요.
   나: 이렇게 계속 가면 _____.

6) 가: 요즘 주식으로 돈을 버는 사람이 많다는데 나도 좀 투자를 해 볼까 봐요.
   나: 아무리 주식 경기가 좋다고 해도 잘 알아보지도 않고 무턱대고 투자를 하면 _____.

STEP 3 다음 자료를 보고 친구와 이야기하세요.

저도 제가 한 일을 인정해 주는 상사를 가장 좋아합니다. 하지만 전혀 노력하지 않으면서 직원들에게만 일을 강요하는 상사나, 팀 전체가 노력한 일을 자신만의 성과로 포장하는 상사는 정말 질색입니다. 이런 상사라면, 직원들에게 미움을 받기 십상입니다.

직장인들이 선호하는 상사
1위 업무 능력을 인정해 주는 상사
2위 칭찬과 격려를 잘 해주는 상사
3위 정시 퇴근을 하라고 하는 상사

직장인들이 기피하는 상사
1위 권위적인 상사
2위 팀의 성과를 자신의 성과로 돌리는 상사
3위 능력 없이 큰소리만 치는 상사

상사가 선호하는 부하 직원
1위 주어진 업무를 책임감 있게 해내는 직원
2위 자신보다는 회사 전체를 먼저 생각하는 직원
3위 자기 발전을 위해 노력하는 직원

상사가 기피하는 부하 직원
1위 잘못을 남 탓으로 돌리는 직원
2위 말만 하고 실천을 하지 않는 직원
3위 뒤에서 불평하는 직원

문형 연습 3

여간 -지 않다
여간 -(으)ㄴ/는 것이 아니다

가: 어제 시댁에 가서 김장을 하고 왔더니 온몸이 다 쑤시네요.
나: 김장은 **여간 힘든 일이 아니에요**. 고생하셨네요.

여간 -지 않다

| 어렵다 | 여간 어렵지 않다 | 노력하다 | 여간 노력하지 않는다 |

여간 -(으)ㄴ/는 것이 아니다

| 어렵다 | 여간 어려운 것이 아니다 | 노력하다 | 여간 노력하는 것이 아니다 |

STEP 1 보기 와 같이 바꿔 쓰세요.

> 보기
> 새로운 환경에 금방 적응하는 것은 매우 어려운 일이다.
> ➡ 새로운 환경에 금방 적응하는 것은 <u>여간 어렵지 않다</u>.
> ➡ 새로운 환경에 금방 적응하는 것은 <u>여간 어려운 것이(일이) 아니다</u>.

1) 자신의 시간을 내서 어려운 이웃을 돕는 것은 힘든 일이다.

   ➡ _____

   ➡ _____

2) 미나 씨는 매사에 노력을 많이 한다.

   ➡ _____

   ➡ _____

3) 성격이 맞지 않는 사람과 같이 일하는 것은 정말 피곤한 일이다.

➔ _____

➔ _____

4) 한국의 발효 식품은 역사가 아주 오래되었다.

➔ _____

➔ _____

5) 김치의 발효 원리는 매우 과학적이다.

➔ _____

➔ _____

STEP 2 보기 와 같이 쓰세요.

> 보기
> 가: 베트남에 가 본 적이 있어요?
> 나: 네, 음식도 맛있고 사람들도 친절한데 날씨가 여간 더운 게 아니라서 고생을 좀 했어요.

1) 가: 새로 오신 선생님에 대해 들었어요?
   나: 네. _____. 긴장해야겠어요.

2) 가: 지난 주말에 우리 집 보일러가 고장 났어요.
   나: 아이고, 요즘 날씨가 _____ 어떡해요?

3) 가: 잠을 잘 못 잤어요? 피곤해 보이는데요.
   나: 네, 어제 자려고 누웠는데 갑자기 밖에서 큰 소리가 나서 _____. 그 소리 때문에 잠이 홀딱 깨서 뜬눈으로 밤을 새웠어요.

4) 가: 우리 아들은 _____ 남의 말을 안 듣고 자기 마음대로 하려고만 해요. 어쩜 좋죠?
   나: 타고난 성격을 바꾸는 건 _____. 시간이 좀 걸리더라도 잘 타이르세요.

STEP 3 친구와 이야기하세요.

친구 어머니가 저 혼자 산다고 김치랑 반찬을 늘 챙겨주셨거든요. 계속 얻어만 먹기 죄송스러워서 김장을 할 때 도와드리러 갔어요. 난생 처음 해 본 김장은 여간 힘든 일이 아니었어요. 어깨도 허리도 끊어질 듯이 아팠지만 제가 직접 만든 김치를 한 통 가득 담아 집에 오는 길은 여간 뿌듯하지 않았어요.

한국에서 가장 인상적이었던 추억	지금까지 살면서 제일 보람 있었던 일
말로 표현할 수 없을 정도로 힘들었던 경험	둘이 먹다가 하나가 죽어도 모를 만큼 맛있게 먹었던 음식

말하기

여러분의 나라를 대표하는 전통 음식은 무엇인가요? 그 음식을 만드는 방법, 과학적인 효능에 대해 소개해 보세요.

> 그릭요거트는 그리스의 장수 비법으로도 유명한 전통 건강 음식입니다. 우유를 발효해 요거트를 만든 후 수분을 짜내기 때문에 일반 요거트에 비해 다양한 영양 성분이 더 농축됩니다. 소화에 도움을 주는 것은 물론, 단단한 뼈를 만들고, 혈압을 낮추며, 면역력을 높이는 효과가 있습니다. 우유 800mL와 마시는 요거트 200mL를 섞어 상온에서 반나절 정도 발효시키면 요거트가 되는데, 체에 천을 깔고 요거트를 부어 냉장고에 넣습니다. 반나절이 지나면 수분이 빠져 말랑한 치즈 같은 그릭요거트가 완성됩니다. 그대로 꾸덕꾸덕하고 담백한 맛을 즐겨도 좋고, 꿀이나 잼을 넣어 달콤하게 드셔도 좋습니다.

읽기

한국을 대표하는 전통 음식 하면 빼 놓을 수 없는 김치. 이 김치 속에 숨은 과학이 있다는 사실을 아십니까? 김치를 만드는 과정에서 발견할 수 있는 과학적인 원리를 하나하나 자세히 살펴보도록 하겠습니다.

1. 배추 절이기 - 삼투압

김치를 만들 때 가장 먼저 해야 할 일은 주재료인 배추를 소금으로 절이는 것입니다. 배추를 2~4등분으로 잘라 소금을 녹인 물에 담가 두면 시간이 지날수록 뻣뻣했던 배추가 부드러워지는데 이것은 삼투압 현상 때문입니다. 삼투압이란 선택적 투과를 하는 막으로 농도가 다른 두 액체를 막아 놓았을 때, 농도가 낮은 쪽의 액체가 농도가 높은 쪽으로 이동하면서 평형이 이뤄지는 현상입니다. 즉 배추 속의 수분이 소금물로 빠져나오는 것이죠. 소금물에 담근 배추는 큰 그릇으로 옮겨 담으면서 위에 다시 소금을 뿌려 12시간 정도 절입니다. 소금은 배추에 침투해 풋내를 제거하고 조직을 아삭아삭하게 합니다. 배추를 절이다 보면 어떤 쪽은 빨리 절여지고 어떤 쪽은 소금물이 잘 닿지 않아 뻣뻣하기 때문에 골고루 잘 절이기 위해 몇 번 뒤집어 줘야 합니다. 배추를 덜 절이면 배추가 너무 뻣뻣하고, 그렇다고 너무 오래 절이면 배추의 아삭아삭한 식감이 사라지기 때문에 적당한 정도를 찾기가 여간 힘든 일이 아닙니다. 밤새 신경을 쓰느라 잠을 설치기 십상이지만 맛있는 김치를 만들기 위해서는 반드시 신경을 써야 하는 중요한 과정입니다.

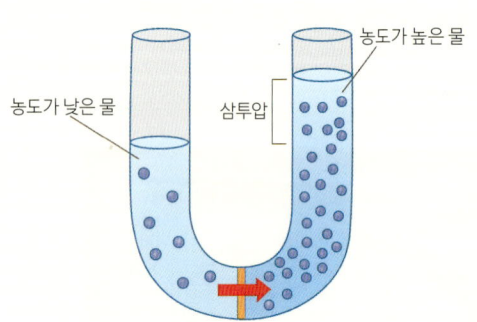

2. 김치 익히기 - 유산균 발효

배추가 잘 절여지면 여러 가지 양념을 하는데 이때부터 각종 미생물이 활동할 준비를 합니다. 김치는 숙성되는 과정에서 자연스럽게 유산균이 자라는데, 유산균이 배추 속의 탄수화물을 분해해 건강에 이로운 균을 만드는 과정을 '발효'라고 합니다. 잘 익은 김치에서 신맛이 나는 것은 유산균 발효가 잘 되었다는 의미입니다. 발효된 김치는 pH 3.5~4.5정도의 산성으로 바뀌는데, 유산균처럼 건강에 이로운 균은 산성에서도 살 수 있는 반면, 부패 원인균은 주로 중성(pH 7)에서 살기 때문에, 잘 익은 김치 안에서는 살 수 없습니다. 발효에 관여하는 균의 종류는 매우 다양한데, 식품 공학 전문가에 따르면 김치에는 30여 종의 균이 살고 있다고 합니다. 특히 초기에 작용하는 유산균은 김치를 알맞게 익혀주고 식이섬유를 만들어 신진대사를 촉진합니다. 중기와 후기에 작용하는 유산균은 김치를 점점 시게 하는데 이 균은 유럽의 경우 요거트에 첨가하는 성분이기도 합니다.

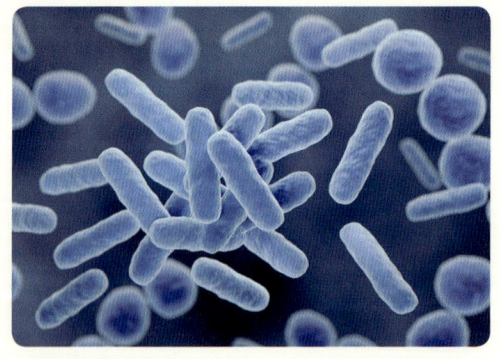

3. 젓갈, 고춧가루, 항아리에도 과학이 있다

김치 양념에 빼놓을 수 없는 젓갈은 생선을 발효한 것입니다. 생선에 풍부한 단백질은 김치를 발효시키는 미생물의 먹이가 돼 김치의 숙성을 촉진시키고 특유의 감칠맛을 냅니다. 고추에 포함된 캡사이신은 항산화제 역할을 함으로써 김치의 아삭함을 유지합니다. 백김치가 일반 김치보다 빨리 무르는 이유가 바로 여기 있습니다. 한편 우리 조상들이 김치를 저장하는 데 이용한 항아리도 김치의 발효를 돕습니다. 항아리를 현미경으로 살펴보면 미세한 구멍이 아주 많은 것을 알 수 있는데, 이 구멍은 공기는 투과하면서 물은 투과할 수 없을 정도로 작아서 외부의 맑은 산소를 항아리 속의 김치에 지속적으로 공급합니다. 또한 안과 밖의 공기를 잘 통하게 해서 김치의 신선도를 오랫동안 유지하면서 천천히 발효시키는 역할을 합니다.

1 김치에 들어가는 재료들의 역할을 바르게 연결하세요.

1)
소금

· 김치의 숙성을 촉진시키고 감칠맛을 낸다.

2)
젓갈

· 배추의 풋내를 제거하고 아삭아삭하게 한다.

3)
고추

· 항산화제 역할을 해서 김치가 쉽게 무르는 것을 방지한다.

2 윗글의 내용과 같으면 O, 다르면 X 하세요.

		O	X
1)	뻣뻣했던 배추를 소금물에 담가 두면 부드러워지는데 이것은 삼투압 현상 때문이다.	O	X
2)	유산균이 배추 속의 탄수화물을 분해해 건강에 이로운 균을 만드는 과정을 발효라고 한다.	O	X
3)	잘 익은 김치에서 신맛이 나는 것은 유산균 발효가 이루어져 pH7 정도가 되었기 때문이다.	O	X
4)	유산균처럼 건강에 이로운 균은 산성에서도 살 수 있는 반면, 부패 원인균은 산성 환경에서 살 수 없다.	O	X
5)	백김치는 일반 김치보다 고추가 덜 들어가기 때문에 천천히 무른다.	O	X

3 항아리가 김치의 발효에 도움이 되는 과학적 원리는 무엇이라고 합니까?

읽기 연습

1 다음은 김치를 만드는 과정입니다. 빈칸에 알맞은 단어를 골라 쓰세요.

뿌리다   받치다   저장하다   절이다

기본 재료: 배추 2포기, 무 2.5Kg, 쪽파 1Kg
양념: 고춧가루 1Kg, 소금 4컵, 마늘 300g, 생강 100g, 젓갈 400g

- 배추의 아랫부분에 칼집을 낸 후 손으로 쪼개어 2~4등분으로 자른다. 손으로 쪼개야 배추 속이 부서지지 않는다. 배추 하나당 소금 한 컵씩을 잎 사이사이에 골고루 1) _____. 잎보다는 줄기 부분에 많이 뿌려준다.

- 물 2리터에 소금 2컵을 녹인다. 배추를 자른 부분이 위로 오게 해서 소금물을 붓고 8시간 정도 2) _____는데, 2~3시간에 한 번 위, 아래 배추의 위치를 바꿔 줘야 한다.

- 배추를 3~4번 깨끗한 물에 헹구고 체에 3) _____. 물기를 뺄 때는 배추를 자른 부분이 아래로 향하도록 한다.

- 무를 가늘게 썰고, 쪽파는 4cm로 썰어서 양념 재료와 함께 잘 섞는다. 배추 잎 사이사이에 양념을 잘 넣고 배추 자른 면이 위로 가게 항아리에 차곡차곡 담아서 4) _____.

2 다음 단어에 대한 알맞은 설명을 골라 연결하세요.

1) 미생물 •   • 양쪽의 균형이 안정된 상태

2) 등분 •   • 어떤 것을 같은 양으로 나누는 것

3) 투과 •   • 썩어서 변하는 것

4) 평형 •   • 아주 작아 눈으로 볼 수 없는 균과 같은 것

5) 부패 •   • 빛이나 공기, 액체 등이 통과하는 것

6) 촉진 •   • 어떤 현상을 빨리 진행되게 함

3 보기 에서 알맞은 단어를 골라 쓰세요.

보기
뻣뻣하다   침투하다   식이 섬유   이롭다   관여하다   현미경

1) 요즘 이메일을 통해 컴퓨터에 _____ 사용자의 개인 정보를 훔쳐 가는 바이러스가 큰 문제가 되고 있다고 해요.

2) 고조선을 세웠다고 알려진 단군은 '널리 인간 세상을 _____ 하라'는 말을 통해 모든 사람들이 함께 잘 살게 하겠다는 의지를 나타냈다.

3) 가: 요즘 춤을 배우러 다니는데 몸이 너무 _____ 수업을 따라가기가 힘들 정도야.
   나: 그럼 스트레칭을 자주 하거나 요가를 좀 배워 보는 게 어때?

4) 가: 동생하고는 왜 싸운 거예요?
   나: 몇 달 전에 동생이 자취를 시작했는데 부모님이 걱정하시니까 연락 좀 자주 하라고 했더니 자기 일에 _____ 말라면서 화를 내잖아요.

5) 사람의 눈으로 직접 보기 힘든 미생물을 보다 자세하게 관찰할 수 있게 도와주는 _____ 이/가 발명되지 않았다면 지금처럼 과학이 발전할 수 있었을까요?

6) 가: 살을 좀 빼고 싶어서 식사량을 줄였더니 변비가 심해진 것 같아.
   나: 그럼 _____ 이/가 풍부한 양배추나 바나나를 먹어 봐. 물도 더 자주 마시고.

듣기

Track 7-02

1 들은 내용에 맞게 빈칸을 채우세요.

한국에서는 BC 4세기부터 술을 빚기 시작했는데 삼국시대에는 이미 발효 기술이 발달하여 술을 소금과 함께 각종 1)_____을/를 절이는 데 사용했다고 한다. 고려 시대에는 중국을 통해 곡류를 이용한 술을 빚는 법이 전해져 인삼, 쑥, 꽃 등의 향을 가미한 술이 발전했다고 하고, 조선 시대에는 각 지방과 가정에 따라서 다양한 양조 방법이 개발되어 전통주의 전성시대를 맞았다. 전통주는 술의 2)_____에 따라 탁주와 청주, 증류 유무에 따라 약주와 3)_____(으)로 분류한다.

2 들은 내용과 일치하지 않는 것을 고르세요.

1) 기온이 높은 여름에는 미생물의 활동이 활발하기 때문에 고두밥, 누룩, 물을 잘 섞어 발효한 후 바로 술을 거르고, 봄, 여름, 겨울에는 두세 번 고두밥을 더해 술을 빚는다.

2) 막걸리는 예전에는 농촌에서 일할 때 자주 먹었다고 해서 농주라고도 부를 만큼 소박한 술이었지만 최근에는 고급 안주와 함께 세련된 느낌으로 판매하기도 한다.

3) 막걸리를 동동주라는 이름으로 판매하는 경우가 많은데, 두 술은 엄격히 구분하면 다른 술이므로 이름을 혼용해서는 안 된다.

4) 최근에는 청주를 뜨고 남은 찌꺼기로 막걸리를 생산하던 기존 방식에서 벗어나 막걸리만을 심혈을 기울여 빚는 양조장들이 많이 생겼다.

쓰기

1 한국에는 김치와 막걸리 외에 어떤 발효 식품이 있습니까?

2 한국의 발효 식품 중 한 가지를 골라 재료, 만드는 과정, 발효 원리 등을 조사해서 써 봅시다.

_____
_____
_____
_____
_____
_____

종합 연습

1 보기 에서 알맞은 표현을 골라 문장을 완성하세요.

보기
　　　　　-다(가) 보면　　　　-기(가) 십상이다　　　여간 -지 않다
　　꼬들꼬들하다　　무턱대고　　차곡차곡　　헹구다　　심혈을 기울이다

1) 가: 날씨도 더운데 바다로 놀러 가지 않을래?
   나: 뭐? 이렇게 햇볕이 강할 때 바닷가에 있다가는 _____.

2) 가: 치아 건강을 지키기 위해 신경을 써야 할 것이 있을까요?
   나: 물론 식사 후에는 양치질을 꼭 하는 것이 좋은데, 그럴 수 없는 상황이라면 물로 입 안을 _____ 만 해서도 안 하는 것보다는 훨씬 낫습니다.

3) 가: 크고 비싼 선물보다 사소한 행동에 감동을 받게 되는 것 같아.
   나: 그렇지. 예를 들면 내가 _____ 지은 고두밥을 좋아해서 남편이 내 취향에 맞춰서 밥을 지어 주거든. 그런 작은 것에 사랑을 느껴.

4) 가: 새해도 되었으니 일찍 자고 일찍 일어나려고 했는데 쉽지가 않네요.
   나: 원래 습관을 바꾸기가 _____.

5) 가: 저는 집안일 중에서 빨래가 제일 귀찮아요.
   나: 어머, 그래요? 저는 다 마른 옷을 잘 정리해서 _____ 쌓아 놓으면 너무 뿌듯하고 좋던데요.

6) 가: 한국 회사에 취직해서 다음 주부터 출근하기로 했는데 다룰 줄 아는 프로그램도 없고 한국어도 서툴러서 걱정이에요.
   나: 저도 취업 전에는 불안했는데 들어가서 배우면서 _____ 금방 적응하게 될 거예요. 너무 긴장하지 마세요.

7) 가: 이번 야유회가 평일이긴 한데 신입 사원들이 많이 올까요? 요즘 젊은 사람들은 단체 생활보다는 개인적인 자유를 더 중요하게 생각한다고 하던데요.
   나: 글쎄요, 젊은 사람들이라고 해서 _____ 다른 사람들과 시간을 보내는 걸 싫어하진 않을 것 같은데요. 평일에 하는 데다가 이른 시간에 마치는 행사니까 아마 괜찮을 거예요.

8) 종이로 만든 우산인 지우산은 한국의 전통 공예품인데, 현재 지우산을 만들 수 있는 기술을 가진 사람은 윤규상 씨 단 한 명만 남아 있다고 한다. 그는 지우산에 한국의 역사와 정서가 녹아 있다고 믿기에 매일 _____ 지우산을 만들고 있다.

한국 문화

한국의 전통 단위

고등어 한 손 = 고등어 두 마리

김 한 톳 = 김 100장

10홉 = 1되(1.8L)
10되 = 1말

굴비 1두름 = 굴비 20마리

금 한 돈 = 3.75g

배추 한 포기

파 한 단, 시금치 한 단, 열무 한 단

단어 목록

공부한 단어를 ☑하세요!

어휘
- [ ] 식감
- [ ] 새콤하다
- [ ] 매콤하다
- [ ] 짭짤하다
- [ ] 담백하다
- [ ] 아삭하다
- [ ] 쫄깃하다
- [ ] 바삭하다
- [ ] 말랑하다
- [ ] 밭지다
- [ ] 덮다
- [ ] 거르다
- [ ] 전분
- [ ] 체
- [ ] 꼬들꼬들하다
- [ ] 고두밥
- [ ] 누룩
- [ ] 천
- [ ] 발효
- [ ] 거품
- [ ] 도수

문형 연습
- [ ] 전통주
- [ ] 재롱
- [ ] 식중독
- [ ] 한눈(을)팔다
- [ ] 데다
- [ ] 마감
- [ ] 무턱대고
- [ ] 강요
- [ ] 질색
- [ ] 정시
- [ ] 권위
- [ ] 시댁
- [ ] 김장
- [ ] 쑤시다
- [ ] 매사
- [ ] 홀딱
- [ ] 타고나다
- [ ] 타이르다
- [ ] 얻다
- [ ] 난생

말하기
- [ ] 효능
- [ ] 농축
- [ ] 깔다
- [ ] 꾸덕꾸덕하다

읽기
- [ ] 절이다
- [ ] 삼투압
- [ ] 등분
- [ ] 뻣뻣하다
- [ ] 투과
- [ ] 막
- [ ] 농도
- [ ] 액체
- [ ] 평형
- [ ] 침투하다
- [ ] 풋내
- [ ] 제거
- [ ] 조직
- [ ] 유산균
- [ ] 미생물
- [ ] 숙성
- [ ] 이롭다
- [ ] 산성
- [ ] 균
- [ ] 부패
- [ ] 관여하다
- [ ] 공학
- [ ] 식이섬유
- [ ] 촉진
- [ ] 첨가
- [ ] 젓갈
- [ ] 먹이
- [ ] 특유
- [ ] 감칠맛
- [ ] 캡사이신
- [ ] 항산화
- [ ] 무르다
- [ ] 현미경
- [ ] 미세하다

읽기 연습
- [ ] 칼집
- [ ] 쪼개다
- [ ] 줄기
- [ ] 헹구다
- [ ] 차곡차곡
- [ ] 널리

듣기
- [ ] 삼국시대
- [ ] 고려
- [ ] 곡류
- [ ] 가미하다
- [ ] 양조
- [ ] 전성시대
- [ ] 청주
- [ ] 증류
- [ ] 유무
- [ ] 분류
- [ ] 빛깔
- [ ] 탁하다
- [ ] 안주
- [ ] 동동
- [ ] 뜨다
- [ ] 찌꺼기
- [ ] 혼용
- [ ] 기존
- [ ] 심혈을 기울이다
- [ ] 소박하다

대화
- [ ] 각광(을)받다
- [ ] 식재료

unit 8
국제 사회

목표 문형

- -거든
- -(으)ㄹ 법하다
- -(으)ㄹ 바에(야)

대화

Track 8-01

- 민수 씨, 요즘 결혼 준비하느라고 많이 바쁘죠?

- 중요한 준비는 거의 다 마쳤는데 여자 친구 비자 문제 때문에 좀 정신이 없네요.

- 아내 될 분이 교포라고 하셨죠?

- 네, 지금 여자 친구 국적은 일본이거든요. 그래서 한국에서 같이 살려거든 결혼 이민 비자를 받아야 하는데 서류 준비가 예상보다 까다로워서 신경을 많이 쓰고 있어요.

- 그렇군요. 배우자 비자는 계속 연장도 해야 한다고 들었는데 연장 신청 기간도 잘 확인해야겠어요.

- 맞아요. 지금은 계속 한국에서 살 계획인데 비자 때문에 매번 번거롭게 고생할 바에야 그냥 귀화할 생각도 하고 있는 모양이에요. 하지만 나중에 일본에 가서 살아야 할 일이 생길 수도 있으니까 쉽게 결정을 못하겠어요.

- 저도 한국에 살고 있는 외국인이라 비자 문제가 얼마나 큰 스트레스인지 잘 알아요. 정말 고민될 법하네요. 두 분이 서로 충분히 얘기해 보고 잘 생각해서 결정하셨으면 좋겠어요.

- 고마워요. 청첩장도 나왔으니까 자리 한번 만들게요.

1 민수는 왜 요즘 정신이 없다고 했습니까?

2 한국인과 결혼해 한국에서 거주하려고 하는 외국인은 어떤 준비를 해야 합니까?

3 민수와 여자 친구는 무엇을 고민하고 있습니까?

어휘

1 다음은 국제기구가 하는 일에 대한 설명입니다. 각 설명을 읽고 알맞은 국제기구를 골라 쓰세요.

> **보기**
> 국제 연합(UN)   국제 원자력 기구(IAEA)   경제 개발 협력 기구(OECD)
> 유엔 난민 기구(UNHCR)   국제 노동 기구(ILO)   유럽 연합(EU)
> 세계 보건 기구(WHO)   국제 통화 기금(IMF)

1) 국제적인 갈등을 해결하고, 평화를 위협하는 나라나 단체를 제재하는 등 세계 평화를 목적으로 함: _____

2) 유럽 20여 개국이 모여 화폐를 통일하고, 회원국 사이의 자유로운 여행, 경제 활동을 보장하여 회원국이 하나의 국가처럼 움직임: _____

3) 건강에 관한 연구와 질병 예방 활동 등으로 인류가 건강하게 생활할 수 있도록 도움. 또한 전염병 발생 시 치료와 피해 최소화를 위해 노력함: _____

4) 2024년 기준으로 총 41개 국가(한국, 일본, 프랑스, 독일, 영국, 미국, 호주 등)가 가입한 단체로 경제 발전 정책을 연구하고 협력함: _____

5) 핵에너지를 평화적으로 이용하기 위해 각 나라 간 과학적·기술적 정보가 활발하게 교류되도록 하며, 핵연료가 군사 목적으로 사용되지 않도록 막기 위해 설립됨: _____

6) 난민의 권리와 복지를 지키기 위해 비정치적·인도적 차원에서 국제적 보호를 제공하고 해결책을 마련함: _____

7) 노동 조건 개선을 위해 자료 수집, 연구, 기술 지원을 함: _____

8) 세계 여러 나라의 경제 안정을 위해 환율, 국제 금융을 감시하는 한편, 경제적 어려움에 처한 회원국에 경제적 지원을 함: _____

2 알맞은 단어를 골라 문장을 완성하세요.

> **보기**
>
> 이민   귀화   망명   교포   난민

1948년부터 2001년까지 미국으로 1) _____ 을/를 간 한국인은 총 820만여 명으로 집계된다. 미국에서 특히 2) _____ 들이 많이 모여 살고 있는 지역은 로스앤젤레스인데, 미국에 거주하는 한국인 총인구 약 200만 명의 3분의 1에 해당하는 70만 명 정도가 정착해 살고 있다.

지난 20년 동안 국경을 넘는 사람들이 기록적인 수준에 도달했다. 유엔(UN)은 출신국을 떠나 외국으로 이주하는 사람의 숫자가 2000년 1억 7300만 명에서 2020년 2억 8100만 명으로 늘었다고 발표했다. 전 세계 인구의 3.6%나 되는 규모다. 전쟁이나 천재지변을 피해 출신국을 떠날 수밖에 없는 3) _____ 들이 늘고 있고, 정치적인 이유로 외국에 4) _____ 을/를 신청하는 상황도 증가하고 있어 국제적인 관심과 지원이 절실하다.

유엔난민기구(UNHCR)가 1950년 설립된 후 지난 70여 년간 적어도 매년 160만 명의 난민이 발생했으며, 1982년 이후 등록되는 난민의 수는 매년 1천만 명이 넘는다. 현재 유엔은 난민에 대한 해결책을 크게 세 가지로 보고 있는데, 첫째는 본국으로 다시 안전하게 돌아갈 수 있도록 지원하는 것, 두 번째는 정착한 나라의 국적으로 5) _____ 해서 안정적으로 살 수 있도록 하는 것, 세 번째, 망명 신청 국가에서 정착이 쉽지 않을 때 새로운 국가에 정착할 수 있도록 하는 것이다.

문형 연습 1

동사/형용사 + -거든
명사 + -(이)거든

우리 유학 상담 센터는 한국에 공부하러 온 학생들이 한국 생활에 잘 적응할 수 있도록 돕는 일을 하고 있습니다. 유학 중에 힘든 일이 있**거든** 언제든지 상담하러 오세요.

-거든			
도착하다	도착하거든	찾다	찾거든
부족하다	부족하거든	많다	많거든

-(이)거든			
회사	회사(이)거든	사람	사람이거든

STEP 1 보기 와 같이 알맞은 단어를 골라 쓰세요.

| 아프다 | 찾다 | 생기다 | 도착하다 | 그치다 | 들다 | 않다 |

보기 많이 아프거든 참지 말고 얼른 병원에 가 보세요.

1) 물건이 마음에 안 _____ 다른 가게에 가 봅시다.

2) 바쁘지 _____ 잠깐 만납시다.

3) 다른 사람들이 저를 _____ 일 때문에 못 왔다고 전해 주세요.

4) 비가 _____ 바로 출발합시다.

5) 공항에 _____ 저한테 연락해 주세요.

6) 어려운 일이 _____ 언제든지 도움을 청하세요.

STEP 2 보기와 같이 대화를 완성하세요.

> 보기
> 가: 민지야, 요즘 무슨 일 있어? 고민이 있거든 숨기지 말고 나한테 얘기해 봐.
> 나: 그냥 공부할 시간도 모자란데 등록금 버느라고 매일 늦게까지 아르바이트하면서 학교 다니는 게 점점 힘들어져서 그래.

1) 가: 오늘 일이 _____ 우리 집에 잠깐 들르실래요? 드릴 게 있어요.
   나: 그래요? 그럼 7시쯤 갈게요.

2) 가: 내 잘못만 있는 게 아닌데 다들 나만 가지고 뭐라고 해. 속상해.
   나: 네 맘은 알겠지만 잘못한 일이 _____ 우선 사과부터 해야지.

3) 가: 다시 진료 받으러 와야 할까요?
   나: 오늘 약을 3일치 드릴 테니까 드셔 보시고 _____ 다시 안 오셔도 됩니다.

4) 가: 저도 꼭 같이 가야 하나요?
   나: _____ 안 가도 돼요. 저 혼자 다녀올게요.

5) 가: 방 안이 너무 썰렁한데요.
   나: _____ 창문을 닫으셔도 돼요. 제가 환기시키느라고 좀 전에 열어 놨었거든요.

STEP 3 다음은 한국 생활에 유용한 생활 정보와 관련된 상담 센터 전화번호입니다. 친구에게 안내해 주세요.

서울 생활 전반에 대해 알고 싶은 것이 있거든 120 다산콜센터로 전화하세요.

예방접종 등 건강 정보가 궁금하거든 129 보건복지콜센터로 전화해서 도움을 청하세요.

120 다산콜센터

121 수도 고장 신고

123 전기 고장 신고

1544-4500 가스 사고 신고

128 환경 오염 신고

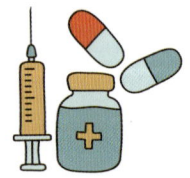
129 보건복지콜센터

132 법률 상담

문형 연습 2

동사/형용사 + -(으)ㄹ 법하다

가: 이 빵 좀 드셔 보세요. 회사 동료한테서 여행 선물로 받은 건데 몇 시간씩 줄을 서야 할 수 있대요.
나: 정말 맛있네요. 인기가 많**을 법한**데요.

-(으)ㄹ 법하다			
모르다	모를 법하다	피곤하다	피곤할 법하다

-았/었/했을 법하다					
가다	갔을 법하다	졸리다	졸렸을 법하다	후회하다	후회했을 법하다

STEP 1 보기 와 같이 문장을 연결하세요.

보기 매번 약속을 어기다 • • 도착하다.

1) 요즘 일이 많다 • • 화를 내다.

2) 2시간 전에 출발했다 • • 헤어지다.

3) 매일 도서관에서 공부하다 • • 피곤하다.

4) 성격이 안 맞다 • • 시험에 합격하다.

보기 매번 약속을 어기니까 화를 낼 법도 하지요.

1) _____
2) _____
3) _____
4) _____

STEP 2 보기 와 같이 대화를 완성하세요.

> 보기
> 가: 따님이 댄서가 되고 싶다고 했을 때 반대를 많이 하셨다면서요? 세계적인 댄서가 된 지금 감회가 남다르실 것 같은데요.
> 나: 많은 부모들이 그렇듯 안정적인 직업을 가지길 바랐었거든요. 포기할 법도 한데 꾸준히 노력하는 모습에 결국 허락하게 됐어요.

1) 가: 제 일본 친구는 한국 아이돌을 좋아해서 한국에도 자주 왔는데, 공연이나 행사만 다녀서 정작 경복궁은 한 번도 가 본 적이 없대요.
   나: 아무리 그래도 경복궁은 한 번쯤 _____.

2) 가: 어제 남자 친구하고 집에서 드라마 보면서 밥을 먹고 있는데 갑자기 결혼하자고 하길래 황당해서 다음에 반지 들고 제대로 하라고 했어요.
   나: 드라마에 _____ 떠들썩한 프러포즈까지는 아니더라도 하다못해 분위기 좋은 장소에서 했으면 좋았을 텐데요.

3) 가: 얼마 전에 은퇴하신 교수님을 만났는데 주민 센터에서 무료 강연을 하고 계신다고 해서 깜짝 놀랐어요.
   나: 연세가 있으시니 _____ 정말 대단하시네요.

4) 가: 우리 언니는 떡볶이를 너무 좋아해서 일주일에 한두 번은 꼭 사다 먹거나 직접 만들어 먹기도 해요.
   나: 그렇게 자주 먹으면 _____ 진짜 좋아하나 보네요.

5) 가: 이번 연봉 협상을 기대하고 있었는데 전 직원 임금 동결이라면서요? 물가가 이렇게나 올랐는데 동결이라니 실질적으로는 삭감된 거잖아요.
   나: 맞아요. 올해 매출도 좋았잖아요. 조금이라도 _____ 이렇게 될 줄은 상상도 못했네요.

STEP 3 친구와 이야기해 보세요.

저는 이 우주에 지구 말고 다른 생명체가 있는 곳이 어디인지 궁금해요. 있다면 한 번쯤은 서로의 존재를 느낄 법도 한데 아직 그런 일이 없다는 것도 신기하고, 없다면 이 넓은 우주에 다른 존재가 있을 법도 한데 왜 지구에만 생명체가 있는 건지도 신기하게 느껴져요.

많은 사람들이 궁금해할 법한 일

모두가 한 번쯤 꿈꿀 법한 일

영화나 드라마에 나올 법한 일

누구나 화낼 / 기뻐할 법한 상황

문형 연습 3

동사 + -(으)ㄹ 바에(야)

가: 비가 와서 한강은 못 갈 것 같은데 백화점 가서 쇼핑이나 할래요?
나: 사람으로 붐비는 백화점에 **갈 바에** 그냥 집에서 쉴래요.

-(으)ㄹ 바에(야)			
사다	살 바에(야)	읽다	읽을 바에(야)

STEP 1 보기와 같이 문장을 완성하세요.

> **보기** 불합리한 대우에 만족할 바에야 그냥 이직하는 게 낫겠어요.

1) 케이크 하나 먹자고 두 시간을 기다릴 바에야 _____.

2) 장거리 연애를 할 바에야 _____.

3) 이 시간에 지하철을 탈 바에야 _____.

4) 불법 파일을 다운로드 받을 바에야 _____.

5) 아이 교육을 위해서 기러기 아빠가 될 바에야 _____.

STEP 2 보기와 같이 대화를 완성하세요.

> 보기
> 가: 전공 수업을 들을수록 저랑은 잘 안 맞는 것 같아요.
> 나: 적성에 맞지 않는 공부를 하면서 시간과 돈을 낭비할 바에야 차라리 전과를 하든지 재수를 하든지 하는 게 낫지 않겠어요?

1) 가: 제사 음식 준비를 혼자 다 했어요? 요즘은 반찬 가게나 인터넷에서 조리된 음식을 팔기도 하던데요.
   나: 몇 번 사 먹어 봤는데, 우리 가족 입맛에는 안 맞더라고요. 괜히 돈 주고 사서 _____ 힘들어도 직접 만드는 게 속이 편해요.

2) 가: 오늘 휴강이야? 왜 아직 학교 안 갔어?
   나: 아침에 눈을 떴더니 이미 시간이 늦었더라고. _____ 그냥 결석하는 게 나을 것 같아서 안 갔어.

3) 가: 미국 유학을 미뤘다면서요? 무슨 일 있었어요?
   나: 할아버지 건강이 안 좋아지셔서요. 멀리 떨어져서 _____ 유학을 연기하는 게 마음이 편하겠더라고요. 좀 좋아지실 때까지 언제든지 뵐 수 있게 곁에 있고 싶어요.

4) 가: 우리 애는 피아노도 조금 배우다 말고 얼마 전엔 미술을 하겠다더니 또 몇 달 다니다가 금방 그만둔다고 해서 걱정이에요.
   나: 뭐든 도전해 보는 건 좋지만 꾸준히 하지 않고 중간에 _____ 아예 시작도 안 하는 게 나을 텐데요.

5) 가: 요즘은 영상을 볼 때 배속으로 재생해서 빨리 보는 사람들이 많대요.
   나: 그래요? 저는 줄거리도 중요하지만 여운을 즐기는 것도 중요하다고 생각해서 _____ 그냥 안 볼 것 같은데요.

STEP 3 여러분은 어느 것이 더 낫다고 생각하는지 이야기해 봅시다.

저는 1인 가구라서 요리를 하면 재료가 항상 남게 돼요. 아까운 재료를 버릴 바에는 그냥 필요한 만큼 사서 먹는 게 더 경제적인 것 같아요.

글쎄요, 채소나 고기를 사서 한 번 먹을 만큼 나눠 가지고 냉장고에 넣어 두면 꽤 오래 보관할 수 있으니까 재료를 버리는 일이 별로 없던데요. 자극적인 음식을 매번 사 먹을 바에야 조금 힘들어도 만들어 먹는 게 낫지 않아요?

1) 요리해서 먹기
   vs 사서 먹기

2) 밤 새워서 시험 공부하기
   vs 적당히 공부하고 자기

3) 힘들고 재미없지만 고액 연봉
   vs 박봉이지만 하고 싶었던 일

4) _____
   vs _____

말하기

1 여러분은 다른 나라로 이주하거나 다른 나라에서 살아보고 싶다고 생각한 적이 있나요? 이유는 무엇인가요?

	나	친구
이주/생활하고 싶은 나라		
이유		

2 성공적인 이민이나 외국 생활을 위해 어떤 준비를 하면 좋을까요?

3 여러분 나라의 사람들은 어떤 이유에서, 어느 나라로 이민을 많이 가는지 조사해 보고 이야기를 나눠 봅시다.

선호 국가	

이민 결심 이유	

읽기

1970년대, 여자는 살림을 하다가 초등학교만 마치고 시집을 가면 된다는 어머니의 말에 분노를 느끼며 하루하루 힘들게 공장에서 일하던 서진규 씨는, 어느 날 신문에서 미국 가정의 가사 도우미를 뽑는다는 구인 광고를 보고 새로운 가능성을 꿈꾸며 미국으로 이민을 가게 된다. 부족한 영어 실력으로 식당에서 일하다가 한국인 남자와 결혼해 딸을 낳았지만, 남편의 가정 폭력으로 인해 도망치듯 미군에 입대한다. 언어 장벽과 신체적 열세를 부단한 노력으로 이겨내고 미군 최초 여성 연락 장교가 된 그는 자신이 쓴 책의 제목처럼 '희망의 증거'가 되었다. 과거 많은 한국인들은 생활고에 시달리다 생계를 위해, 또는 정치적 탄압에서 벗어나 자유로운 삶을 누리기 위해 한국을 떠나 낯선 땅으로 나아갔다.

한국인들의 집단 이주는 조선 후기에 시작되었다. 농민들은 빈곤과 외세의 압력에 국경을 넘어 중국이나 러시아, 하와이, 멕시코, 쿠바 등으로 이주하였는데, 대다수의 이민자들은 정부의 보호를 받을 수 없어 매우 불안정한 생활을 이어나가야 했다. 1900년대 초 '풍요로운 땅'을 꿈꾸며 하와이의 농장으로 건너간 한인들도 하루 10시간이 넘는 노동을 견디며 정착을 위해 피땀을 흘려야 했다. 그 후 일제강점기에는 땅과 생산 수단을 빼앗긴 농민과 노동자들이 만주와 일본으로 이주하였으며, 조선 난민들과 독립운동가들 또한 중국, 러시아, 미국으로 건너가 독립운동을 전개하였다. 일본은 1932년 만주 개발을 목적으로 25만 명 정도의 한국인들을 집단 이주시켰고, 제1차 세계대전 이후 거듭된 전쟁 속에서 많은 조선인들을 일본의 광산과 전쟁터로 보냈다.

광복 후 60년대까지는 한국전쟁 전후로 발생한 전쟁 고아, 국제 결혼자, 혼혈아, 입양아, 학생 등이 입양이나 현지 정착 및 유학 목적으로 미국이나 캐나다로 이주하였다. 이후 미국 이민이 개방되면서 가족 초청 이민이 증가했는데 한국인 이민자와 그 후손들은 이 시기에 이주하여 정착한 이들이 대부분을 차지하고 있다. 당시 대한민국 정부는 한국 내의 인구 압력을 줄이고 교포들이 송금한 외화로 국가 경제를 재건하려는 목적으로 집단 이민과 계약 이민을 허용하고 권장하였기 때문에, 브라질을 비롯한 중남아메리카 국가들로의 이민 또한 늘었다. 또한 외화 벌이의 일환으로 1960년대 독일로 파견된 간호사와 광부들은 성실하게 일하며 유학생, 주재원들과 함께 이민 사회를 형성하였다. 1988년 서울 올림픽 이후 한국 경제가 호황기를 누리면서 이민을 갔다가 돌아오는 사람들이 늘었으나, 1997년 IMF 외환 위기 이후 다시 해외 이주가 증가하게 되었다.

과거 한국인들의 자발적 이주는 주로 생계를 위한 절실한 선택이었던 데 반해, 요즘 이민의 목적은 대한민국 사회의 높은 업무 강도와 치열한 경쟁에서 벗어나 여유 있는 삶을 누리거나, 본인의 노력에 합당한 대우를 받는 것 등 심리적인 만족을 꼽는 경우가 많다. 하루 종일 회사에서 일하며 인생을 보낼 바에야, 힘겨운 도전이 될지라도 노동자의 권리가 보장된 새로운 곳에서 소위 '저녁이 있는 삶'을 갖기 위해, '삶의 질'을 높이기 위해 고국을 떠나는 사람이 많아진 것이다. 국적에 구애받지 않고 자신이 원하는 삶을 찾아 도전하는 것은 아름다운 일이지만, 타국에서 완전히 다른 생활 환경에 적응하고 생존해야 하는 이민은 쉬운 일이 아니다. 언어 및 비자 문제가 없는 현지인과의 취업 경쟁, 국가간의 문화적 차이로 인한 이질감과 정체성의 혼란, 인종차별, 한국에 비해 느린 서비스와 의료 체계의 접근성 저하, 치안 문제, 다소 폐쇄적인 이민자 사회, 이민 세대 간의 갈등 등 단순히 의식주를 해결하여 살아남는 것 이외에도 극복해야 할 것들이 많다. 따라서 이민을 고려하고 있다면 철저한 준비는 필수이다.

1 윗글의 내용과 같으면 O, 다르면 X 하세요.

		O	X
1)	조선 후기 농민들은 정부의 보호 속에 러시아로 이주하였다.	O	X
2)	1900년대 하와이 농장으로 건너간 농민들은 고된 노동에 시달렸다.	O	X
3)	6.25 전쟁을 피해 많은 사람들이 해외 이민을 떠났다.	O	X
4)	과거 한국 정부는 외화를 벌어들이기 위해 이민을 권장했다.	O	X
5)	IMF 외환 위기 이후 이민자가 늘었다.	O	X

2 과거 한국인들의 이민 원인은 무엇이었나요? 그리고 현재는 어떤가요?

과거	
현재	

3 여러분이 이민을 가게 된다면 어떤 문제가 생길 것 같은가요? 그 문제를 극복하기 위해서는 어떻게 하면 좋을까요?

읽기 연습

1 다음 단어에 대한 알맞은 설명을 골라 연결하세요.

1) 주재원 • • 상대보다 힘이 약함

2) 열세 • • 일 때문에 파견되어 다른 지역에 머무르는 사람

3) 외세 • • 외부나 외국의 힘

4) 탄압 • • 특정 지역이나 시설에 갈 수 있는 가능성

5) 이질감 • • 국가, 사회의 질서가 유지되고 편안한 상태

6) 치안 • • 낯설거나 잘 맞지 않는 느낌

7) 접근성 • • 권력이나 힘으로 억지로 누름

2 보기 에서 알맞은 단어를 골라 쓰세요.

| 보기 | 부임하다 재건하다 구애받다 허용하다 권장하다 |

1) 가: 프리랜서로 일하면 어때? 내 생각엔 자유로워서 좋을 것 같은데.
   나: 글쎄, 프리랜서는 시간과 장소에 _____ 않고 마음대로 일할 수 있을 거라는 오해를 자주 받는데, 시간과 체력 관리가 쉽지 않아.

2) 현대인의 수면 시간은 갈수록 짧아지고 있지만 여러 연구에서는 7시간에서 8시간 사이를 적정 수면 시간으로 _____ .

3) 가: 이번에 새로 _____ 상사가 엄청 엄격한 분이라면서요?
   나: 네, 그래서 요즘 우리 부서 직원들이 모두 초긴장 상태예요.

4) 1970년대, 박정희 정권은 젊은이들의 자유의 표현인 긴머리와 청바지, 미니스커트를 금지하고 탄압하다가 1980년에 비로소 _____ .

5) 그는 IMF 외환 위기 때 부도가 난 공장을 _____ 밤낮으로 고생하는 부모님을 걱정시키지 않으려고 열심히 공부했다.

듣기

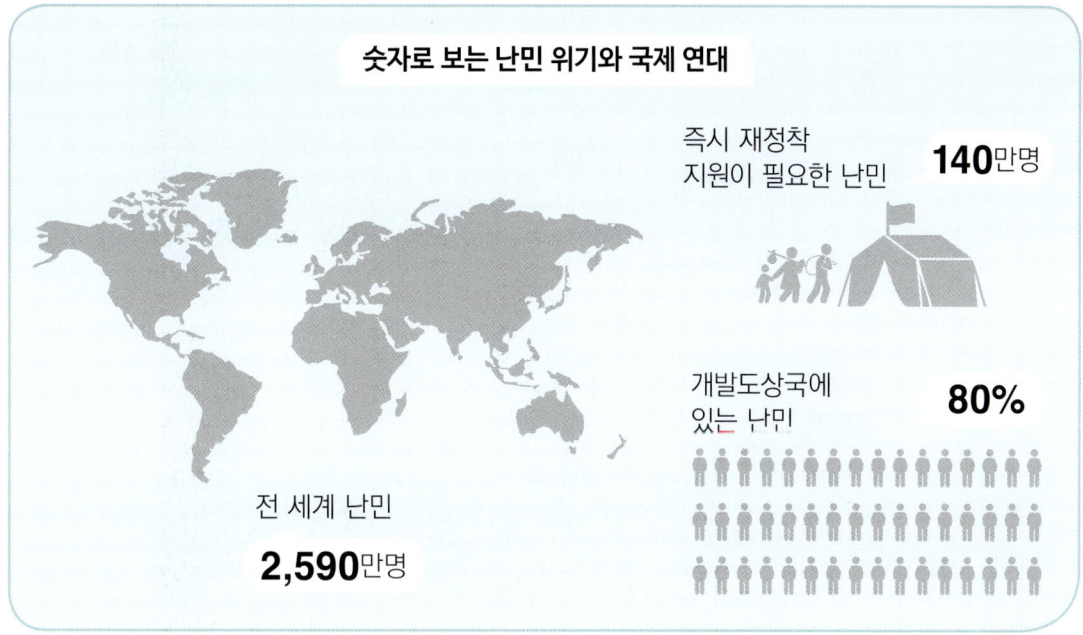

Track 8-02

1. 다음 빈칸을 채우세요.

   난민이란 일반적으로는 생계에 어려움을 겪고 있거나 전쟁이나 천재지변 등으로 곤란한 상황에 있는 이재민을 뜻한다. 그러나 최근에는 주로 1) _____(이)나 2) _____, 3) _____ 차이로 인한 박해를 피해 외국이나 다른 지방으로 집단 4) _____ 하는 사람들을 난민이라 말하고 있다.

2. 들은 내용과 다른 것을 고르세요.

   1) 난민들이 위협적인 상황에서 벗어나 안전한 타국으로 왔다고 해도 언어 장벽, 합법적인 구직 문제, 열악한 생활 환경, 심리적 문제 등 직면한 문제가 많다.

   2) 난민 수용국들 또한 한정된 자원을 자국민과 난민과 나누어야 하기 때문에 고민이 많다.

   3) 유엔난민기구는 난민들이 스스로 귀환하고자 할 때, 안전하게 돌아갈 수 있도록 여러 지원을 하고 있다.

   4) 현지 통합이란 망명 신청 국가에서 정착이 쉽지 않을 때 새로운 국가에 재정착할 수 있도록 허가하고 돕는 방법이다.

   5) 약자를 도와야 한다는 것을 알면서도 당장 현실적인 문제 때문에 도움의 손길을 내밀기를 주저하는 사람들이 많다.

난민 발생 상위 3개국

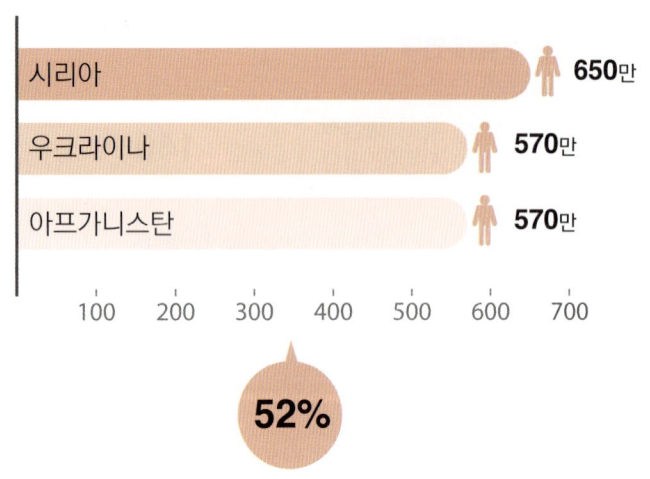

신규 난민 신청 260만건

2022년 73만 400건의 신규 난민 신청을 받은 미국이 최다 난민 신청 접수국이 되었으며, 독일(21만 7,800건), 코스타리카(12만 9,500건), 스페인(11만 8,800건), 멕시코(11만 8,800건)가 그 뒤를 이었다.

난민 보호 상위 5개국

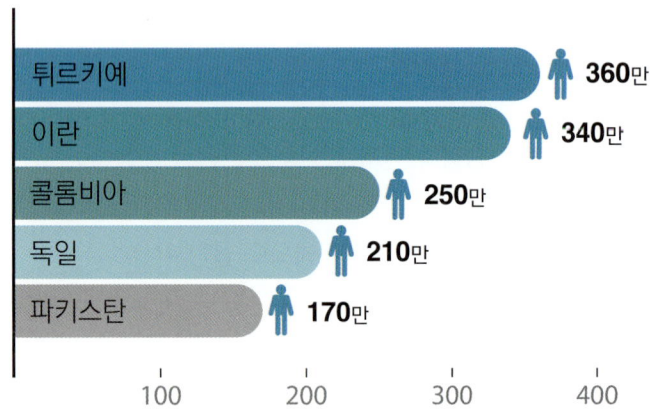

여러분 나라의 난민 현황에 대해 조사해서 정리해 봅시다.

난민 수/주요 국가	
정부의 정책	
난민들이 정착하는 데 겪는 어려움	
해결 방법	

종합 연습

1 보기에서 알맞은 표현을 골라 문장을 완성하세요.

> **보기**
>
> -거든   -(으)ㄹ 바에(야)   -(으)ㄹ 법하다
> 천재지변   주저하다   직면하다   떠들썩하다

1) 가: 요즘 이 영화가 인기가 많은 모양이네요.
   나: 네, 환경 오염 때문에 지진이나 홍수, 폭설 등 _____이/가 계속 발생하는 미래 사회 이야기인데, 힘든 상황 속에서도 서로 배려하며 이겨내려는 모습이 정말 감동적이었어요.

2) 가: 마이크 씨, 다음 달에 호주로 돌아가게 되었다면서요? 항상 밝은 마이크 씨 덕분에 회사 생활도 즐거웠는데 정말 아쉬워요.
   나: 저도 미영 씨 덕분에 한국 회사에 잘 적응할 수 있었어요. 고마워요. 다음에 호주에 올 일이 _____ 꼭 연락 주세요. 제가 안내해 줄게요.

3) 가: 과거 한국 사회에서 결혼식은 온 동네가 _____ 즐기는 큰 잔치였지만 요즘은 많이 간단해지고 조용해진 것 같아요.
   나: 핵가족과 1인 가구가 늘면서 이웃이 누구인지도 모르는 사회가 된걸요.

4) 가: 난 아침밥을 안 먹으면 공부에 집중이 안 돼서 간단하게라도 꼭 챙겨 먹고 나와야 돼.
   나: 정말? 난 아침에는 입맛이 없어서 억지로 _____ 잠이나 더 자는 게 몸 상태가 더 좋은 것 같아.

5) 가: 민주주의의 가장 큰 가치는 자유와 평등, 그리고 다른 사람들을 이해하고 인정하며 모두의 이익을 위해 함께 노력하는 것입니다.
   나: 자신의 이익만 중요하게 생각하며 남을 돕는 일은 _____ 이기적인 현대인들이 꼭 다시 한번 생각해 봐야 할 소중한 가치로군요.

6) 가: 이번 선거의 후보들은 어떤 정책을 홍보하고 있나요?
   나: 현재 우리나라가 _____ 가장 큰 문제는 저출산 문제인데요, 아이를 낳고 키우기 좋은 환경을 위한 노력을 강조하는 후보가 많았습니다.

한국 문화

한국 내 외국인 주민 현황

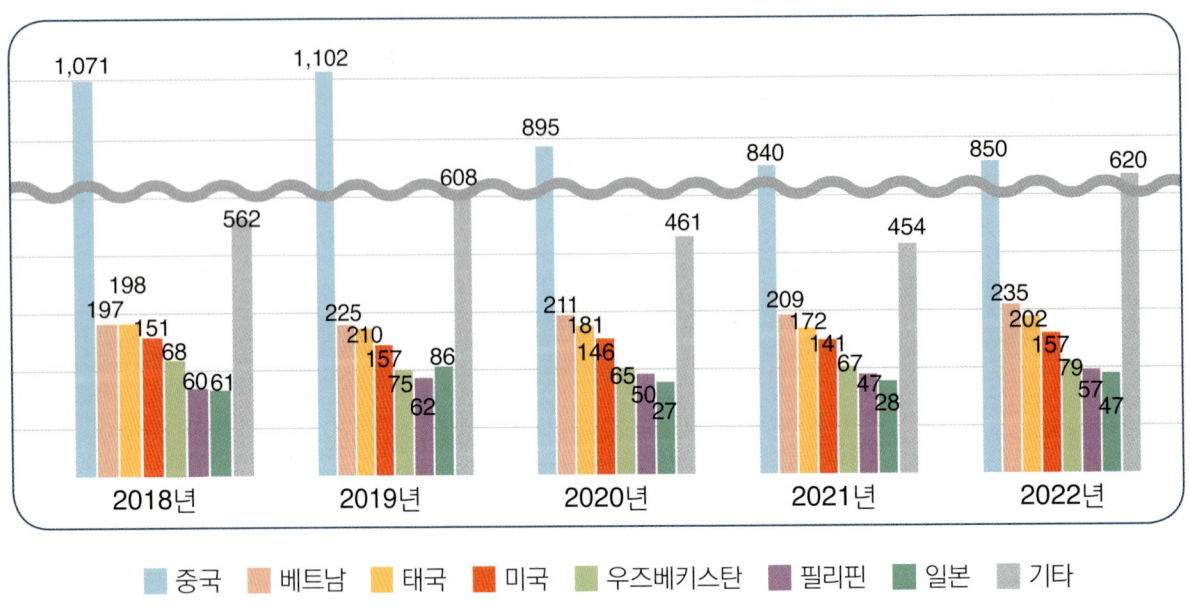

한국에 거주하는 외국인 주민은 2023년 11월 기준 약 226만 명으로 집계됐다. 총인구에서 외국인 주민이 차지하는 비중도 4.4%로 관련 통계를 발표하기 시작한 2006년 이후 역대 최고치를 기록했다. 외국인 주민은 국내 거주 90일을 초과한 외국인, 귀화자와 그 자녀를 뜻한다. 2019년 222만 명까지 증가했던 외국인 주민은 2020년부터 조금씩 줄다가 3년 만에 다시 늘었다. 유학생과 교포가 전년 대비 각각 3만 2709명(20.9%), 2만 9000명(7.9%) 늘어난 것이 전체 외국민 주민 수 증가에 큰 영향을 미쳤다는 분석이다. 국내 외국인 유학생 수는 18만 9397명으로, 통계 작성 이래 최초로 결혼이민자 수(17만5756명)를 앞질렀다. 외국인 주민 중 한국 국적을 가지지 않은 사람은 175만2346명, 한국 국적을 취득한 사람은 22만 3825명으로 집계됐다. 국내에서 출생한 외국인 주민 자녀는 28만 2077명이다. 거주 지역별로는 전국 17개 시·도에서 모두 외국인 주민 수가 증가했다. 특히 경기(3만7010명), 서울(1만5546명), 인천(1만2171명)등 수도권 거주자가 크게 늘었다.

단어 목록

어휘
- [ ] 국제기구
- [ ] 국제연합(UN)
- [ ] 국제원자력기구(IAEA)
- [ ] 경제개발협력기구(OECD)
- [ ] 유엔난민기구(UNHCR)
- [ ] 국제노동기구(ILO)
- [ ] 유럽연합(EU)
- [ ] 세계 보건기구(WHO)
- [ ] 국제 통화 기금(IMF)
- [ ] 제재
- [ ] 보장하다
- [ ] 질병
- [ ] 핵
- [ ] 연료
- [ ] 난민
- [ ] 인도적
- [ ] 귀화
- [ ] 망명
- [ ] 교포
- [ ] 국경
- [ ] 도달하다
- [ ] 이주하다
- [ ] 천재지변
- [ ] 절실하다
- [ ] 국적

문형 연습
- [ ] 진료
- [ ] 썰렁하다
- [ ] 유용하다
- [ ] 접종
- [ ] 전반
- [ ] 법률
- [ ] 따님
- [ ] 감회
- [ ] 남다르다
- [ ] 정작
- [ ] 황당하다
- [ ] 떠들썩하다
- [ ] 하다못해
- [ ] 임금
- [ ] 동결
- [ ] 실질
- [ ] 삭감
- [ ] 생명체
- [ ] 붐비다
- [ ] 불합리하다
- [ ] 대우
- [ ] 전과
- [ ] 휴강
- [ ] 배속
- [ ] 여운
- [ ] 박봉

읽기
- [ ] 살림
- [ ] 시집(을)가다
- [ ] 입대하다
- [ ] 장벽
- [ ] 열세
- [ ] 부단하다
- [ ] 장교
- [ ] 생활고
- [ ] 생계
- [ ] 탄압
- [ ] 나아가다
- [ ] 외세
- [ ] 전개하다
- [ ] 거듭
- [ ] 광산
- [ ] 혼혈
- [ ] 외화
- [ ] 재건하다
- [ ] 허용하다
- [ ] 권장하다
- [ ] 일환
- [ ] 파견
- [ ] 광부
- [ ] 주재원
- [ ] 호황
- [ ] 외환
- [ ] 합당하다
- [ ] 꼽다
- [ ] 소위
- [ ] 고국
- [ ] 구애(를)받다
- [ ] 타국
- [ ] 이질감
- [ ] 정체성
- [ ] 혼란
- [ ] 체계
- [ ] 접근성
- [ ] 저하
- [ ] 치안
- [ ] 폐쇄적이다
- [ ] 고되다

읽기 연습
- [ ] 수면
- [ ] 적정

듣기
- [ ] 개발도상국
- [ ] 박해
- [ ] 합법
- [ ] 수용
- [ ] 한정되다
- [ ] 자국민
- [ ] 귀환
- [ ] 허가
- [ ] 주저하다

memo

New Easy Korean 5B

초판인쇄	2014년 11월 10일
개정판인쇄	2024년 9월 23일
개정판발행	2024년 9월 27일
저자	Easy Korean Academy 교재 개발팀, 김명수, 전미리
감수	김현정
편집	김아영, 권이준
펴낸이	엄태상
디자인	김지연
조판	이서영
콘텐츠 제작	김선웅, 장형진
마케팅본부	이승욱, 왕성석, 노원준, 조성민, 이선민
경영기획	조성근, 최성훈, 김다미, 최수진, 오희연
물류	정종진, 윤덕현, 신승진, 구윤주
펴낸곳	한글파크
주소	서울시 종로구 자하문로 300 시사빌딩
주문 및 교재 문의	1588-1582
팩스	0502-989-9592
홈페이지	http://www.sisabooks.com
이메일	book_korean@sisadream.com
등록일자	2000년 8월 17일
등록번호	제300-2014-90호

ISBN 979-11-6734-074-0 13710

* 한글파크는 랭기지플러스의 임프린트사이며, 한국어 전문 서적 브랜드입니다.
* 이 책의 내용을 사전 허가 없이 전재하거나 복제할 경우 법적인 제재를 받게 됨을 알려 드립니다.
* 잘못된 책은 구입하신 서점에서 교환해 드립니다.
* 정가는 표지에 표시되어 있습니다.

EASY KOREAN ACADEMY

Korean language school
韩国语学院

韓国語学校
Trung tâm tiếng Hàn

SEOUL

Since 1998
이지코리안 아카데미
EASY KOREAN ACADEMY
イージーコリアンアカデミー

Writer of New Easy Korean!
The Best Academy for Korean Education!
- Located in the heart of Gangnam, Seoul
- Various, easy and fun education programs
- Professional Korean instructors
- Curriculums focused on speaking
- Kind and thorough learning management

New Easy Korean の著者!
韓国語教育の名門！
- ソウル・江南の中心に位置
- わかりやすく楽しい多様な教育プログラム
- 韓国語専門の講師陣
- 会話中心のカリキュラム
- きめ細かく徹底した学習管理

New Easy Korean的作者!
韩国语教育的名牌！
- 位于首尔江南的中心
- 简单有趣的多样化教育项目
- 韩国语专家讲师团
- 以口语为中心的课程
- 亲切而全面的学习管理

Tác giả của New Easy Korean!
Danh tiếng của ngành giáo dục Hàn Quốc!
- Nằm ở vị trí trung tâm quận Kangnam, thủ đô Seoul
- Các chương trình đào tạo đa dạng, thú vị và đơn giản
- Đội ngũ giáo viên chuyên ngành tiếng Hàn
- Chương trình giảng dạy chú trọng vào kĩ năng nói
- Quản lí việc học một cách tối đa và tốt nhất

New Easy Korean의 저자! 한국어 교육의 명문!
- 서울 강남의 중심에 위치
- 쉽고 재미있는 다양한 교육 프로그램
- 한국어 전문 강사진
- 말하기 중심의 커리큘럼
- 친절하고 철저한 학습 관리

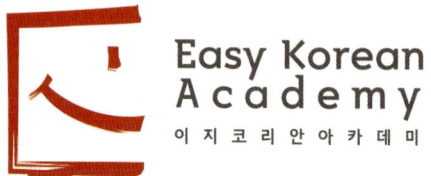

Tel: 82-2-511-9314
HP: http://www.edukorean.com   http://www.easykorean.co.kr
Instagram: https://www.instagram.com/easykoreanacademy_/
Facebook: https://www.facebook.com/easykoreanacademy/
Google Map: https://goo.gl/maps/EeeJhE4uJTP2

쉬워요 한국어

New
Easy Korean
for foreigners

Easy Korean Academy 지음

5B

● 듣기 지문
● 모범 답안
● 단어 목록
● 문형 설명

한글파크

New Easy Korean
for foreigners

Easy Korean Academy 지음

- 듣기 지문
- 모범 답안
- 단어 목록
- 문형 설명

한글파크

목차

듣기 지문　_4

모범 답안　_8

단어 목록　_23

문형 설명　_55

듣기 지문

Unit 1
Track 1-02   p.36

승리를 의미하는 'V'를 대중적으로 유명하게 만든 사람은 바로 영국의 수상 윈스턴 처칠이다. 제2차 세계대전 당시 독일의 수많은 공격을 받고도 절대 포기하지 않고 승리를 이끌었던 처칠은 사진을 찍을 때마다 손가락으로 'V'를 나타냈다. 처칠이 승리를 자신하며 'V'자 손가락을 치켜든 모습은 전 세계 신문의 헤드라인을 장식했다. 이후 'V'는 승리를 상징하는 유명한 제스처가 되었다. 그러나 이 'V' 제스처는 손의 방향에 따라 완전히 의미가 달라질 수 있으므로 주의해야 한다. 호주와 영국에서는 손등을 보이는 'V'는 승리의 의미가 아닌, 상대방을 조롱하는 의미이기 때문이다. 손등을 보이는 'V'가 부정적인 의미가 된 것은 백년 전쟁 때부터라고 말하는 사람들이 많다. 100년 전쟁은 중세 유럽에서 가장 유명한 전쟁 중 하나로, 서유럽에서 가장 넓은 땅의 왕위를 두고 두 왕조가 1337년부터 1435년까지 5대에 걸쳐 싸운 긴 전쟁이다. 당시 영국은 프랑스에 비해 군인의 수가 훨씬 적었다. 그러나 영국군은 활을 잘 쏘는 군인을 중심으로 조금씩 힘을 키워 나갔다. 프랑스군은 승리를 자신하며 영국군이 다시는 활을 쏠 수 없게 검지와 중지를 잘라버리겠다고 큰소리를 쳤는데, 결국 전쟁은 영국의 승리로 돌아가게 되었고, 영국군이 후퇴하는 프랑스군에게 멀쩡한 검지와 중지를 들어 올려 'V'를 그린 것이 조롱의 기원이 되었다고 한다.

Unit 2
Track 2-02   p.59

오늘 낮 동안 한여름 날씨를 보여 반소매 차림을 많이 볼 수 있었는데요. 전국적으로 30도 안팎까지 올라가는 곳도 많았습니다. 내일도 오늘과 비슷해 낮 동안에는 조금 덥겠습니다. 오늘 전국이 대체로 맑은 날씨를 보이는 가운데 제주도에는 약간의 비가 내리기도 했습니다. 내일도 고기압의 영향으로 전국이 대체로 맑은 날씨를 보이겠지만, 아침에는 곳곳에 짙은 안개가 끼는 곳이 많아서 안전 운전에 유의하셔야겠습니다. 아침 기온은 11도에서 19도 분포로 오늘과 비슷하겠고, 한낮의 기온은 대부분 지방이 25도를 웃돌면서 일교차가 10도 이상 나겠습니다. 서울, 전주, 광주가 26도로 한낮에는 덥고 아침, 저녁은 꽤 쌀쌀한 날씨가 이어지니 감기에 걸리지 않도록 각별히 신경을 쓰시기 바랍니다. 이와 같은 한낮의 늦더위는 당분간 계속되다가 다음 주말부터 선선한 가을 날씨를 보이겠습니다. 다음 주 초까지는 구름만 다소 끼는 대체로 맑은 날씨가 이어지겠습니다. 다음은 세계의 날씨입니다. 먼저 도쿄 보시겠습니다. 도쿄는 지금 구름이 많고 흐린 편입니다. 이렇게 종일 흐리다가 낮 한때 소나기가 내리면서 바람이 세게 불겠습니다. 흐린 날씨는 내일 오전까지 계속되다가 오후부터 개겠습니다. 최저 기온은 16도, 최고 기온은 23도입니다. 워싱턴 D.C.는 어제와 같은 따뜻한 날씨가 계속되겠지만 낮에는 28도까지 올라가 조금 덥겠습니다. 햇빛이 뜨거우므로 자외선 차단에 신경 쓰셔야겠습니다. 파리는 현재 10도인데 한낮에는 20도까지 올라가겠습니다. 오늘 파리는 비가 오다 그치다를 반복하면서 변덕스러운 날씨를 보이겠습니다. 따라서 오늘도 화창한 날씨를 기대하기는 어려울 것 같습니다. 지금까지 기상 정보였습니다.

Unit 3
Track 3-02   p.84

사회자 오늘은 한국 대학교 김희영 교수님을 모시고 한국의 경제 성장에 대한 이야기를 나눠 보겠습니다. 안녕하세요. 교수님.

김교수 안녕하세요. 초대해 주셔서 감사합니다.

사회자 한국의 경제 성장에 대해 이야기할 때 '한강의 기적' 이야기를 빼 놓을 수 없을 텐데요.

김교수 맞습니다. 한국은 세계에 유례가 없을 정도로 빠른 경제 성장을 이뤘습니다. 자본과 자원이 거의 없는 상황에서, 더구나 1950년부터 1953년까지 3년간의 전쟁으로 산업시설이 거의 폐허가 된 상태에서 이뤄낸 경제 성장을 세계는 '한강의 기적'이라고 불렀습니다.

사회자 말씀하신 대로 한국 전쟁으로 아무 기반 시설이 없던 상황에서 어떻게 경제 발전이 가능했을까요?

김교수 한국은 1960년대부터 수출을 통한 경제 발전 계획을 세워 적극적으로 추진했습니다. 처음에는 소규모 공장에서 생산한 의류, 신발, 가방 등의 경공업 제품을 주로 수출하다가, 1970년대부터 정부의 대규모 투자를 통한 대기업 중심의 수출 주도형 경제 구조를 탄생시켰죠. 현재는 휴대전화, 반도체, 자동차, 화학, 철강 등 여러 분야에서 세계적인 경쟁력을 갖추고 있으며 최근에는 음악, 게임, 웹툰 등의 문화 콘텐츠가 한국 경제를 견인하는 중요한 산업으로 떠오르고 있습니다.

사회자 한국의 수출 실적은 1960년 3,282만 달러에서 1977년 100억 달러를 돌파했으며, 2019년에는 5,422억 달러로 빠르게 늘어났습니다. 한국 전쟁이 끝났던

1953년 대한민국의 1인당 국민소득이 67달러에 불과했다니 정말 놀랍습니다.

김교수 작년 기준 1인당 국민소득이 3만 5천 달러를 넘었으니 정말 비약적인 발전이죠.

사회자 그런데 대기업 중심의 수출 주도형 경제 구조는 독단적인 재벌 경영의 문제와 대외 정치, 경제 상황에 지나치게 민감하다는 단점이 있지 않습니까?

김교수 맞습니다. 그러나 재벌의 가족 경영은 무시할 수 없는 큰 장점이 있습니다. 가족이 함께하기 때문에 절대적인 헌신과 믿음을 바탕으로 빠른 의사소통이 가능하다는 점이지요. 그러나 가족끼리만 소통을 하고 개방적인 태도를 유지하지 못한다면 쉽게 경쟁력을 잃을 수 있습니다. 한국 기업들이 앞으로도 계속해서 발전해 나가기 위해서는 한국 기업만이 가진 장점을 살리고, 단점을 극복할 수 있는 경영 방식이 필요합니다.

Unit 4
Track 4-02   p.109

윷놀이는 한국인들이 설날, 추석과 같은 명절에 즐겨 하는 민속놀이로 한 팀에서 2, 3개의 말을 사용해서 이 말들이 판을 빨리 돌아서 먼저 나가는 팀이 이기는 게임이다. 판을 나가는 방법은 크게 네 가지로 나눌 수 있는데 말이 큰 원에서 한 번 멈춰야 지름길로 갈 수 있다. 각각의 말들은 따로따로 가도 되고 같이 가도 된다. 같이 가는 것을 '업는다'라고 한다. 말을 업으면 빨리 갈 수 있지만 다른 팀에 두 개 이상의 말이 한꺼번에 잡힐 수도 있기 때문에 위험성도 크다. 한 팀에서 한 사람씩 돌아가면서 윷을 던지는데 윷이나 모가 나왔을 때, 다른 팀의 말을 잡았을 때는 한 번 더 던진다. 그러므로 만약 윷이나 모로 다른 팀의 말을 잡았을 때는 두 번 더 던지게 된다. 윷놀이는 기원전 2333년 고조선 때부터 시작된 것으로 보고 있는데, 농경 사회의 주요 가축인 말, 소, 양, 개, 돼지를 보고 윷놀이를 만든 것으로 보인다. 다섯 마리의 가축 중 보폭이 가장 작은 돼지는 1칸, 보폭이 가장 큰 말은 5칸까지 전진하는 규칙을 만든 것이다. 또한 네 개의 윷 중 하나에만 특별한 표시를 하는데, 그 윷으로 도가 나왔을 때는 뒷도라고 한다. 다른 도처럼 1칸 이동하지만 진행 방향 반대로, 뒤로 가야 하기 때문에 뒷도라고 부른다. 윷놀이처럼 막대기 4개를 던져 노는 민속놀이는 다른 나라에서도 종종 발견되는데 그 예로 멕시코의 '꾸일리치' 놀이나 인도의 '바레바레' 놀이 등이 있다.

Unit 5
Track 5-02   p.133

육아휴직을 내고 주부가 된 아빠가 있다. 인천에 사는 김시훈 씨다. 시훈 씨의 아침은 오전 7시, 출근하는 아내의 아침 식사를 차려 주는 것으로 시작한다. 그 후 큰아이를 깨워 어린이집으로 보낸 뒤 돌이 막 지난 막내의 아침밥을 먹인다. 설거지를 하고 집안 청소와 빨래를 모두 마치는 시간은 오전 10시. 막내를 낮잠 재우고 나면 비로소 하루 중 유일한 자신만의 휴식 시간이 생긴다. 막내가 낮잠에서 깨면 간식을 챙겨 먹이고 동네 산책을 나간다. 오후 4시에 막내가 다시 낮잠을 자면 저녁 식사 준비를 시작한다. 아내가 퇴근하는 길에 어린이집에 가서 첫째를 데리고 집에 오면 온 식구가 함께 아빠가 준비한 저녁 식탁에 둘러앉는다. 시훈 씨의 직업은 공무원. 1년간 육아휴직을 냈다.

"아내는 교사인데 출산과 육아 때문에 3년 6개월 육아휴직을 했어요. 아이를 위해 어쩔 수 없었지만 그래도 좀 미안했죠. 아내는 교사가 참 적성에 맞는 사람이거든요. 그래서 이번에는 제가 육아휴직을 냈어요."

처음 집안일을 시작했을 때, 요리를 해 본 적이 없는 시훈 씨는 매일 똑같은 요리만 해야 했다. 이제는 제법 익숙해져 냉장고에 있는 재료만 가지고도 여러 가지 음식을 만들어 낼 수 있는 수준에 이르렀다. 남편이 만든 밥을 먹으며 아내는 "요즘 정말 행복해, 여보, 너무 맛있어"라는 칭찬을 아끼지 않는다. 아이들도 시훈 씨가 만든 요리를 맛있어 한다. 가끔 요리를 해 이웃들을 초대하기도 한다. 처음 시훈 씨가 육아휴직을 하겠다고 했을 때 주변의 반응은 어땠을까? 동료들은 걱정하는 분위기였지만 가족은 오히려 시훈 씨를 응원했다. 막내인 시훈 씨에게 누나들은 "시대가 달라졌으니 너도 육아휴직을 해야 한다"며 응원했고, 누나들 덕분인지 부모님 역시 걱정은 하셨지만 반대는 하지 않으셨다. 하지만 시훈 씨는 주부로서의 생활이 그다지 만족스럽지 않다.

"전업 주부가 된 후 일상이 무기력해지고 사소한 일에 짜증이 나요. 평소 같으면 화낼 만한 일이 아닌데 화내고 있는 나를 발견하곤 해요. 예를 들면 양말을 뒤집어 벗어 놓는 것 같은 거죠. 남편에게 잔소리하는 아줌마들이 이해되기 시작했어요. 저는 이 주부 생활이 1년으로 기간이 정해져 있고 아내가 계속 칭찬해 주니 할 만하지만 대부분의 주부들은 그렇지 않잖아요. 아무리 열심히 일해도 적절한 보상이나 칭찬이 없으니 얼마나 힘들까 싶어요."

시훈 씨는 '집안일 스트레스'에서 벗어나기 위해 자신만의 공간을 하나 만들었다. 아내와 아이들의 저녁을 차려 주고 설거지를 끝낸 후엔 그 공간에서 휴식 시간을 갖는다. 그는 행복한 가정을 만들기 위한 조언을 남겼다.

"그동안 집안일이나 육아는 엄청난 노동 강도에 비해 제대로 된 평가를 받지 못한 것 같습니다. 꼭 전업주부가 아니더라도, 가정에서 집안일이나 육아를 하게 되면 서로 더 적극적으로 긍정적인 반응을 보여 주는 것이 아주 중요하다고 생각해요. 가족 구성원이 가사 노동이나 육아를 하는 것에 대해 자부심을 느낄 수 있도록 늘 칭찬해 주고 격려해 주면 훨씬 덜 힘들 것 같아요. 가끔씩 주부에게 자기만의 시간을 주는 것은 필수죠."

Unit 6

Track 6-02   p.158

민주주의란 모든 국민이 나라의 주인으로서 권리를 갖고, 그 권리를 자유롭고 평등하게 펼칠 수 있는 정치 방식이다. 모든 국민이 정치에 참여할 수 있으며 대표자를 선택할 수 있고, 정부가 하는 일을 비판할 수 있으며, 누구나 자유롭게 자신의 의견을 표현할 수 있다. 그러나 대한민국 초대 대통령이었던 이승만은 대한민국은 민주주의의 국가라고 말하면서 계속 헌법을 바꾸어 12년 동안 장기 집권하였고 부정 선거를 벌였다. 이에 분노한 전국의 시민들이 부정 선거를 비판하는 항의 시위를 벌였는데, 시위에 참여한 고등학생 김주열이 사망한 사건을 계기로 시민들의 분노는 폭발했다. 1960년 4월 19일, 많은 학생들과 시민들이 거리로 나와 시위를 벌였고, 이 4.19 혁명을 통해 이승만은 대통령직을 그만두게 되었다. 그러나 1년도 지나지 않아 군인이었던 박정희가 5.16 쿠데타를 일으켜 대통령이 되었고 또다시 18년 동안 장기 집권했다. 1979년 10월 16일부터 10월 20일까지 부산과 마산의 학생, 시민들이 거리로 나와 독재를 거부하며 민주주의를 요구하는 격렬한 시위를 벌였는데, 이를 부마항쟁이라고 한다. 결국 박정희 대통령은 이들을 무력으로 진압하려 하다가 진압 방법을 놓고 의견 차이를 보이던 부하에 의해 1979년 10월 26일 살해당했다. 그 후 1979년 12월 12일 군인 전두환이 또다시 쿠데타를 일으켜 박정희의 뒤를 이어 권력을 잡았고, 1980년 광주에서 이를 반대하는 5.18 민주화 운동이 일어났다. 전두환은 군인들을 광주로 보내 무력 진압을 하였고, 외부에는 철저하게 정보를 숨기거나 속였다. 당시 위험을 무릅쓰고 광주로 들어가 취재를 해 방송에 내보낸 독일 기자에 의해 5.18 민주화 운동은 세상에 알려졌지만, 전두환은 결국 광주 시민들을 진압하고 개헌을 통해 대통령이 되었다. 그리고 1987년, 전두환은 자신의 장기 집권을 위해 대통령 간접 선거제를 유지하려 하였고, 자신들의 손으로 직접 대통령을 뽑기를 원했던 국민들은 다시 거리로 나와 6월 항쟁이라 불리는 시위를 벌였다. 전국에서 일어난 시위의 열기에 결국 대통령 선거는 직접 선거제로 바뀌었고, 이 사건을 계기로 한국은 정치적 자유와 언론의 자유를 얻기 시작했다. 한때 영국의 언론은 한국에서 민주주의가 자리를 잡는다는 것은 쓰레기통에서 꽃이 피는 것보다 어려운 일이라고 평가한 적이 있었으나, 한국의 국민들은 기나긴 독재 속에서도 끊임없이 민주주의를 요구하였고, 결국 스스로의 힘으로 손에 넣을 수 있었다. 현재의 우리가 누리고 있는 이 자유는, 많은 사람들의 희생에서 태어난 것이라는 점을 잊지 말아야 할 것이다.

Unit 7

Track 7-02   p.185

한국에서는 기원전 4세기부터 술을 빚기 시작했는데 삼국 시대에는 이미 발효 기술이 발달하여 술을 소금과 함께 각종 채소를 절이는 데 사용했다고 한다. 고려 시대에는 중국을 통해 곡류를 이용한 술을 빚는 법이 전해져 인삼, 쑥, 꽃 등의 향을 가미한 술이 다양하게 발전했고, 조선 시대에는 각 지방과 가정에 따라서 다양한 양조 방법이 개발되면서 전통주의 전성시대를 맞았다. 전통주는 술의 색깔에 따라 탁주와 청주, 증류 유무에 따라 약주와 소주로 분류하고 술을 빚는 횟수에 따라 분류하기도 한다. 기온이 높은 여름에는 미생물의 활동이 활발하기 때문에 고두밥, 누룩, 물을 잘 섞어 항아리에 넣고 1~2주 정도 발효한 후 바로 술을 거른다. 그러나 기온이 떨어지는 봄, 가을이 되면 미생물의 활동이 적어지므로 먹이가 되는 쌀을 더 첨가해야 안정적으로 술을 빚을 수 있다. 추운 겨울에는 고두밥을 세 번까지 추가하기도 한다. 겨울뿐만 아니라 다른 계절에도 두세 번 고두밥을 더 넣어 술을 빚을 수 있는데, 이 경우 알코올 도수가 높으면서 향이 깊은 술을 만들 수 있다.

한국의 대표적인 전통주인 막걸리는 '금방 막 거른 술'이라는 뜻으로 한 번만 발효를 하고 바로 걸러낸 신선한 술이라는 의미이다. 막걸리는 술 빛깔이 흐리고 탁하다는 뜻에서 탁주라고도 부르고. 농촌에서 일할 때 자주 먹었다고 해서 농주라고도 부른다. 농촌에서 먹던 막걸리가 도시에서도 대중적인 술로 인기를 얻으면서 파전과 막걸리만 전문으로 하는 가게들도 많아졌고, 고급스러운 안주와 함께 막걸리를 파는 곳도 생겼다. 그런데 가게에 가 보면 막걸리와 동동주를 동시에 파는 곳이 많다. 막걸리와 동동주는 모두 쌀과 누룩, 물을 넣고 발효시킨 술인데, 엄격히 구분하자면 1~2주 정도 발효를 한 후 밥이 동동 뜨는 윗부분이 동동주, 며칠 더 발효를 한 후 맑은 부분만 따로 뜬 것이 청주, 동동주와 청주를 떠내고 남은 술의 찌꺼기를 걸러낸 것이 막걸리라고 한다. 그러나 최근 가게에서는 막걸리를 동동주라는 이름으로 판매하는 경우가 많다. 어차피 막걸리와 동동주는 만드는 재료와 과정이 비슷하고, 동동주라는 발음이 더 경쾌하고 듣기 좋아 혼용하여 사용하게 된 것으로 보인다. 최근에는 막걸리가 맛도 좋고 건강에도 좋다는 이유로 제2의 전성시대를 맞으면서 청주를 만들고 남은 찌꺼기로 막걸리를 생산하던 기존 방식에서 벗어나 막걸리만을 심혈을 기울여 빚는 양조장들이 많이 생겼다. 때문에 예전의 소박하고 편안한 느낌의 막걸리뿐만 아니라 고급스럽고 세련된 느낌을 강조하는 막걸리 제품도 늘고 있다.

Unit 8

Track 8-02   p.209

사회자 오늘은 유엔난민기구의 최서윤 대표님을 모시고 이야기를 나눠 보겠습니다. 우선 난민의 정확한 의미에 대해 설명 부탁드립니다.

최대표 난민이란 일반적으로는 생계에 어려움을 겪고 있거나 전쟁이나 천재지변 등으로 곤란한 상황에 있는 이재민을 뜻합니다. 최근에는 주로 인종이나 종교, 정치적 차이로 인한 박해를 피해 외국이나 다른 지방으로 집단 망명하는 사람들을 난민이라 말하고 있습니다.

사회자 현재 난민은 얼마나 발생하고 있나요?

최대표 1950년 유엔난민기구가 설립된 후 지난 70여 년간 적어도 매년 160만 명의 난민이 발생했으며, 1982년 이후 등록되는 난민의 수는 매년 1천만 명이 넘습니다. 난민들이 위협적인 상황에서 벗어나는 것은 그저 시작에 불과합니다. 언어 장벽과 합법적인 일자리를 얻을 수 없는 것, 열악한 생활 환경, 심리적 문제 등 직면할 문제가 많지요. 난민 수용국들 또한 한정된 사회 자원을 자국민과 나누어야 하기 때문에 고민이 많을 수밖에 없습니다.

사회자 그렇다면 난민 문제 해결책에는 어떤 것이 있을까요?

최대표 현재 유엔은 난민에 대한 해결책을 크게 세 가지로 보고 있는데, 첫째는 자발적 귀환입니다. 유엔난민기구는 난민이 스스로 고국에 돌아가고자 할 때, 안전하게 돌아갈 수 있도록 교통편을 제공하고, 재정착 할 수 있도록 지원하고 있습니다. 두 번째 해결책은 난민이 집을 떠나 정착한 곳에서 계속 머무르는 것이 허가되는 현지 통합입니다. 마지막 방법은 고국에 돌아갈 수도, 망명 신청 국가에서 정착을 할 수도 없는 상황일 때 새로운 국가에 재정착할 수 있도록 지원하는 것입니다.

사회자 많은 사람들은 당연히 약자를 도와야 한다는 것을 알면서도, 당장 현실적인 문제 때문에 도움의 손길을 내밀기를 주저하고 있는 것 같은데요.

최대표 우리가 타인의 삶을 완벽하게 지킬 수는 없겠지만, 적어도 더 약한 사람을 미워하거나 폭력적인 태도를 보일 필요는 없지요. 따뜻한 마음으로 난민의 정착을 응원하고 지켜보는 태도를 갖는 것만으로도 그들에게는 큰 힘이 됩니다. 난민을 위험한 대상이 아닌, 어려움을 겪고 있는 이웃으로 생각한다면 난민 문제는 반 이상은 해결된 셈입니다.

모범 답안

Unit 1

어휘 p.20

1.
1) 풍습
2) 인종
3) 인류
4) 전통
5) 의사소통
6) 의식주

2.
1) 손으로 턱을 괴다
2) 허리를 굽히다
3) 팔짱을 끼다
4) 다리를 꼬다
5) 무릎을 꿇다
6) 이마를 맞대
7) 주먹을 쥐
8) 손가락으로 가리키

문형 연습

동사 + -(으)ㄴ/는 반면에
형용사 + -(으)ㄴ 반면에
명사 + -인 반면에 p.22

STEP 1

1) 우리 형은 공부를 잘하는 반면에 운동을 잘 못한다.
2) 한국은 쌀이 주식인 반면에 유럽은 밀가루가 주식이다.
3) 그 회사는 월급이 많은 반면에 야근을 많이 시킨다.

STEP 2

1) 관광업계의 매출은 감소했다.
2) 한국을 찾은 외국인 관광객은 늘었다.

동사/형용사 + -기 마련이다
명사 + -(이)기 마련이다 p.25

STEP 1

1) 건강해지기 마련이다.
2) 유창하기 마련이다.
3) 경제가 활성화되게 마련이다.
4) 밝혀지기 마련이다.
5) 변하게 마련이다.

STEP 2

1) 벌을 받기 마련이다.
2) 고민도 많기 마련이다.
3) 고향이 그립게 마련이다.
4) 성공하게 마련이다.
5) 지식이 쌓이기 마련이다.

동사 + -(느)냐에 따라(서)
형용사 + -(으)냐에 따라(서)
명사 + -에 따라(서) p.27

STEP 1

1) 왜 한국어를 배우느냐에 따라서 선택하는 교재가 달라져요.
2) 얼마나 좋은 상품을 개발하느냐에 따라서 돈을 벌 수도 있고 파산할 수도 있다.
3) 20대에 누구를 만나느냐에 따라서 인생이 결정될 수 있다.
4) 외국어 실력이 좋으냐 나쁘냐에 따라서 인간관계의 폭이 달라진다.

STEP 2

1) 열심히 공부하느냐에 따라
2) 어디에서 결혼하느냐에 따라서
3) 어떤 선택을 하느냐에 따라서
4) 실력에 따라서
5) 지역에 따라서

읽기 p.32

1. 제스처, 차이가 있다.

2. 3)

3.
1) 한국: 부정, 인도: 긍정
2) 중국: 8, 독일: 2
3) 한국: 2, 프랑스: 평화
4) 티베트: 인사, 한국: 실례

읽기 연습 p.34

1.
1) 엄지
2) 검지
3) 중지

2.
1) 간혹(때때로, 때로는) — 자주
2) 특이하다 — 보통이다
3) 내밀다 — 구부리다
4) 풍부하다 — 부족하다
5) 펴다 — 구부리다
6) 속하다 — 제외되다

(연결: 간혹—자주, 특이하다—보통이다, 내밀다—구부리다, 풍부하다—부족하다, 펴다—구부리다, 속하다—제외되다, 넣다)

3.
1) 수단
2) 추측
3) 산악인
4) 인종
5) 실화
6) 승리
7) 스파이
8) 의사
9) 평화

듣기 p.36

1.
1) 승리의 상징
2) 상대를 조롱하는 의미

2. 3)

종합 연습 p.38

1.
1) 젊음
2) 불길하다
3) 고개를 저었어요, 고개를 끄덕이
4) 무려
5) 일반적인
6) 문화권

2.
1) 끄덕여요
2) 숙여서
3) 괴고
4) 가리키는
5) 흔들면서
6) 끼고

3.
1) 사용하는 반면에
2) 특이한
3) 에 의하면
4) 있기 마련이다
5) 때로는
6) 풍부하게

JUMP PAGE p.40

1.
최근 뉴스에 의하면 내년 상반기 물가가 3% 정도 오를 것이라고 한다. 어제 인터넷에서 본 내용에 따르면 다음 달 해외 콘서트를 계획하고 있는 한국 가수가 많다고 한다. 일기예보에 의하면 내일부터 장마가 시작된다고 한다.

2.
1) 부모님께는 영양제라든지 인삼 같은 건강에 좋은 선물이 좋을 것 같다.
2) 해운대라든지 송정 같은 해수욕장이 유명하다.

3.
1) 플라스틱으로 인한 환경 오염이 심각하다.
2) K-POP의 유행으로 인해서 한국 문화에 대한 관심이 커졌다.

4.
1) 일론 머스크의 자산은 무려 253조 원이다.
2) 세계에서 가장 작은 나라인 바티칸 시국의 인구는 불과 800명 정도이다.

Unit 2

어휘 p.46

1.
1) 찜통더위
2) 불볕더위
3) 강수량
4) 꽃샘추위
5) 천고마비
6) 한파
7) 적설량
8) 열대야
9) 저기압

2.
1) 후텁지근하다, 무덥다 예) 후텁지근해서, 무더워서
2) 포근하다 예) 포근하다
3) 선선하다 예) 선선해서
4) 기승을 부리다 예) 기승을 부려서
5) 쌀쌀하다 예) 쌀쌀한
6) 화창하다 예) 화창해서

동사 + -(ㄴ/는)다니(요)
형용사 + -다니(요)
명사 + -(이)라니(요)
　　　　-았/었/했다니(요)
　　　　-다니/라니/자니/냐니(요)　　　　p.48

STEP 1
1) 잘 안 오다니요.
2) A팀이 우승을 했다니요.
3) 포근해졌다니요. 놀러가자니요.
4) 뭐 했냐니요.

STEP 2
1) 30번이라니요!
　　30번이나 당첨됐다니요. 한 번도 당첨되기 힘든데요.
2) 인원 감축이라니요. 너무 불안한데요.
　　실적이 20%나 떨어졌다니요. 상황이 너무 안 좋네요.
3) 한국 사람들이 매운 음식을 안 먹(는)다니 말도 안 돼요.
4) 네? 순대 1인분에 10만 원이라니요?

동사/형용사 + -기(는) 틀리다　　　　p.50

STEP 1
1) 차가 막혀서 제시간에 도착하기는 틀렸네요.
2) 일이 밀린 걸 보니 오늘도 집에 일찍 가기는 틀렸어요.
3) 비가 와서 등산가기 틀렸네요.
4) 사람이 많아서 빨리 먹기는 틀렸어요.

STEP 2
1) 받기 틀린 것 같아요.
2) 취직하기 틀렸어요.
3) 맛있기는 틀렸네.

동사/형용사 + -(으)ㄹ걸(요)
명사 + -일걸(요)　-았/었/했을걸(요)　　　　p.52

STEP 1
1) 쌀쌀해질걸요.
2) 후텁지근할걸요.
3) 포근해질걸요.
4) 열대야일걸요.
5) 화창할걸요.

STEP 2
1) 못 올걸요.
2) 퇴근했을걸.
3) 6시 정도까지 할걸요.
4) 방송을 안 할걸요.
5) 여기 근처일걸요.

읽기　　　　p.57

1.
1) 비바람
2) 빗방울
3) 일조량이
4) 신진대사를

2. 3)

읽기 연습　　　　p.58

1.
1) 마케팅 — 물건을 잘 팔기 위한 조사나 광고.
2) 주류 — 술의 종류.
3) 해당 — 관계된 어떤 것, 조건에 맞는 것.
4) 일반적 — 보통. 많은 경우에.
5) 대비 — 두 가지의 차이를 알기 위해 서로 비교함

2.
1) 데우다 — 음식을 따뜻하게 하다
2) 꺼리다 — 피하거나 싫어하다
3) 처지다 — 의욕이나 기운이 없다
4) 진열하다 — 여러 사람에게 잘 보이게 물건을 놓다

3.
1) 완화할
2) 무의식중에
3) 유도하
4) 흡사해서

듣기 p.59

1. 3)

2.
1) 차림
2) 안팎
3) 유의하
4) 분포
5) 웃돌
6) 각별히

3. 2)

종합 연습 p.61

1.
1) 영향권
2) 열대야, 잠을 설치는
3) 기승을 부릴
4) 날이 갠
5) 후텁지근한, 강수량

2.
1) 대비
2) 진열하
3) 튀어서
4) 신규 가입
5) 평년
6) 연상 작용

3.
1) 변덕스러운
2) 최고 기온
3) 선선해
4) 힘들걸요
5) 가뭄
6) 내기는 틀렸어요
7) 휴가를 포기하다니요

JUMP PAGE p.63

1.
1) 마른 하늘에 날벼락이다
2) 비 온 뒤에 땅이 굳는다
3) 번갯불에 콩 구워 먹듯 하다
4) 가랑비에 옷 젖는 줄 모른다

2.
1) 설상가상
2) 청천벽력
3) 오리무중
4) 우후죽순
5) 풍전등화

3.
1) 우후죽순
2) 오리무중
3) 번갯불에 콩 구워 먹듯 하네요!
4) 가랑비에 옷 젖는 줄 모른다
5) 비 온 뒤에 땅이 굳는다
6) 설상가상이었
7) 마른 하늘에 날벼락이야? 청천벽력(같은 말)이야?
8) 풍전등화

Unit 3

어휘 p.70

1.
1) 적금
2) 예금
3) 주식
4) 펀드
5) CMA
6) 미술품 투자
7) 금
8) 부동산

2.
1) 분양가, 매매가
2) 수익성, 안정성
3) 사채
4) 환율
5) 대출, 이자
6) 주가

형용사/동사 + -(으)ㄴ/는 것만 못하다
명사 + -만 못하다 p.72

STEP 1

1) 등록을 안 한 것만 못하다.
2) 가족이 가까운 동료나 친구만 못하다.
3) 여행을 안 하는 것만 못하다. 집에서 쉬는 것만 못하다.
4) 운동하고 과식을 할 거라면 운동을 안 하는 것만 못하다.

STEP 2

1) 예전만 못해요.
2) 1편만 못해요.
3) 고백을 안 한 것만 못해요.
4) 전만 못해서

STEP 3

1) 열 번 듣는 것이 한 번 보느니만 못하다.: 간접 경험보다는 직접 경험이 효과적이다.
2) 넘치면 부족한 것만 못하다.: 너무 많으면 오히려 부족한 것보다 좋지 않다.
3) 먼 친척이 가까운 이웃만 못하다.: 멀리 있는 가족이나 친척보다 가까운 곳에 사는 친구가 실질적으로 도움이 된다는 의미.
4) 가다 말면 안 가느니만 못하다.: 하다가 포기하면 차라리 시작을 안 하는 게 낫다는 뜻.
5) 천만 재산이 서투른 기술만 못하다.: 돈이 많은 것보다 기술이 있는 것이 중요하다.
6) 열 자식이 부부만 못하다.: 자식보다는 배우자가 더 의지, 도움이 될 때가 있다는 뜻.
7) 뛰다 말면 안 뛴 것만 못하다.: 중간에 포기할 거면 아예 시작을 안 하는 게 낫다.

동사 + -다가는 p.75

STEP 1

1) 어두운 곳에서 핸드폰을 보다가는 눈이 나빠질 거예요.
2) 서두르다가는 다칠 수 있으니까 조심해요.
3) 음식을 급하게 먹다가는 체할 거예요.
4) 공부를 게을리 하다가는 시험에 떨어질 거야.
5) 불경기가 계속되다가는 가게 문을 닫아야 할지도 몰라요.

STEP 2

1) 집값이 계속 오르다가는 평생 내집 마련을 못 할지도 모르겠어요.
2) 이렇게 가다가는 노인 문제가 심각해질 것 같아요.
3) 그렇게 운동하다가는 오히려 건강이 나빠질 것 같아요.
4) 동영상에만 의존하다가는 짧은 글도 이해하지 못하게 될까 봐 걱정이에요.

동사 + -(으)ㄴ/는 김에 p.78

STEP 1

1) 간 김에
2) 예매하는 김에
3) 출장 가는 김에
4) 끓는 김에
5) 우체국에 가는 김에
6) 핸드폰을 사는 김에
7) 근처에 온 김에

STEP 2

1) 마트에 가는 김에 라면 좀 사다 줄래?
2) 끓이는 김에 두 개 끓여서 같이 먹자!
3) 그럼 가는 김에 부산 관광도 해 보세요.
4) 산책시키는 김에 우리 강아지도 좀 같이 데리고 가 줘.
5) 커피 사는 김에 제 것도 좀 사다 주실래요?
6) 고향에 가는 김에 고향 특산품도 좀 사 오세요.

STEP 3

1) 떡 본 김에 제사 지낸다.: 우연히 좋은 기회가 와서 하려고 했던 일을 해치운다는 의미.
2) 엎어진 김에 쉬어 간다.: 실패나 위기가 오히려 다음 일을 잘 할 수 있는 재충전의 시간이 될 수 있다는 뜻.
3) 화난 김에 돌부리 찬다.: 엉뚱한 곳에 화풀이한다는 의미.

말하기 p.80

식비	쌀값, 반찬값
교통비	주유비, 지하철 요금
경조사비	축의금
문화비	영화 관람료, 놀이공원 입장료
교육비	등록금, 학원비

세금	자동차세
의료비	병원비, 약값
주거비	관리비
저축, 보험	적금, 자동차 보험료

읽기 p.82

1.
가. 희망을 대출해 드립니다. '마이크로 크레디트'
　　　　　　　　　　　　　　　　　　　- 3번 뉴스
나. 한국 은행 기준 금리 인하 결정. 경제 활성화에 도움 될까?
　　　　　　　　　　　　　　　　　　　- 2번 뉴스
다. 계속 빚 쌓이는 시한 폭탄, 심각한 가계 대출 상황
　　　　　　　　　　　　　　　　　　　- 1번 뉴스

2. 2)

3. 1)

읽기 연습 p.83

1.
1) 소액 — 고액
2) -에 달하다 — 갚다
3) 빈곤하다 — -에 불과하다
4) 대출하다 — 적자
5) 흑자 — 부유하다

2.
1) 대출, 담보
2) 제도
3) 실현
4) 학자금, 창업
5) 약관
6) 제시

듣기 p.84

1.
1) 1950년부터 1953년까지
2) 67
3) 2019

2. 4)

쓰기 p.85

1.
1) 남의 떡이 더 커 보인다 — 상대적 빈곤
2) 입에 겨우 풀칠만 하다 — 절대적 빈곤
3) 재주는 곰이 넘고 돈은 주인이 번다 — 불공정 분배
4) 가난 구제는 나라도 못한다 — 복지 정책의 한계
5) 외상이면 소도 잡아먹는다 — 과소비

종합 연습 p.86

1.
1) 가는 김에
2) 금리
3) 이자율이 낮아지다가는, 가다가는
4) 주식
5) 수익성이
6) 안정성
7) 안 하느니만 못해요

2.
1) 남의 떡이 커 보이
2) 외상이면 소도 잡아 먹는다
3) 입에 겨우 풀칠만 하
4) 열 번 듣는 것이 한 번 보느니만 못하다
5) 먼 친척이 가까운 이웃만 못하다, 떡 본 김에 제사 지낸다
6) 가난 구제는 나라도 못한다

Unit 4

어휘 p.94

1.
1) 덕담
2) 민족(의)대이동
3) 세배
4) 귀성
5) 역귀성
6) 조상

2.
1) 송편을 빚으며
2) 교통 체증이 극심하다.
3) 제사를 지내고, 차례를 지낸다.
4) 성묘를 하는
5) 쇠었어요

동사 + -기(가) 무섭게 p.96

STEP 1
1) 끝나기가 무섭게
2) 도착하기가 무섭게
3) 꺼내기가 무섭게
4) 받기 무섭게
5) 따르기가 무섭게
6) 얘기하기가 무섭게

STEP 2
1) 시작하기가 무섭게
2) 말하기가 무섭게
3) 만들기가 무섭게
4) 출시되기가 무섭게

동사/형용사 + -았/었/했으면 하다
명사 + -이었/였으면 하다 p.99

STEP 1
1) 회사가 가까웠으면 해요, 회사 근처로 이사를 했으면 해요.
2) 혼자 살았으면 해요, 전세가 쌌으면 해요.
3) 한국어 실력이 좋아졌으면 해요.
4) 우리 선수들이 부상 없이 좋은 성적을 거두었으면 해요.

STEP 2
1) 좋은 결과가 있었으면 해요.
2) 거두었으면 해요.
3) 좋았으면 해요.
4) 좀 쉬었으면 해요, 고향에 갔으면 해요, 배가 고파서 뭘 좀 먹었으면 해요.

STEP 3

소망	풍습
1) 나쁜 귀신이 집에 들어오지 않았으면 하다. 겨울 동안 건강했으면 하다.	동지에 팥죽을 먹는다.
2) 한 해 동안 건강했으면 하다.	대보름에 부럼을 먹는다.
3) 시험에 합격했으면 하다.	시험 전에 머리나 손톱을 깎지 않고 미역국을 안 먹는다.

동사/형용사 + -다(가) 보니(까)
명사 + -(이)다(가) 보니(까) p.101

STEP 1
1) 한국의 명소에 대해 찾다 보니까 서울의 여러 장소를 알게 됐어요.
2) 한국어를 배우다 보니까 한국 문화도 알게 됐어요.
3) 사람 만나는 걸 좋아하다 보니까 친구가 많이 생겼어요.
4) 업무가 힘들다 보니까 스트레스를 꽤 받는다.
5) 이름이 발음하기 어렵다 보니까 사람들이 기억을 못 한다.
6) 경치가 아름답다 보니까 관광객들이 많이 찾는다.
7) 남자친구가 태국사람이다 보니까 태국어를 배우게 됐어요.

STEP 2
1) 보다 보니까
2) 일하다 보니까, 운동을 하다 보니까
3) 핸드폰을 보다 보니까
4) 바쁘다 보니까
5) 춥다 보니까

읽기 p.106

1.
(가) 명절의 의미와 한국의 3대 명절
(나) 설날의 의미와 하는 일
(다) 단오의 의미와 하는 일
(라) 추석의 의미와 하는 일
(마) 명절의 현대적 의미

2. 설날, 단오, 추석에 대해 아래 표에 정리하세요.

	설날	단오	추석
날짜	음력 1월 1일	음력 5월 5일	음력 8월 15일
하는 일	해돋이 보기, 차례, 세배, 덕담 주고받기	모내기를 끝내고 풍년을 기원하는 차례를 지냄, 창포물에 머리 감기	송편 빚기, 차례, 성묘
음식	떡국		햅쌀밥, 송편
놀이	윷놀이, 제기차기, 연날리기	씨름, 그네뛰기	윷놀이, 줄다리기, 강강술래

3. 4)

읽기 연습　　　　　　　　　p.107

1.
1) 설날 — 음력 1월 1일 — 떡국, 세배
2) 정월대보름 — 음력 1월 15일 — 부럼
3) 단오 — 음력 5월 5일 — 창포물에 머리 감기
4) 추석 — 음력 8월 15일 — 송편, 성묘
5) 동지 — 일 년 중 낮이 가장 짧고 밤이 가장 긴 날 (보통 12월 22일) — 팥죽

2.
1) 그네뛰기
2) 씨름
3) 제기차기
4) 강강술래
5) 윷놀이
6) 연날리기
7) 줄다리기
8) 모내기

3.
1) 중시하는
2) 성묘
3) 기원하는
4) 셌지만
5) 축소되었다

6) 핵가족
7) 풍년

듣기　　　　　　　　　p.109

1. 3)

2. 1) O　2) X　3) O　4) O

종합 연습　　　　　　　　　p.111

1.
1) 쇠었어요
2) 끝나기가 무섭게
3) 이동하다 보니까
4) 역귀성
5) 차례를 지낼
6) 넉넉하게
7) 조상
8) 기원하는
9) 중시하시는

Unit 5

어휘　　　　　　　　　p.118

1.
1) 인사부
2) 마케팅부
3) 회계부
4) 기획부
5) 해외영업부
6) 국내영업부
7) 고객관리부
8) 생산부

2.
1) 자상한
2) 추진력 있게
3) 눈치가 빠르고
4) 공감을 잘하는
5) 단순한
6) 적극적으로

3.
1) 직선적으로
2) 카리스마가 있는
3) 결단력 있는

동사/형용사 + -(으)ㄹ 리(가) 있다/없다
명사 + -일 리(가) 있다/없다   p.120

STEP 1

1) 모를 리가 있어요?
2) 잊을 리가 있어요?
3) 첫사랑일 리가 없어.
4) 실패할 리가 없어요.

STEP 2

1) 그럴 리가 없는데요.
2) 음주 운전을 했을 리가 있어요?
3) 거짓말을 할 리가 없어요.
4) 갈 리가 있어요?

동사 + -(으)ㄴ/는 탓에
형용사 + -(으)ㄴ 탓에
명사 + -인 탓에   p.123

STEP 1

1) X , 싸서
2) O
3) X, 따뜻해서
4) X, 부자이기 때문이야.
5) O
6) O
7) X, 연습을 했기 때문이다.
8) O

STEP 2

1) 우는 탓에
2) 태풍이 온 탓에
3) 서로의 주장만 내세우는 탓에
4) 확실한 실적이 없는 탓에
5) 부상을 당한 탓에

동사/형용사 + -(으)ㄹ망정
명사 + -일망정   p.126

STEP 1

1) 지각할망정
2) 쓸망정
3) 궂을망정
4) 밀릴망정

5) 다를망정

STEP 2

1) 가난할망정
2) 굶을망정
3) 고난이 있을망정
4) 못할망정

읽기   p.131

1. "직장 동료와 굳이 친해지고 싶지 않아요."
직장인 10명 중 4명 "나는 자발적 아웃사이더"
전문가 "'워라밸(저녁 있는 삶)'추구하는 젊은 층 성향과 관련"

2. 3)

3. ㉮ 인싸: 인사이더(insider). 아웃사이더의 반대말로, 다양한 사람들과 활발히 소통하고 좋은 관계를 유지하는 사교성이 좋은 사람.
㉯ 워라밸: 워크(work) 라이프(life) 밸런스(balance). 일과 삶의 균형

읽기 연습   p.132

1.

1) 친밀하다 — 어색하다
2) 기성세대 — 신세대
3) 자발적 — 강제적
4) 상당수 — 소수
5) 잇다 — 끊다
6) 개인주의 — 집단주의

2.

1) MZ세대
2) 형식적
3) 적절하
4) 불이익
5) 지향한다

듣기   p.133

1. 2)

2.

1) 7시

2) 10시
3) 4시

3. 3)

종합 연습 p.135

1.
1) 성가셔요
2) 자상한
3) 입장
4) 사고방식
5) 지향하는
6) 존중하는
7) 육아휴직

2.
1) ③
2) ②

3.
1) 떨어진 탓에
2) 그럴 리가 있어요
3) 할망정
4) 성실한
5) 겸손한

JUMP PAGE p.137

1.
1) 맨-: 맨손, 맨주먹, 맨발, 맨땅 — 속이 빈, 소용없는, 보람 없는
2) 외-: 외아들, 외동딸, 외며느리 — 하나인, 혼자인
3) 헛-: 헛걸음, 헛소문, 헛수고 — 속이 빈, 소용없는, 보람 없는
4) -거리다: 반짝거리다, 꼬르륵거리다 — 어떤 상태가 계속되다
5) -쟁이: 멋쟁이, 겁쟁이, 고집쟁이 — 어떤 특징이 심하거나 많은 사람
6) -답다: 학생답다, 엄마답다, 정답다 — 다른 것이 없는
7) -스럽다: 여성스럽다, 걱정스럽다, 자랑스럽다, 자연스럽다 — 어떤 성격이나 특징이 있다

2.
1) 헛걸음
2) 맨손, 맨주먹
3) 꼬르륵거리는
4) 외동딸
5) 정다운
6) 너답지

Unit 6

어휘 p.144

1.
1) 식민
2) 점령
3) 공산주의, 자본주의
4) 휴전
5) 분단

2.
1) 선출한다
2) 직접 선거
3) 권리
4) 출마할
5) 정당
6) 당선되었다

동사/형용사 + -았/었/했더라면
명사 + -이었/였더라면 p.146

STEP 1

1) 미리 예매했더라면 영화를 볼 수 있었을 거예요.
2) 평소에 운동을 열심히 했더라면 이렇게 건강이 나빠지지 않았을 텐데.
3) 양치질을 잘했더라면 치과에 안 가도 괜찮았을 거야.
4) 저축을 꾸준히 했더라면 지금쯤 내 집을 장만했을 거야.
5) 어젯밤에 열심히 공부했더라면 시험을 잘 봤을 텐데.
6) 낮에 열심히 일했더라면 저녁에 야근할 필요가 없었을 거예요.
7) 내가 대통령이었더라면 그런 정책을 펴지 않았을 텐데.

STEP 2

1) 왔더라면
2) 일찍 출발했더라면
3) 들었더라면, 확인했더라면
4) 미리 알았더라면
5) 가지 않았더라면
6) 도움을 주지 않았더라면

동사/형용사 + -(으)ㄹ지라도
명사 + -일지라도　　　　　p.149

STEP 1

1) 아무리 화가 날지라도 폭력을 사용해서는 안 된다.
2) 가난할지라도 주위 사람들에게 폐를 끼치고 싶지는 않다.
3) 머리가 좋을지라도 노력하지 않으면 성공할 수 없다.
4) 전문가일지라도 가끔은 실수할 수 있다는 것을 이해해 줘야 한다.

STEP 2

1) 있을지라도
2) 어려울지라도
3) 반대할지라도
4) 힘들지라도
5) 사이일지라도
6) 거짓일지라도

동사 + -아/어/해 대다　　　　p.151

STEP 1

1) 짖어 대서
2) 괴롭혀 대는
3) 물어 대서
4) 깨워 대요
5) 찍어 대느라

STEP 2

1) 떨어 대서
2) 불러 대던
3) 울어 대서
4) 피워 대서
5) 싸워 대더니

읽기　　　　p.156

1.
(나) 6.25 전쟁의 시작
(다) UN 연합군의 지원
(라) 중국의 북한군 지원과 휴전 협정
(마) 6.25로 인한 피해
(바) 휴전 협정 후 현재까지의 남북 관계

2. 1) X　2) X　3) O　4) O　5) O

3.
고향을 잃고 가족의 생사도 알지 못한 채 슬픔 속에서 삶을 보내는 사람들이 있고, 군사력을 유지하기 위해 어린 나이에 하던 일을 모두 멈추고 국방의 의무를 다해야 하는 청년들이 있는 것은 전쟁이 잠시 멈춘 것일 뿐, 그로 인한 고통은 끝나지 않았음을 의미하기 때문에.

읽기 연습　　　　p.157

1.
1) 북위
2) 위선
3) 북한
4) 군사분계선
5) 38선
6) 남한

2.
1) 식민
2) 분단, 통일
3) 당선
4) 직면
5) 사상자

듣기　　　　p.158

1.
1) 초대 이승만 대통령 — 12년 장기 집권, 부정 선거 고등학생 김주열 시위 중 사망 — 4.19 혁명
2) 5~9대 박정희 대통령 — 5.16 군사 쿠데타 18년간 독재
3) 11~12대 전두환 대통령 — 5.18 광주 민주화 운동 무력 진압 간접 선거 → 직접 선거 — 6월 항쟁

2.
1) 주인
2) 자유롭고
3) 참여

3. 2)

종합 연습 p.161

1.
1) 이야기했더라면
2) 분분하
3) 무릅쓰
4) 국방
5) 고위직
6) 혁명
7) 나빠질지라도

Unit 7

어휘 p.168

1.
1) 맛: 새콤하다
   식감: 아삭하다
2) 맛: 짭짤하다
   식감: 바삭하다
3) 맛: 담백하다
   식감: 말랑하다
4) 맛: 달콤하다
   식감: 촉촉하다
5) 맛: 매콤하다
   식감: 쫄깃하다

2.
1) 밭쳐서
2) 쪄서
3) 덮는다
4) 젓는다
5) 거른다
6) 독하기

동사 + -다(가) 보면 p.170

STEP 1

1) 한국에서 오래 살다가 보면 매운 음식에 익숙해질 거야.
2) 너무 긴장하다 보면 아는 것도 대답을 못 할 때가 있어요.
3) 성실하게 일하다가 보면 곧 승진 기회를 잡을 수 있을 거예요.
4) 이사를 자주 다니다 보면 물건이 많이 망가져요.
5) 친구들과 수다를 떨다 보면 시간 가는 줄 모른다.

STEP 2

1) 만들다 보면
2) 피우다 보면
3) 가다가 보면
4) 뛰다 보면
5) 지내다 보면

동사 + -기(가) 십상이다 p.173

STEP 1

1) 감기에 걸리기 십상이다.
2) 실패하기 십상이다.
3) 태우기 십상이다.
4) 사고가 나기 십상이다.
5) 쉬기 십상이다.
6) 도둑을 맞기가 십상이다.
7) 손해를 보기가 십상이다.

STEP 2

1) 문제가 있기 십상이니까
2) 체하기 십상이에요
3) 건강이 나빠지기 십상이지
4) 동료들한테 미움 받기 십상이야
5) 손님이 줄기 십상이겠어요
6) 돈을 잃기 십상이에요

여간 -지 않다
여간 -(으)ㄴ/는 것이 아니다   p.176

STEP 1

1) 자신의 시간을 내서 어려운 이웃을 돕는 것은 힘든 일이다.
   → 자신의 시간을 내서 어려운 이웃을 돕는 것은 여간 힘들지 않다.
   → 자신의 시간을 내서 어려운 이웃을 돕는 것은 여간 힘든 일이 아니다.
2) 미나 씨는 매사에 노력을 많이 한다.
   → 미나 씨는 매사에 여간 노력을 하지 않는다.
   → 미나 씨는 매사에 여간 노력을 하는 것이 아니다.
3) 성격이 맞지 않는 사람과 같이 일하는 것은 정말 피곤한 일이다.
   → 성격이 맞지 않는 사람과 같이 일하는 것은 여간 피곤하지 않다.
   → 성격이 맞지 않는 사람과 같이 일하는 것은 여간 피곤한 일이 아니다.
4) 한국의 발효 식품은 역사가 아주 오래되었다.
   → 한국의 발효 식품은 역사가 여간 오래되지 않았다.
   → 한국의 발표 식품은 역사가 여간 오래된 것이 아니다.
5) 김치의 발효 원리는 매우 과학적이다.
   → 김치의 발효 원리는 여간 과학적이지 않다.
   → 김치의 발효 원리는 여간 과학적인 것이 아니다.

STEP 2

1) 여간 무서운 분이 아니래요.
2) 여간 추운 것이 아닌데
3) 여간 놀라지 않았어요.
4) 여간 고집이 세지 않아서, 여간 어렵지 않죠.

읽기   p.181

1.
1) 소금 — 배추의 풋내를 제거하고 아삭아삭하게 한다.
2) 젓갈 — 김치의 숙성을 촉진시키고 감칠맛을 낸다.
3) 고추 — 항산화제 역할을 해서 김치가 쉽게 무르는 것을 방지한다.

2. 1) O 2) O 3) X 4) O 5) X

3.
항아리의 미세한 구멍은 공기는 투과하면서 물은 투과할 수 없을 정도로 작아서 외부의 맑은 산소를 항아리 속의 김치에 지속적으로 공급해 김치의 신선도를 오랫동안 유지하면서 천천히 발효시키는 역할을 한다.

읽기 연습   p.183

1.
1) 뿌린다
2) 절이
3) 받친다
4) 저장한다

2.
1) 미생물 — 아주 작아 눈으로 볼 수 없는 균과 같은 것
2) 등분 — 어떤 것을 같은 양으로 나누는 것
3) 투과 — 빛이나 공기, 액체 등이 통과하는 것
4) 평형 — 양쪽의 균형이 안정된 상태
5) 부패 — 썩어서 변하는 것
6) 촉진 — 어떤 현상이 빨리 진행되게 함

3.
1) 침투해
2) 이롭게
3) 뻣뻣해서
4) 관여하지
5) 현미경
6) 식이섬유

듣기   p.185

1.
1) 채소
2) 색깔
3) 소주

2. 3)

종합 연습   p.187

1) 더위 먹기 십상이야
2) 헹구기
3) 꼬들꼬들하게
4) 여간 힘들지 않죠

5) 차곡차곡
6) 일하다 보면
7) 무턱대고
8) 심혈을 기울여

Unit 8

어휘 p.194

1.
1) 국제 연합(UN)
2) 유럽 연합(EU)
3) 세계 보건 기구(WHO)
4) 경제 개발 협력 기구(OECD)
5) 국제 원자력 기구(IAEA)
6) 유엔 난민 기구(UNHCR)
7) 국제 노동 기구(ILO)
8) 국제 통화 기금(IMF)

2.
1) 이민
2) 교포
3) 난민
4) 망명
5) 귀화

동사/형용사 + -거든
명사 + -(이)거든 p.196

STEP 1
1) 들거든
2) 않거든
3) 찾거든
4) 그치거든
5) 도착하거든
6) 생기거든

STEP 2
1) 끝나거든
2) 있거든
3) 괜찮으시거든
4) 가기 싫거든
5) 춥거든

동사/형용사 + -(으)ㄹ 법하다 p.199

STEP 1
1) 요즘 일이 많으니 피곤할 법해요.
2) 2시간 전에 출발했으니까 도착했을 법해요.
3) 매일 도서관에서 공부하니까 시험에 합격할 법해요.
4) 성격이 안 맞으니 헤어질 법도 해요.

STEP 2
1) 가 볼 법한데요
2) 나올 법한
3) 쉬실 법도 한데
4) 질릴 법한데
5) 올려줄 법도 한데

동사 + -(으)ㄹ 바에(야) p.202

STEP 1
1) 차라리 안 먹는 게 낫겠어요
2) 헤어지는 게 낫지
3) 걸어가겠어요
4) 안 보는 게 낫죠
5) 회사를 그만두는 게 나을 것 같아요

STEP 2
1) 입맛에 안 맞을 바에야
2) 지각할 바에
3) 자주 못 볼 바에야
4) 그만둘 바에
5) 대충 볼 바에

읽기 p.207

1. 1) X 2) O 3) X 4) O 5) O

2.

과거	절실한 생계를 위한 선택
현재	높은 업무 강도와 치열한 경쟁에서 벗어나 여유 있는 삶을 누리거나, 본인의 노력에 합당한 대우를 받는 것 등 심리적인 만족, 삶의 질을 높이기 위해

읽기 연습   p.208

1.
1) 주재원 — 일 때문에 파견되어 다른 지역에 머무르는 사람
2) 열세 — 상대보다 힘이 약함
3) 외세 — 외부나 외국의 힘
4) 탄압 — 권력이나 힘으로 억지로 누름
5) 이질감 — 낯설거나 잘 맞지 않는 느낌
6) 치안 — 국가, 사회가 질서가 유지되고 편안한 상태
7) 접근성 — 특정 지역이나 시설에 갈 수 있는 가능성

2.
1) 구애받지
2) 권장한다
3) 부임한
4) 허용했다
5) 재건하려고

듣기   p.209

1.
1) 인종
2) 종교
3) 정치적
4) 망명

2. 4)

종합 연습   p.211

1.
1) 천재지변
2) 생기거든
3) 떠들썩하게
4) 먹을 바에는
5) 주저하는
6) 직면한

단어 목록

unit 1 문화의 다양성

	영어	일본어	중국어	베트남어
인류	humanity	人類	人类	nhân loại
인종	race (ethnicity)	人種	人种	loài người
의식주	basic necessities of life (food, clothing, shelter)	衣食住	衣食住行	ăn mặc ở (thức ăn, quần áo và chỗ ở)
짝수	even number	偶数	双数、偶数	số chẵn
성묘	visiting ancestral graves	墓参り	扫墓、上坟	tảo mộ
백인	white person	白人	白人、白色人种	người da trắng
황인	asian person	黄色人種	黄种人、黄色人种	người da vàng
흑인	black person	黒人	黑人、黑色人种	người da đen
나누다	to divide	分ける	分成、分为	chia
다민족 국가	multi-ethnic nation	多民族国家	多民族国家	đất nước đa sắc tộc
제스처	gesture	ジェスチャー	表情、姿势	cử chỉ
굽히다	to bend	曲げる	弯、屈	nhường, khuất phục
째려보다	to glare	睨む、睨みつける	瞪、怒视	liếc xéo, lườm nguýt
팔짱을 끼다	to fold arms	腕を組む	抱臂、两手交叉放在胸前	khoanh tay lại
턱을 괴다	to rest one's chin	頬杖をつく	托腮、支着下巴	chống cằm
무릎을 꿇다	to kneel	ひざまずく、正座をする	屈膝、跪	quỳ gối
주먹	fist	こぶし	拳头	vắm đấm
맞대다	to face each other	突き合わせる	相接、紧挨着	đối mặt
가리키다	to point	指す	指、指着	chỉ ra
엄지	thumb	親指	拇指、大拇指	ngón tay cái
선호하다	to prefer	好む	偏爱、喜好	ưa chuộng
상징	symbol	象徴、シンボル	象征、表现	tượng trưng
주식	staple food	主食	主食	món chính
업계	industry	業界	业界、行业	ngành, giới
원두	coffee bean	コーヒー豆	咖啡豆	hạt cà phê

핸드드립	hand drip	ハンドドリップ	手冲	nhỏ giọt
테이크아웃	takeout	テイクアウト	打包、带走	mua mang đi
리필	refill	おかわり	续杯	sạp lại, làm đầy lại
푹신하다	to be soft	ふかふかだ	柔软、柔和	mềm mịn êm ái
별도	separate	別途	另外、单独	riêng biệt
계열사	affiliate	系列会社	分公司、子公司	công ty con
자사	one's own company	自社	本公司、本社	công ti mà mình trực thuộc
장기	long term	長期	长期	thời gian dài, trường kỳ
늙다	to be grow old	老いる、老ける	老、衰老	cũ, già
활성	activation	活性	活性	hoạt tính
-화	~ization (suffix indicating transformation)	～化	化	- hóa (làm cho trở nên)
밝혀지다	to be revealed	明らかになる	被揭露	được làm sáng tỏ
유머 감각	sense of humor	ユーモアセンス	幽默感	khiếu hài hước
고정관념	stereotype	固定観念	固定观念、固有观念	định kiến
파산하다	to go bankrupt	破産する	破产	phá sản
보수	pay	報酬	报酬、薪酬	báo đáp ân nghĩa
비록	although	たとえ、仮に	虽然	mặc dù
문화권	cultural sphere	文化圏	文化圈	khối văn hóa, vùng văn hóa
몸짓	gesture	ジェスチャー、身振り	身体动作	cử chỉ, điệu bộ
젓다	to stir	(横に)振る	摇、摆	khuấy
얼간이	fool	まぬけ、ばか	傻瓜、笨蛋	kẻ ngốc
세계 대전	World War	世界大戦	世界大战	chiến tranh thế giới
산악인	mountaineer	登山家、登山愛好家	登山者、登山爱好者	người leo núi
실화	true story	実話	真实故事、实事	câu chuyện có thật
내밀다	to extend	突き出す	伸出、递出	chìa ra, giơ ra
세다	to count	数える	数数(儿)、数	đếm
표시하다	to indicate	表示する	表示	biểu thị
새끼손가락	pinky finger	小指	小手指	ngón tay út

구부리다	to bend	曲げる	弯、曲	uốn, gập
나머지	the rest	残り	其余、剩下的	phần còn lại
녀석	fellow	あいつ、奴	家伙、混蛋	thằng, gã
나치	nazi	ナチス	纳粹	la bàn
스파이	spy	スパイ	间谍	gián điệp
한바탕	a bout (of something)	ひとしきり	一阵、一场	sự sống còn
총	gun	銃	枪、火枪	súng
검지	index finger	人差し指	食指	ngón tay trỏ
중지	middle finger	中指	中指	ngón tay giữa
속하다	to belong to	属する	属于、隶属	thuộc về
간혹	ocassionally	時折	有时、偶尔	thỉnh thoảng
의사	mind, idea	意思	意思、想法	bác sĩ
약지	ring finger	薬指	无名指	ngón tay áp út
때로는	sometimes	時には	有时候、时而	thỉnh thoảng
폭행하다	to assault	暴行する	实施暴行、暴力对待	bạo hành
이끌다	to lead	率いる	领导、带领	chỉ huy, lãnh đạo
북한	North Korea	北朝鮮	朝鲜、北朝鲜	bắc triều tiên
폭발	explosion	爆発	爆炸	phát nổ, bộc phát
테러	terror	テロ	恐怖行动、恐袭	khủng bố
민주주의	democracy	民主主義	民主主义	chủ nghĩa dân chủ
인권	human rights	人権	人权	nhân quyền
수상	prime minister	首相	首相	thủ tướng
치켜들다	to raise	立てる	抬起、举起	trỗi dậy
헤드라인	headline	ヘッドライン、(新聞の)見出し	大字标题、头版头条	tiêu đề
손등	back of the hand	手の甲	手背	mu bàn tay
조롱하다	to mock	嘲笑する	嘲弄、捉弄	chế nhạo
백년 전쟁	Hundred Years' War	百年戦争	百年战争	chiến tranh trăm năm
중세	Middle Ages	中世	中世纪	trung đại
왕위	throne	王位	王位	ngai vàng
활	bow (weapon)	弓	弓、弓箭	cây cung
쏘다	to shoot	射る、撃つ	射击、发射	bắn

후퇴하다	to retreat	後退する	后退	rút lui
멀쩡하다	to be intact	どこにも異常がない、無傷だ	健全、完好	lành lặn, nguyên vẹn
기원	origin	起源	起源	kỷ nguyên
손바닥	palm	手のひら	手掌	lòng bàn tay
기온	temperature	気温	气温	nhiệt độ
상승하다	to rise	上昇する	上升	tăng lên
달하다	to reach	達する	达、达到	hoàn thành, đạt được
끄덕이다	to nod	うなずく、縦に振る	(轻轻)点、点头	gật đầu
젊음	youth	若さ	年轻、青春	sự trẻ trung
불길하다	to be ominous	不吉だ	不吉、不祥	không may, đen đủi
기피하다	to avoid	避ける、忌避する	忌讳、避讳	thoái thác
사물	object	事物	事物	sự vật
추정하다	to estimate	推定する	推断、断定	suy diễn
모국어	mother tongue	母国語	母语	tiếng mẹ đẻ
표준	standard	標準	标准	tiêu chuẩn
식습관	eating habits	食習慣	饮食习惯	thói quen ăn uống
넘기다	to pass over	飲み込む、喉を通す	咽下、吃下	làm vượt qua
수분	moisture	水分	水分	độ ẩm
보충되다	to be replenished	補われる	补充	được bổ sung
연구가	researcher	研究家	研究专家	nhà nghiên cứu
-와/과는 달리	unlike	～と/とは異なり	与~不同	khác với -
접시	plate	皿	碟(子)、盘(子)	cái dĩa

unit 2 계절과 날씨

	영어	일본어	중국어	베트남어
찜통더위	sweltering heat	蒸し暑さ	闷热、桑拿天气	nắng nóng gay gắt
불볕더위	scorching heat	猛暑、酷暑	酷暑、烈日炎炎	cái nóng thiêu đốt
고기압	high pressure	高気圧	高气压	khí áp cao
저기압	low pressure	低気圧	低气压	khí áp thấp
꽃샘추위	spring cold snap	花冷え	春寒	rét nàng bân
한파	cold wave	寒波	寒潮、冷空气	đợt rét
천고마비	season of high skies and plump horses (clear autumn weather)	天高く馬肥ゆる秋	天高马肥、秋高气爽	thiên cao mã phì, trời cao ngựa béo (mùa thu)
강수량	precipitation amount	降水量	降水量	lượng mưa
적설량	snowfall amount	積雪量	积雪量	lượng tuyết phủ
열대야	tropical night	熱帯夜	热带夜 (室外温度高于25度的夜晚)	đêm nhiệt đới
포근하다	to be warm and cozy	暖かい、ぽかぽかしている	暖和、温暖	ấm áp
화창하다	to be sunny	晴れる、のどかだ、うららかだ	和煦、风和日丽	ôn hòa, ấm áp
후텁지근하다	to be muggy	(息苦しいほど)蒸し暑い	非常闷热、湿热	ngột ngạt
무덥다	to be hot and humid	蒸し暑い	闷热、炎热	nóng bức
선선하다	to be cool	涼しい、さわやかだ	凉爽、凉快	mát mẻ
기승을 부리다	to be intense	猛威を振るう	发威、肆虐	bừng lên, lan tràn
김	steam	湯気、蒸気	热汽、蒸气	hơi nước
기운	energy, spirit	気配、空気	气息、氛围	khí lực
내리쬐다	to shine down	照り付ける	(阳光)直射、暴晒	chiếu xuống gay gắt
대기	atmosphere	大気	大气、空气	bầu khí quyển
기압	atmospheric pressure	気圧	气压	áp suất không khí
불쾌하다	to be unpleasant	不快だ	(身体)不舒服、不愉快	khó chịu

소름	goosebumps	鳥肌	鸡皮疙瘩	gai ốc, da gà
돋다	to bud, to come up	(鳥肌が)立つ	(皮肤上)起、冒出	mọc, nhú ra
감축	reduction	削減	缩减、减少	sự giảm bớt
낙심하다	to be discouraged	落胆する、気落ちする	丧气、灰心失望	nản lòng
영향권	sphere of influence	台風の影響を受ける圏内	影响范围	phạm vi ảnh hưởng
급수	water supply	給水	供水	thứ hạng
농민	farmer	農民	农民	nông dân
피서	summer vacation	避暑	避暑	kì nghỉ hè, nghỉ mát
증거	evidence	証拠	证据	chứng cớ
중계방송	relay broadcast	中継放送	转播	tiếp sóng
연상하다	to associate, to remind	連想する	联想	liên tưởng
호빵	steamed bun	あんまん	蒸包（多见豆沙馅儿、菜馅儿）	bánh bao hấp
마케팅	marketing	マーケティング	市场营销	tiếp thị
주류	alcoholic beverages	酒類	酒类	các loại rượu
철	season	時期、シーズン	时节、季节	mùa
해당	relevant	該当	该、相关	tương ứng
대비	contrast, comparison	対比、比較	针对、应对	phòng bị
데우다	to heat	温める	热一热、加热	hâm nóng
튀다	to splash	(油などが)とぶ、はねる	溅、迸溅	bắn tung tóe
진폭	amplitude	振幅	振幅	biên độ
주파수	frequency	周波数	频率	tần số
측정	measurement	測定	测定、测量	đo đạc
반죽	dough	生地、こねたもの	和好的面、面团儿	hòa trộn, hòa lẫn
빗방울	raindrop	雨粒、雨のしずく	雨滴、雨点	giọt mưa
흡사하다	to be similar	酷似する、そっくりだ	相似、类似	tương tự
무의식중에	unconsciously	無意識のうちに	无意识中、无意中	một cách vô thức
작용	action, effect	作用	(起)作用、影响	tác động

일조량	amount of sunlight	日照量	日照量	lượng ánh nắng mặt trời
유도하다	to induce	誘導する	引导、诱导	dẫn dắt
세로토닌	serotonin	セロトニン	血清素	serotonin
분비	secretion	分泌	分泌	bài tiết
아미노산	amino acid	アミノ酸	氨基酸	axit amin
신진대사	metabolism	新陳代謝	新陈代谢	sự trao đổi chất
완화하다	to alleviate	緩和する	缓和、缓解	xoa dịu
꺼리다	to avoid	はばかる、嫌がる、ためらう	不喜欢、回避	ngần ngại
처지다	to sag, to droop	(気分などが)沈む	低沉、蔫吧	chảy sệ, tụt lùi
신규	new	新規	新增	mới
평년	average year	平年、例年	常年	năm bình thường
상큼하다	to be refreshing	さわやかだ、さっぱりしている	清香、爽口	thơm mát
진열하다	to display	陳列する	陈列	trưng bày
자외선	ultraviolet rays	紫外線	紫外线	tia tử ngoại
차단	block, shield	遮断、ブロック	阻断、隔绝	ngăn chặn
소매	sleeve	袖	衣袖、袖子	tay áo
차림	outfit	服装	穿戴、穿着	cách ăn mặc
안팎	inside and outside	～前後	里外、内外	bên trong và bên ngoài
대체로	generally	おおむね、だいたい	大体上、大致上	nói chung là
곳곳	here and there	ところどころ、あちこち	到处、处处	mọi nơi
짙다	to be thick	濃い、深い	浓、厚	đậm, dày đặc
유의하다	to pay attention	留意する、気を付ける	留意、注意	lưu ý
분포	distribution	分布	分布	phân bổ
웃돌다	to exceed	上回る	超出、高于	nổi trội
각별히	especially	格別に、特別に	特别、格外	một cách khác biệt
늦-	late-	遅い、遅れた	晚、迟	muộn-
한때	once, one time	一時期、いっとき	一时、某一时期	nhất thời
변덕스럽다	to be fickle	気まぐれだ	变来变去、反复无常	thất thường

한-	in the middle	真〜	正是(时候)、盛	một-
대본	script	台本、シナリオ	台词、剧本	kịch bản
가랑비	drizzle	小雨	小雨、细雨	mưa phùn
굳다	to harden	固まる	变硬、干	cứng lại
번갯불	lightning flash	稲妻	闪电	ánh chớp
마르다	to dry	乾く	干、干燥	khô
날벼락	sudden thunderbolt	雷	晴天霹雳	sét đánh giữa ban ngày
개다	to clear up	晴れる	转晴、放晴	gấp, xếp
설상가상	to make matters worse	泣き面に蜂、弱り目に祟り目	雪上加霜	họa vô đơn chí
오리무중	lost in the fog	五里霧中	五里雾中、一头雾水	bặt vô âm tín
청천벽력	bolt from the blue	青天の霹靂	晴天霹雳	sét đánh ngang tai
풍전등화	candle in the wind	風前の灯火	风中之烛、风中秉烛	đèn treo trước gió (tình trạng nguy hiểm)
우후죽순	bamboo shoots after rain	雨後の筍	雨后春笋	nấm mọc sau mưa
서리	frost	霜	霜、寒霜	sương giá
뜻밖의	unexpected	意外	意外、没想到	không ngờ tới
-리	~li(suffix for distance)	〜里	里	lẽ nào -
등불	lamp	明かり、灯	灯火、油灯	ánh đèn
위태롭다	to be precarious	危うい、危ない	危险、危殆	nguy nan
당분간	for the time being	当分の間	暂时、姑且	tạm thời
잠자리	bed, place to sleep	寝床	睡觉的地方、睡处	con chuồn chuồn
계산대	checkout counter	カウンター、レジ	柜台、收银台	quầy tính tiền
빼빼로 데이	pepero day (November 11st)	ペペロデー(11月11日)	巧克力棒节（11月11日）	ngày pepero
농작물	crops	農作物	农作物、庄稼	nông sản, nông phẩm

unit 3 경제

	영어	일본어	중국어	베트남어
적금	savings account	積立、積立預金	存款、积蓄	tiết kiệm
CMA	Cash Management Account(CMA)	証券会社の入出金通帳(CMA)	资产管理账户、现金管理账户	cma
미술품	artwork	美術品	美术作品、艺术品	sản phẩm mỹ thuật
주가	stock price	株価	股价	giá cổ phiếu
수익성	profitability	収益性	收益性	tính lợi nhuận
분양가	new apartment price	分譲価格	(土地、楼房)销售价	giá phân lô
사채	private loan	サラ金	民间信贷	khoản vay tư nhân
이자	interest	利子、利息	利息	tiền lãi
재테크	financial technology (investment strategies)	財テク	理财	cách thức đầu tư
적금을 타다	to cash in a savings account	(満期になった)積立を受け取る	取回零存整取储蓄的存款	rút tiền tiết kiệm
부도	bankruptcy	不渡り	倒闭、破产	phá sản, vỡ nợ
변동	fluctuation	変動	变动	biến động
경비	expense	経費	经费、费用	kinh phí
숨이 차다	to be out of breath	息が切れる	气喘、喘不过来气	hụt hơi
게을리하다	to neglect	怠る、怠ける	懒惰、懈怠	lười biếng, thờ ơ
불경기	recession	不景気	不景气、萧条	suy thoái kinh tế
-을/를 비롯하다	including	～を始めとして	以……为代表、包括……在内	bắt đầu với -
-끼	~meal	～食(食事の回数)	顿、餐	nhóm -
어휘력	vocabulary	語彙力	用词能力、词汇量	vốn từ
시각	sight, visual, perspective	視覚	视觉	thị giác
집착하다	to obsess	執着する、こだわる	执着、执迷	quyến luyến, vấn vương
과잉	excess	過剰	过多、过度	quá mức
우표	stamp	切手	邮票	con tem
케이스	case	ケース	壳、套	trường hợp

돌부리	stone (stumbling block)	地上に突き出た石の角	(地上露出的)石头尖	mỏ đá, gờ đá
주유비	fuel cost	ガソリン代	加油费	tiền xăng
경조사비	expenses for events and ceremonies	冠婚葬祭費	礼金、礼钱	chi phí hiếu hỉ
의료비	medical expenses	医療費	医疗费	chi phí y tế
주거비	housing cost	住宅費	居住费用、住宿费	chi phí nhà ở
국내총생산(GDP)	Gross Domestic Product (GDP)	国内総生産（GDP）	国内生产总值	tổng sản phẩm quốc nội (gdp)
부채	debt	負債、借金	负债、债务	tiền nợ
비율	ratio	比率	比率	tỉ lệ
상위	upper	上位	上游、高位	khác biệt
연속	consecutive	連続	连续	liên tục
폭탄	bomb	爆弾	爆弹、炸弹	quả bom
빚을 지다	to incur debt	借金をする、負債を抱える	负债、债务	mắc nợ
담보	collateral	担保	担保	thế chấp
원금	principal	元金	本金	tiền gốc
금리	interest rate	金利	利息	tiền lãi
인하하다	to reduce	引き下げる	下调、降低	giảm bớt
디플레이션	deflation	デフレ	通货紧缩	giảm phát
시중	market	市中、市場	市场、市中	thị trường
침체되다	to stagnate	低迷する	萧条、停滞不前	bị đình trệ
흑자	surplus	黒字	顺差、盈余	thặng dư, có lãi
우려	concern	憂慮、懸念	忧虑、担忧	bận tâm
부양	support	浮揚	复苏、提升	cấp dưỡng
관측	observation	観測	观测	quan sát
목돈	large sum of money	まとまったお金	巨款、一大笔钱	số tiền lớn
서민	common people	庶民	平民、老百姓	dân thường
학자금	education expenses	学資金	学费	học phí
자금	funds	資金	资金	tiền quỹ
실현하다	to realize	実現する	实现	thực hiện
금융	finance	金融	金融	tài chính
소액	small amount	少額	小额	số tiền nhỏ

친근하다	to be friendly	親近感がある	亲近、贴近	thân cận
하위	lower	下位	下游、下等	địa vị thấp
약관	terms and conditions	約款	条款、款项	điều khoản
청결하다	to be clean	清潔だ	清洁、洁净	thanh khiết
선진국	developed country	先進国	先进国家、发达国家	các nước phát triển
확대	expansion	拡大	扩大	mở rộng
환원하다	to return (to the original state)	還元する	还原、回馈	trả lại, hoàn lại
유리하다	to be advantageous	有利だ	有利	có lợi
검증	verification	検証	验证、检验	kiểm chứng
자본금	capital (funds)	資本金	资本、资金	vốn liếng
탓	blame	〜のせいで	因为、缘故	tại vì, đổ lỗi
한계	limit	限界	局限	giới hạn
회생	recovery	回生、回復	复活、复苏	hồi sinh
견해	opinion	見解、考え	观点、看法	quan điểm
고액	large amount	高額	高额、大额	số tiền lớn
빈곤하다	to be poor	貧困だ、貧しい	贫困	nghèo nàn
부유하다	to be wealthy	裕福だ	富有	giàu có
연체되다	to be overdue	延滞する	延滞、拖欠	bị nợ quá hạn
유례	precedent	類例、類	前例、先列	trường hợp tương tự
자본	capital (financial)	資本	资本	tài chính, vốn
폐허	ruins	廃墟	废墟、废址	tàn tích, bãi hoang tàn
기반	foundation	基盤、土台	基础	điều cơ bản
추진하다	to promote	推進する	推进、促进	xúc tiến
소규모	small scale	小規模	小规模	quy mô nhỏ
생산하다	to produce	生産する	生产	sản xuất
경공업	light industry	軽工業	轻工业	ngành công nghiệp nhẹ
반도체	semiconductor	半導体	半导体	chất bán dẫn
화학	chemistry	化学	化学	hoá học
철강	steel	鉄鋼	钢铁	thép

비약	leap	飛躍	飞跃	sự nhảy vọt
독단	dogmatism	独断	独断	độc đoán
재벌	conglomerate	財閥	财阀	tài phiệt
대외	external	対外	对外	đối ngoại
개방	opening	開放、オープン	开放	mở ra
풀	glue	糊(のり)	糨糊	hết mức
재주	talent	才能、芸、技	才干、本领	kỹ năng
구제	relief	救済	救济、救助	cứu trợ
외상	credit	ツケ	赊账、赊欠	tín dụng, mua bán chịu
공정	fairness	公正	公正、公平	công bằng
분배	distribution	分配	分配	phân chia
휴면	dormancy, inactivity	休眠	休眠	sự ngừng hoạt động
번화가	busy street	繁華街	繁华街区、闹市区	khu phố trung tâm
빠듯하다	to be tight (financially)	ギリギリだ、かつかつだ	紧、紧紧巴巴	eo hẹp
-답다	~like(suffix indicating resemblance)	～らしい	主要接在名词后，构成形容词，表示"具有某种特性或资格"。	ra dáng -
자산	asset	資産、財産	资产	tài sản
티끌	speck (tiny amount)	塵(ちり)	灰尘、尘埃	cát bụi

unit 4 명절

	영어	일본어	중국어	베트남어
쇠다	to celebrate	(祝日などを)祝って過ごす	过(节日或纪念日等)	đón, ăn, mừng
차례	ancestral rites, memorial service	名節に行われる、先祖を供養する儀式	祭祀	lễ cúng tết
빚다	to make (rice cake, dumpling)	生地をこねて作る	包、做	nắn (bánh), ngâm rượu
체증	congestion	渋滞	拥挤、拥堵	khó tiêu

뵙다	to see (humble form)	(目上の人に)会う、お目にかかる	拜见、拜访	gặp, thăm
양-	both-	両〜	两、双	ngoại (thuộc phương tây)
거꾸로	backward, reverse	逆に	反过来	ngược lại
객지	away from home	他郷、客地	异乡、外地	đất khách
오순도순	harmoniously	和気あいあいと	亲切地、和睦地	hòa hợp, thân thiết
무덤	grave	墓	坟墓	ngôi mộ
만날	always	毎日のように、いつも	每天	hằng ngày
따르다	to pour	(飲み物を)つぐ、そそぐ	倒、斟	theo, tuân theo
감추다	to hide	隠す	缩、隐藏	che giấu
날개	wing	翼、羽	翅膀	cánh
돋치다	to sprout	生える	长出、插上	mọc ra
불티나다	to sell like hotcakes	飛ぶように売れる	(卖得)火、畅销	đắt khách
예능	entertainment	芸能、バラエティー	综艺	năng khiếu nghệ thuật
바	thing, matter	こと、ところ	代指前面所说的事物	cách, phương pháp
평안하다	to be peaceful	平穏だ	平安	bình yên
거두다	to harvest	収める	获得、取得	gặt hái
동지	winter solstice	冬至	冬至	đồng chí
팥	red bean	小豆	红豆	đậu đỏ
정월대보름	first full moon of the lunar year	新年最初の満月の日(陰暦1月15日)	正月十五	rằm tháng giêng âm lịch
부럼	nuts eaten on the first full moon of the lunar year	栗・胡桃・ピーナッツ・松の実などのこと	正月十五吃的坚果（花生、栗子、核桃等带壳的坚果。）	bureom (các loại hạt cứng nói chung)
명소	famous place	名所	名胜、胜地	địa danh nổi tiếng
끊이다	to cease, to stop	絶える、途切れる	中断、停止	bị dừng
노숙자	homeless person	ホームレス	流浪者、露宿街头的人	người vô gia cư
범죄자	criminal	犯罪者	犯人、罪犯	người phạm tội

유대감	sense of bonding	絆	归属感、亲近感	cảm giác thân thuộc
형성하다	to form	形成する、築く	形成	hình thành
장거리	long distance	長距離	长距离	đường dài
노동	labor	労働	劳动	nhân công, lao động
단오	Dano (a korean traditional festival)	端午、端午の節句	端午	tết đoan ngọ
중시하다	to value, to emphasize	重視する	重视、看重	coi trọng
해돋이	sunrise	日の出	日出	bình minh
세다	to turn gray(hair)	髪の毛やひげなどが白くなる	(头发、胡子等)变白	mạnh mẽ
웃어른	elderly person	目上の人	长辈、尊长	người lớn, bề trên
윷놀이	yutnori (a traditional korean board game)	ユンノリ(伝統的な遊び)	掷 游戏、翻板子游戏	trò chơi yut
제기차기	jegichagi (a traditional korean game)	チェギチャギ(伝統的な遊び)	踢毽子	môn đá cầu
연날리기	kite flying	凧揚げ	放风筝	trò chơi thả diều
모내기	rice planting	田植え	插秧	cấy lúa
풍년	good harvest	豊年	丰年、丰收年	năm được mùa
창포	sweet flag (a plant)	菖蒲(しょうぶ)	菖蒲	cây xương bồ
비녀	hairpin	かんざし	头簪、发簪	kẹp tóc
꽂다	to insert	挿す	插、别	cài, gắn
부채	fan	扇子	扇子	cái quạt
씨름	korean wrestling	シルム(韓国相撲)	摔跤	đấu vật
그네뛰기	swinging (a traditional game)	ブランコ遊び	荡秋千	chơi xích đu
곡식	grain	穀物、穀類	粮食、谷物	ngũ cốc
햅쌀	newly harvested rice	新米	新米、当年的米	gạo mới thu hoạch
밤	chestnut	栗	栗子	hạt dẻ
대추	jujube	ナツメ	大枣	táo tàu
채우다	to fill	つめる、満たす	填、装满	lấp đầy

묘	grave	墓地	坟墓	phần mộ
친정	parent's home (for a married woman)	結婚した女性の実家	娘家	nhà cha mẹ ruột
지점	branch, point	地点	地点	địa điểm
반나절	half a day	半日	半天、半日	nửa ngày
줄다리기	tug of war	綱引き	拔河	trò chơi kéo co
강강술래	ganggangsullae (a traditional korean circle dance)	カンガンスルレ(伝統的な遊戯)	江江水月来、圆圈舞	điệu múa gang gang sullae
민속	folk	民俗	民俗	dân tộc, truyền thống
임진왜란	Imjin war (Japanese invasions of Korea in 1592-1598)	壬辰・丁酉の倭乱(文禄・慶長の役)	壬辰倭乱	chiến tranh nhật bản - triều tiên
장군	general	将軍	将军	tướng quân
축소되다	to be reduced	縮小される	缩小、缩减	bị giảm thiểu
절차	procedure	手順、手続き	顺序、步骤	trình tự
간소하다	to be simple	簡素だ	简化、朴素	giản dị
짝사랑	unrequited love	かたおもい	单相思、暗恋	sự yêu đơn phương
예년	average year	例年	历年、往年	hàng năm
제철	in season	旬	当季、应季	đúng mùa
도	one(in yutnori game)	ド(ユンノリで「1マス進む」)	猪	độ
개	two(in yutnori game)	ゲ(ユンノリで「2マス進む」)	狗	con chó
걸	three(in yutnori game)	ゴル(ユンノリで「3マス進む」)	羊	geol (trò chơi yut - ba ngửa một sấp)
윷	four (in yutnori game)	ユッ(ユンノリで「4マス進む」)	牛	trò chơi yut (trò chơi xúc xắc truyền thống của hàn quốc)
모	five (in yutnori game)	モ(ユンノリで「5マス進む」)	马	mạ, cây giống
말	horse	駒	"马"（棋子）	con ngựa
판	board	(ゲームに使う)盤	盘、棋盘	ván gỗ, tấm ván

지름길	shortcut	近道	捷径、近路	đường tắt
업다	to carry on one's back	背負う、駒を重ねる	背	cõng, địu
기원전	B.C (before christ)	紀元前	公元前	trước công nguyên
농경	agriculture	農耕	农耕	nông canh
가축	livestock	家畜	家畜	gia súc
양	lamb	羊	羊	con cừu
보폭	stride	歩幅	步幅	sải bước, sải chân
전진하다	to advance	進む、前進する	前进、向前	tiến lên, tiến tới
막대기	stick	棒	木棍、木棒	cây gậy
부활절	Easter	復活祭、イースター	复活节	ngày lễ phục sinh
대다수	majority	大多数	大多数、多数	đại đa số
부활	resurrection	復活、よみがえること	复活	sự hồi sinh
다산	fertility	多産	多产、高产	sự sinh nhiều
후손	descendant	子孫	后代、子孙	hậu duệ

unit 5 직장 생활

	영어	일본어	중국어	베트남어
조직도	organization chart	組織図	组织结构图	sơ đồ tổ chức
이사	director	取締役、理事	理事	chuyển nhà
사외	outside (the company)	社外	公司外、社外	người ngoài công ty
임원	executive	役員	高管、领导干部	ban lãnh đạo
전무	senior managing director	専務	专务、专务理事	ban giám đốc
상무	managing director	常務	常务、常务理事	thương vụ
부문	department, division	部門	部门	lĩnh vực
재무	finance	財務	财务	tài vụ
회계	accounting	会計	会计	kế toán
인사	human resources	人事	人事	chào hỏi

부설연구소	affiliated research institute	附属研究所	附属研究所	viện nghiên cứu trực thuộc
급여	salary	給与	工资、薪金	lương
납부	payment	納付	缴纳、缴付	đóng tiền, đóng thuế
결산	settlement of accounts	決算	结算	quyết toán sổ sách
전략	strategy	戦略	战略、策略	chiến lược
수립	establishment	確立、樹立	树立	thành lập
자상하다	to be caring	優しい、細やかだ	亲切热情、细心周到	tận tụy
무뚝뚝하다	to be blunt	無愛想だ、ぶっきらぼうだ	(人或态度)笨拙、木讷	cục cằn, thô lỗ
카리스마	charisma	カリスマ	感召力、领袖气质	sức hút
겸손하다	to be humble	謙遜する	谦虚、谦逊	khiêm tốn
추진력	driving force	推進力	推进力	động lực
눈치가 빠르다	to be quick-witted	気が利く、勘がいい	眼尖、会察言观色	tinh ý
눈치가 없다	to be tactless	気が利かない、鈍感だ	没眼力见儿	không nhạy bén
결단력	decisiveness	決断力	决断力	năng lực quyết đoán
직선적	direct	ストレートだ	耿直	tính ngay thẳng
얌전하다	to be gentle, well-behaved	大人しい、物静かだ	文静、老实	điềm đạm
경매	auction	オークション、競売	拍卖	đấu giá
모금	sip	ひとくち	口（水、酒等）	ngụm
도난	theft	盗難	被盗	nạn trộm cắp
험담	slander	悪口、誹謗	诽谤、诋毁	lời nói xấu
응모하다	to apply for (a contest)	応募する	应征、参选	ứng tuyển
상당	considerable	相当	相当于	khá nhiều
바람(을)피우다	to have an affair	浮気をする	有外遇	ngoại tình
무한	infinite	無限、限りのない	无限	vô hạn
우기다	to insist	言い張る、意地を張る	犟、固执己见	khăng khăng

욕(을)먹다	to be criticized	悪口を言われる	挨骂、受辱	bị mắng
위암	stomach cancer	胃がん	胃癌	ung thư dạ dày
발병율	incidence rate	発病率	发病率	tỷ lệ mắc bệnh
먹보	glutton	食いしん坊	吃货、食神	người tham ăn
울보	crybaby	泣き虫	哭包、爱哭的孩子	người mau nước mắt
별명	nickname	あだ名、ニックネーム	外号、绰号	biệt danh
노조	labor union	労組、労働組合	工会	công đoàn
협상	negotiation	交渉	协商、磋商	thương thảo
라이벌	rival	ライバル	竞争者、对手	đối thủ
누락	omission	落ちる、漏れる	遗漏、漏掉	bỏ sót
병행	parallel, concurrent	並行する、両立する	并行、同时进行	song hành
스타트업	startup	スタートアップ	创业公司、新兴公司	công ty khởi nghiệp
스카우트	scout	スカウト	挖走、物色	săn lùng nhân tài
제의	offer, proposal	提案、提議	提议、邀请	đề nghị
고시원	goshiwon (a small, affordable room often used by students preparing for exams)	コシウォン(簡易宿所のひとつ)	韩国的考试院	nhà trọ luyện thi viên chức
한약	traditional korean medicine	漢方薬	中药	thuốc đông y
꼬박꼬박	regularly, diligently	きちんと	老老实实地、一次不漏地	một cách đều đặn
운동	movement	運動	运动	tập luyện thể thao
협력	cooperation	協力	协力、合作	hiệp lực
성장하다	to grow	成長する	成长、发展	trưởng thành
소속감	sense of belonging	所属感、帰属意識	归属感	cảm giác gắn bó
열정	passion	情熱	热情	lòng nhiệt huyết
친밀하다	to be intimate	親密だ、親しい	亲密	thân mật
거리감	sense of distance	距離感	距离感	cảm giác xa lạ
기성세대	older generation	既成世代、旧世代	老一代、上一辈	thế hệ đi trước
여론	public opinion	世論	舆论、民意	dư luận

사적	private	私的、プライベート	私人的、个人的	tư nhân, riêng tư
사내	inside the company	社内	公司内、社内	nội bộ công ty
선(을)긋다	to draw a line	線を引く	划清界限	vạch ra giới hạn
상당수	considerable number	相当数	相当多的数量、相当多	số lượng đáng kể
공감대	consensus	共感する部分	共识	sự đồng cảm
형성	formation	形成	形成	sự hình thành
연장선	extension	延長線	延续、继续	mạch kế thừa
형식	form, style	形式	形式	hình thức
털어놓다	to open up (one's heart)	打ち明ける	倾吐、倾诉	thổ lộ, bày tỏ
덧붙이다	to add	付け加える	添加、补充	thêm vào
인싸	insider	人気者、社交的な人	社牛、受欢迎的人	người có quan hệ rộng
자발	voluntary	自発	自发、主动	tự phát
아웃사이더	outsider	アウトサイダー	局外人、外人	người ngoài cuộc
MZ세대	MZ generation (Millennials and gen -Z)	MZ世代(ミレニアル世代とZ世代の総称)	MZ一代、MZ世代	thế hệ mz
워라밸	work-life balance	ワークライフバランス	工作生活平衡	cân bằng cuộc sống và công việc
친분	friendship	親交、付き合い	情分、交情	mối thâm giao
되레	instead	かえって、反対に	反倒、反而	trái lại
불이익	disadvantage	不利益	无益、受损害	bất lợi
적절하다	to be appropriate	適切だ	适当、合适	thích hợp
질	quality	質	质量	bản chất
지향하다	to aim for	志向する、目指す	向往	hướng đến
잇다	to connect	結ぶ, つなぐ	连接、接上	nối tiếp
사고방식	way of thinking	考え方	思考方式	lối tư duy
이기주의	selfishness	利己主義、エゴイズム	利己主义	chủ nghĩa tư lợi
개인주의	individualism	個人主義	个人主义	chủ nghĩa cá nhân
성향	tendency	性向、傾向	趋势、倾向	xu hướng
강제	coercion	強制	强制、强迫	cưỡng chế, ép buộc
집단주의	collectivism	集団主義	集団主义	chủ nghĩa tập thể

안부	well-being, regards	安否、消息	问候	lời hỏi thăm
휴직	leave of absence	休職	休职、暂时停职	nghỉ việc tạm thời
어린이집	daycare center	保育園、託児所	托儿所	nhà trẻ
막	just, just now	ちょうど	刚、刚刚	vừa mới
비로소	finally, at last	初めて、ようやく	才、方	lần đầu tiên
유일하다	to be unique	唯一だ	唯一	độc nhất
전업	full-time	専業	专业、专职	công việc toàn thời gian
가사	housework	家事	家务、家务事	lời bài hát
구성원	member	構成員、メンバー	成员	thành viên
보상	compensation	報酬、対価、見返り	补偿、赔偿	đền bù
자부심	pride	誇り、プライド	自豪感、自信心	lòng tự phụ
한창	peak	盛んに、最中に	正、正在	lúc đỉnh cao
툭툭	sound of something fall	ばさっと、どさっと	噼里啪啦	ào ạt
성가시다	to be annoying	煩わしい、厄介だ	讨厌、烦	phiền phức, quấy nhiễu
진정하다	to calm down	真正だ	真正	chân thành
미련	regret	未練	迷恋、留恋	luyến tiếc

unit 6 6.25 한국 전쟁과 민주화 운동

	영어	일본어	중국어	베트남어
6.25(한국 전쟁)	Korean War (6.25)	6.25(朝鮮戦争)	6.25（韩国战争）、朝鲜战争	6.25 (chiến tranh nam bắc hàn)
휴전	armistice	休戦	休战、停战	đình chiến
식민	colonization	植民、植民地	殖民	thực dân
공산주의	communism	共産主義	共产主义	chủ nghĩa cộng sản
자본주의	capitalism	資本主義	资本主义	chủ nghĩa tư bản
분단	division	分断	分裂、分割	chia cắt
점령	occupation	占領	占领、攻占	chiếm đóng
지배	domination	支配	支配、统治	cai trị
벗어나다	to escape, to get out of	抜け出す、解放される	脱离、摆脱	thoát khỏi

광복	liberation	光復	光复、收复	giải phóng
소련	the Soviet Union	ソ連	苏联	liên xô
38선	38th parallel	38度線	三八线	vĩ tuyến 38
대립	confrontation	対立	对立、对峙	sự đối lập
정권	regime	政権	政权	chính quyền
민간인	civilian	民間人	平民、普通老百姓	dân thường
협정	agreement	協定	协商决定	hiệp định
이념	ideology	理念	理念、观念	hệ tư tưởng
당선되다	to be elected	当選する	当选	được trúng cử
선출하다	to elect	選出する	选出	tuyển chọn
출마하다	to run for office	出馬する	参选	ra ứng cử
정당	political party	政党	政党	chính đảng
헌법	constitution	憲法	宪法	hiến pháp
평등	equality	平等	平等、同等	bình đẳng
거주하다	to reside	居住する	居住、生活	cư trú
피난	evacuation	避難	避难	lánh nạn
폭력	violence	暴力	暴力	bạo lực
폐를 끼치다	to cause trouble	迷惑をかける	添麻烦	làm phiền
목숨	life	命	生命、性命	mạng sống
멸망하다	to perish	滅亡する	灭亡、消亡	diệt vong
보잘것없다	to be insignificant	つまらない、取るに足らない	微不足道	không đáng giá
노여워하다	to be angry	怒る、憤る	生气、愤怒	tức giận
조르다	to nag, to pester	ねだる、せがむ	缠、央求	vòi vĩnh, đòi hỏi
괴롭히다	to harass	いじめる、苦しめる	欺负、折磨	làm phiền, gây đau đớn
재촉하다	to urge, to hasten	催促する、急き立てる	催、催促	thúc giục
현대사	modern history	現代史	现代史	lịch sử hiện đại
신탁통치	trusteeship	信託統治	委托统治、托管	ủy trị
북위	north latitude	北緯	北纬	vĩ tuyến bắc
위선	hypocrisy	緯線	纬线	vĩ tuyến
합의	agreement	合意	协议、协商	thỏa thuận
암살	assassination	暗殺	暗杀	ám sát

일제강점기	Japanese colonial period	日帝強占期、日本統治時代	日本殖民统治时期	thời kì nhật bản chiếm đóng
한반도	Korean Peninsula	朝鮮半島	韩半岛、朝鲜半岛	bán đảo triều tiên
주한	in Korea	駐韓	驻韩	sự trú đóng tại hàn quốc
미군	U.S. military	米軍	美军	lính mỹ
철수하다	to withdraw	撤退する、撤収する	撤走、撤退	rút lui
막강하다	to be powerful	強力だ、強大だ	十分强大、超强	hùng mạnh
녹음	recording	録音	录音、录制	ghi âm
고위직	high-ranking position	高官、高位職	高级职位、要职	chức vụ cao
고립	isolation	孤立	孤立	cô lập
열흘	ten days	10日	十天	mười ngày
결성	formation	結成	组建、组成	thiết lập
연합군	allied forces	連合軍	联军、联合国军	lực lượng đồng minh
상륙	landing	着陸	上岸、登陆	đổ bộ
작전	operation	作戦	作战、军事行动	sự tác chiến
방어	defense	防御、防衛	防御	phòng ngự
명분	justification	名分	名分、名义	danh nghĩa
노리다	to aim for	狙う	觊觎、图谋	lăm le, nhắm tới
전투	battle	戦闘、戦い	战斗、交战	trận đánh
양측	both sides	両側	两侧、双方	cả hai mặt
기아	famine	飢餓、飢え	饥饿	sự đói kém
직면하다	to face	直面する	面临	đối đầu
이산가족	separated families	離散家族	离散家属	gia đình ly tán
비극	tragedy	悲劇	悲剧、惨剧	bi kịch
파탄	collapse	破綻	破产、崩溃	sự đổ nát
비무장지대	Demilitarized Zone	ＤＭＺ、非武装地帯	非军事区、非武装地带	khu phi quân sự
군사분계선	Military Demarcation Line	軍事境界線	军事分界线	đường ranh giới quân sự
이르다	to reach	至る、達する	达到(程度、范围等)	đạt đến
공단	industrial complex	工団、工業団地	工团、工业园区	cơ quan

정상회담	summit meeting	首脳会談、サミット	首脑会谈、峰会	hội đàm thượng đỉnh
집권하다	to take power	執権する	执政、掌权	nắm quyền
대북 정책	North Korea policy	対北朝鮮政策	对朝政策、对北政策	chính sách đối với triều tiên
분분하다	to be divided	(意見などが)まちまちだ	混乱、纷杂	bất đồng
영토	territory	領土	领土	lãnh thổ
적대시하다	to regard as hostile	敵対視する	敌视、仇视	trở nên thù địch
생사	life and death	生死	生死	sự sinh tử
군사력	military power	軍事力	军事力量、战斗力	sức mạnh quân sự
국방	national defense	国防	国防	quốc phòng
의무	duty	義務	义务	nghĩa vụ
극	pole (geographic)	極	极	cực độ
반구	hemisphere	半球	半球	bán cầu
적도	equator	赤道	赤道	đường xích đạo
남위	south latitude	南緯	南纬	vĩ tuyến nam
판문점	Panmunjom (a location in the dmz)	板門店	板门店	bàn môn điếm
국권	national sovereignty	国権	国家主权	chủ quyền quốc gia
베를린 장벽	Berlin Wall	ベルリンの壁	柏林墙	bức tường béc-lin
임기	term of office	任期	任期	nhiệm kỳ
연임	re-election	再任	连任	tái đắc cử
초대	first	初代	首任、第一代	lời mời
벌이다	to start	起こす、引き起こす	组织、实施	bắt tay vào
분노	anger	怒り、憤怒	愤怒、气愤	phẫn nộ
부정	fraud	不正	不正当、违法	phủ nhận
시위	protest	デモ	示威	cuộc biểu tình
혁명	revolution	革命	革命	cuộc cách mạng
쿠데타	coup d'état	クーデター	政变、武装夺取政权	cuộc đảo chính
독재	dictatorship	独裁	独裁、专制	nền độc tài
요구	demand	要求	要求、请求	lời yêu cầu

격렬하다	to be intense	激烈だ、激しい	激烈、猛烈	mãnh liệt
항쟁	struggle	抗争	抗争、反抗	sự đối kháng
무력	armed force	武力	武力、武装	vũ lực
진압	suppression	鎮圧	镇压	trấn áp
살해	murder	殺害	杀害	giết chóc, sát hại
철저하다	to be thorough	徹底する	彻底、全面	triệt để
무릅쓰다	to face risk	冒す、押し切る	冒着、不顾	liều lĩnh, mạo hiểm
취재	coverage (news)	取材	取材、采访	lấy tin, lấy thông tin
희생	sacrifice	犠牲	牺牲	hy sinh
개헌	constitutional amendment	改憲、憲法改正	修改宪法、改宪	sửa đổi hiến pháp

unit 7 전통 음식과 과학

	영어	일본어	중국어	베트남어
식감	texture (of food)	食感	口感	cảm giác nhai
새콤하다	to be sour	酸味があって爽やかだ	酸酸的	hơi chua chua
매콤하다	to be spicy	やや辛い、ピリ辛だ	稍辣、微辣	hơi cay cay
짭짤하다	to be salty	やや塩辛い	稍咸	hơi mặn mặn
담백하다	to be light, not rich (in flavor)	淡白だ、あっさりしている	清淡	thanh đạm
아삭하다	to be crunchy	しゃきしゃきしている	咔嚓、脆爽	giòn
쫄깃하다	to be chewy	もちもちしている	筋道、有弹性	dai
바삭하다	to be crispy	カリカリ、パリパリ、サクサクしている	脆	giòn
말랑하다	to be soft	柔らかい	松软、嫩软	mềm
밭치다	to drain	(水気を)切る、汁をこす	滤、过滤	lọc, gạn
덮다	to cover	覆う、かぶせる	盖、罩	đậy lại
거르다	to strain	濾す	滤清、沥	lọc, rây

전분	starch	でんぷん	淀粉	tinh bột
체	sieve	ふるい	箩、筛子	cái rây lọc
꼬들꼬들하다	to be firm, not soft (in texture)	(ご飯、麺などが)かたい	(饭粒)硬、发硬	sượng, chưa chín
고두밥	hard-cooked rice	かためのご飯	硬米饭	cơm khô
누룩	fermenting agent	麹	酵母、酒曲	men ủ
천	cloth	布	布	vải
발효	fermentation	発酵	发酵	quá trình lên men
거품	foam	泡	泡儿、气泡	bọt
도수	alcohol content	度数	度数	số lần, số độ
전통주	traditional liquor	伝統酒	传统酒	rượu truyền thống
재롱	cute behavior (usually by a child)	愛嬌、可愛い仕草	(小孩)逗人、逗乐	trò đáng yêu
식중독	food poisoning	食中毒	食物中毒	ngộ độc thực phẩm
한눈(을)팔다	to be distracted	よそ見、脇見をする	分心、精神溜号	lờ đi, làm ngơ
데다	to get burned	火傷をする	烫伤、烧伤	cảm thấy cay đắng
마감	deadline	締め切り	最后期限、截稿	hạn chót
무턱대고	recklessly	むやみに、向こう見ずに	盲目地、不加思考地	mù quáng
강요	coercion	強要	强迫、逼迫	sự ép buộc
질색	to detest	嫌、うんざり	反感、讨厌	ghét cay ghét đắng
정시	regular time	定時	正点、按时	đúng giờ
권위	authority	権威	权威、威严	quyền uy
시댁	husband's family	義実家	[敬语]婆家	gia đình bên chồng
김장	kimchi-making for winter	キムチ漬け、キムチ作り	越冬辛奇、过冬辛奇	việc muối kim chi
쑤시다	to ache	痛む、ずきずきする	刺痛、酸痛	đau ê ẩm
매사	every matter	ことごと、万事	每件事、事事	mọi việc
홀딱	completely	すっかり	一下子、完全	sạch trơn, trần trụi
타고나다	to be born with	生まれつきだ	天生、与生俱来	bẩm sinh
타이르다	to advise	教え諭す、言い聞かせる	开导、劝说	khuyên bảo
얻다	to gain	もらう、得る	白得、白拿	nhận được
난생	in one's life	生まれて、今まで	有生以来	chào đời

효능	efficacy	効能	功效、效能	tác dụng
농축	concentration	濃縮	浓缩	cô đặc
깔다	to lay down	敷く	铺	trải xuống
꾸덕꾸덕하다	to be slightly dried	濃厚でドロッとしている	粘稠	đông cứng, khô cứng
절이다	to pickle	漬ける	腌	muối, ngâm
삼투압	osmotic pressure	浸透圧	渗透压	áp suất thẩm thấu
등분	division (into equal parts)	等分	等分、均分	chia đều
뻣뻣하다	to be stiff	硬い、カチカチだ	硬、硬梆梆	cứng, cứng ngắt
투과	permeation	透過	透过、穿透	chiếu qua, rọi qua
막	membrane	膜	膜	dữ dội, dồn dập
농도	concentration	濃度	浓度	nồng độ
액체	liquid	液体	液体	chất lỏng, dịch
평형	equilibrium	平衡、均衡、バランス	平衡、均衡	sự cân bằng
침투하다	to infiltrate	浸透する	渗透、浸透	thẩm thấu
풋내	raw smell	青臭さ	青菜味	mùi rau tươi non
제거	removal	除去	去掉、去除	loại bỏ
조직	tissue	組織	组织	tổ chức
유산균	lactic acid bacteria	乳酸菌	乳酸菌	khuẩn sữa
미생물	microorganism	微生物	微生物	vi sinh vật
숙성	ripening, aging	熟成	发酵熟成	chín kỹ
이롭다	to be beneficial	為になる、良い	有利、有益	có lợi
산성	acidity	酸性	酸性	tính axít
균	germ	菌	菌	khuẩn, vi khuẩn
부패	decay	腐敗	腐烂、腐败	thối rữa
관여하다	to be involved	関与する、関わる	干预、与~有关	can dự, liên can
공학	engineering	工学	工学	ngành kỹ thuật công nghiệp
식이섬유	dietary fiber	食物繊維	膳食纤维	chất xơ
촉진	promotion	促進	促进	xúc tiến
첨가	addition	添加	添加	thêm vào
젓갈	salted seafood	塩辛	鱼虾酱、醢酱	món mắm
먹이	feed	餌	食物	thức ăn, đồ ăn, mồi

특유	unique	特有	特有、独特	đặc hữu
감칠맛	umami	旨味、コク	美味、醇香	hương vị hấp dẫn
캡사이신	capsaicin	カプサイシン	辣椒素	chất capsaicin
항산화	antioxidant	抗酸化	抗氧化	chống oxy hóa
무르다	to be soft	柔らかくなる	松软、软	mềm nhũn
현미경	microscope	顕微鏡	显微镜	kính hiển vi
미세하다	to be minute	微細だ、細かい	微细、微小	cực nhỏ
칼집	slit (in food preparation)	切り込み、切れ目	(用刀)拉口子	khe, rãnh (thức ăn)
쪼개다	to split	裂く、割る、分ける	分开、劈开	chia tách
줄기	stem	茎、幹、筋	茎、干	thân cây
헹구다	to rinse	すすぐ	冲、冲洗	rửa sạch
차곡차곡	neatly	きちんと	整整齐齐地 (堆叠)	ngăn nắp
널리	widely	広く	广泛、大范围	một cách rộng rãi
삼국시대	Three Kingdoms Period	三国時代	朝鲜三国时代	thời tam quốc
고려	Goryeo (a korean dynasty)	高麗	高丽	triều goryeo, triều cao ly
곡류	grains	穀類	谷类、粮食	ngũ cốc
가미하다	to add	加味する、添加する	(在食物或药方中)加、添加	nêm gia vị
양조	brewing	醸造	酿造、酿	ủ, trưng cất
전성시대	golden age	全盛時代	全盛时代	thời đại thịnh vượng
청주	clear rice wine	清酒	清酒	rượu tinh khiết
증류	distillation	蒸留	蒸馏	sự chưng cất
유무	presence or absence	有無	有无	sự có và không có
분류	classification	分類	分类	phân loại
빛깔	color	色、色彩	色彩、色泽	màu sắc
탁하다	to be cloudy	濁っている	(空气、液体等)浑浊	u ám, ảm đạm
안주	side dish for alcohol	酒の肴、おつまみ	下酒菜	đồ nhậu, đồ nhắm

	영어	일본어	중국어	베트남어
동동	floating	ぷかぷか, ふわふわ	咚咚	(nổi) lềnh bềnh trên bề mặt
뜨다	to float	浮かぶ	昌、盛	nổi lên
찌꺼기	residue	かす	沉淀物、渣子	cặn, bã, phần thừa
혼용	mixing	混用	混用	sử dụng kết hợp
기존	existing	既存、従来	现存、现有	vốn có
심혈을 기울이다	to devote one's heart and soul	心血を注ぐ	倾注心血	dành tâm huyết
소박하다	to be simple	素朴だ	朴素、俭朴	chất phát
각광(을)받다	to be spotlighted	脚光を浴びる	受到关注、受到瞩目	được chú ý, trở nên nổi tiếng
식재료	food ingredients	食材	食材	nguyên liệu thức ăn

unit 8 국제 사회

	영어	일본어	중국어	베트남어
국제기구	International organization	国際機関	国际机构、国际组织	Tổ chức quốc tế
국제연합(UN)	United Nations (UN)	国際連合（UN）	联合国	Liên Hợp Quốc (UN)
국제원자력기구(IAEA)	International Atomic Energy Agency (IAEA)	国際原子力機関（IAEA）	国际原子能机构	Cơ Quan Năng Lượng Nguyên Tử Quốc Tế (IAEA)
경제개발협력기구(OECD)	Organization for Economic Co-operation and Development (OECD)	経済協力開発機構（OECD）	经合组织	Tổ Chức Hợp Tác Và Phát Triển Kinh Tế (OECD)
유엔난민기구(UNHCR)	United Nations High Commissioner for Refugees (UNHCR)	国連難民高等弁務官事務所（UNHCR）	联合国难民署	Cao Uỷ Liên Hợp Quốc Về Người Tị Nạn (UNHCR)
국제노동기구(ILO)	International Labour Organization (ILO)	国際労働機関（ILO）	国际劳工组织	Tổ Chức Lao Động Quốc Tế (ILO)

유럽연합(EU)	European Union (EU)	欧州連合（EU）	欧洲联盟、欧盟	Liên Minh Châu Âu (EU)
세계 보건기구(WHO)	World Health Organization (WHO)	世界保健機関（WHO）	世界卫生组织	Tổ Chức Y Tế Thế Giới (WHO)
국제 통화 기금(IMF)	International Monetary Fund (IMF)	国際通貨基金（IMF）	国际货币基金组织	Quỹ Tiền Tệ Quốc Tế (IMF)
제재	sanction	制裁	制裁、处罚	chế tài, biện pháp trừng phạt
보장하다	to guarantee	保障する	保障、保证	bảo đảm
질병	disease	疾病、病気	疾病、疾患	bệnh tật
핵	nuclear	核	核、（原子）核	hạt nhân
연료	fuel	燃料	燃料	nhiên liệu
난민	refugee	難民	难民	người tị nạn
인도적	humanitarian	人道的	人道主义的	mang tính nhân đạo
귀화	naturalization	帰化	归顺、加入国籍	nhập tịch
망명	asylum	亡命	流亡、亡命	đi vượt biên
교포	overseas Korean	同胞	侨胞、海外同胞	kiều bào
국경	border	国境	国境、边境	biên giới
도달하다	to reach	到達する、達する、至る	达到	đạt đến
이주하다	to migrate	移住する	移民、移居	di dân
천재지변	natural disaster	天災地変	天灾地变、自然灾害	thiên tai
절실하다	to be urgent	切実だ	紧迫、迫切	cấp bách, khẩn cấp
국적	nationality	国籍	国籍	quốc tịch
진료	medical treatment	診療	诊疗、诊治	điều trị
썰렁하다	to be chilly	物寂しい、がらんとしている	冷、冷飕飕	lạnh lẽo, trống vắng
유용하다	to be useful	有用だ、役に立つ	有用	hữu ích
접종	vaccination	接種	接种	tiêm chủng
전반	overall	全般	全盘、全部	toàn bộ
법률	law	法律	法律	pháp luật
따님	daughter (polite form)	娘さん、お嬢さん	令爱、令媛	con gái

감회	sentiment	感慨	感怀、感触	tưởng nhớ
남다르다	to be special	かなり違う、並はずれだ	与众不同、特别	khác biệt
정작	actually	実際に、いざ	真的、实际上	thực ra
황당하다	to be absurd	呆れる、戸惑う	荒唐	vớ vẩn, lố bịch
떠들썩하다	to be noisy	騒がしい、騒々しい	喧闹、热闹	làm huyên náo
하다못해	at least	せめて、少なくとも	实在不行、实在没办法	tối thiểu thì, ít ra thì
임금	wage	賃金	工资、薪酬	tiền công
동결	freeze	凍結	冻结	đóng băng
실질	real	実質	实质、实际	thực chất
삭감	reduction	削減	削减	cắt giảm
생명체	living organism	生命体	生命体、生命	sinh vật
붐비다	to be crowded	混む、混み合う	拥挤、喧闹	tấp nập
불합리하다	to be unreasonable	不合理だ	不合理	bất hợp lí
대우	treatment	待遇	对待、待遇	sự đối đãi
전과	change one's major	転科	换专业、转系	chiến công, thành tích
휴강	class cancellation	休講	休讲、暂停授课	sự nghỉ dạy
배속	2x speed	倍速	倍速、加速	phân bổ
여운	lingering feeling	余韻	余韵、回味	dư âm
박봉	low salary	薄給	薄薪、低薪	lương ba cọc ba đồng
살림	household	暮らし、家事	生活、生计	kế sinh nhai
시집(을)가다	to get married (for a woman)	お嫁に行く、嫁ぐ	出嫁	gả chồng, về nhà chồng
입대하다	to enlist	入隊する	入伍、参军	nhập ngũ
장벽	barrier	障壁、壁	障碍、壁垒	rào chắn, vách ngăn
열세	disadvantage	劣勢、不利	劣势	sự yếu thế
부단하다	to be constant	不断だ、絶え間ない	不断、不懈	không ngừng
장교	officer	将校	军官	sĩ quan
생활고	hardships of life	生活苦	生活困难	những khó khăn của cuộc sống

생계	livelihood	生計	生计	sinh kế, kế sinh nhai
탄압	oppression	弾圧	镇压、压制	sự đàn áp
나아가다	to advance	進む、進出する	前往、前去	hướng đến, tiến triển
외세	foreign power	外国の勢力	国外势力、外国势力	thế lực nước ngoài
전개하다	to unfold, to carry out	展開する、繰り広げる	展开、进行	triển khai
거듭	repeatedly	重ねて, 繰り返し	反复、接连不断	cứ, hoài
광산	mine	鉱山	矿山	khoáng sản
혼혈	mixed race	混血、ハーフ	混血	sự pha trộn huyết thống
외화	foreign currency	外貨	外国货币、外汇	ngoại tệ
재건하다	to reconstruct	再建する	再建、重建	xây dựng lại
허용하다	to allow	許容する、許す	容许、允许	chấp thuận
권장하다	to encourage	勧奨する	鼓励、提倡	khuyến khích
일환	part, aspect	一環	一环、组成部分	mắt xích
파견	dispatch	派遣	派遣	phái cử
광부	miner	鉱夫	矿工、矿夫	thợ mỏ
주재원	resident staff	駐在員	驻外人员、派驻官员	nhân viên thường trú tại nước ngoài
호황	economic boom	好況	(经济)繁荣	kinh tế phát triển
외환	foreign exchange	外国為替	外汇	ngoại hối
합당하다	to be appropriate	適切だ、適う、適する	适当、恰当	thích hợp, xứng đáng
꼽다	to count, to point out	挙げる	指定、选定	đếm ngón tay
소위	so-called	いわゆる	所谓、所说的	thiếu úy
고국	homeland	母国、祖国、故国	祖国、故土	quê hương, cố hương
구애(를)받다	to be restricted	こだわる, 囚われる	受限制、受拘束	bị khó xử, bị bó buộc (vì điều gì đó)
타국	foreign country	他国	异国、外国	nước khác
이질감	sense of alienation	異質感、違和感	疏离感、违和感	cảm giác khác biệt

정체성	identity	アイデンティティー	身份认同、认同感	tính bản sắc
혼란	confusion	混乱	混乱、困扰	sự hỗn loạn
체계	system	体系、システム	体系、系统	hệ thống
접근성	accessibility	接近性、アクセス	接近性、可及性	khả năng tiếp cận
저하	decline	低下	低下、减退	giảm sút
치안	public order	治安	治安	trị an
폐쇄적이다	to be closed	閉鎖的だ	封闭、闭塞	tính bế quan, tính khép kín
고되다	to be hard, laborious	つらい、きつい	艰苦、艰辛	vất vả, khó khăn
수면	sleep	睡眠	睡眠、睡觉	sự ngủ
적정	appropriate	適正	适当、合适	sự thích hợp
개발도상국	developing country	発展途上国	发展中国家	quốc gia đang phát triển
박해	persecution	迫害	迫害、摧残	sự đàn áp
합법	legal	合法	合法	hợp pháp
수용	acceptance	受け入れ、受容	收容	sự tiếp thu
한정되다	to be limited	限られる	限定、有限	được hạn định
자국민	nationals (citizens)	自国民	本国国民	người dân nước mình
귀환	return	帰還	回归、返回	sự trở về
허가	permission	許可	许可、允许	sự cho phép
주저하다	to hesitate	躊躇する、躊躇う	踌躇、犹豫	do dự

문형 설명

Unit 1 문화의 다양성

동사 + -(으)ㄴ/는 반면(에)   형용사 + -(으)ㄴ 반면(에)   명사 + -인 반면(에)

뒤에 오는 말이 앞의 내용과 서로 상반될 때

- 가: 이번에 옮긴 회사는 마음에 들어요?
  나: 네, 전에 다니던 회사에 비해 월급은 적은 반면에 분위기는 훨씬 더 좋아요.
- 이 제품은 많은 기능을 갖추고 있는 반면 사용 방법이 너무 복잡해서 소비자들의 관심을 끌기 어려울 것 같습니다.
- 동생은 모범생인 반면 형은 전혀 공부에 관심이 없다.

동사/형용사 + -기 마련이다   명사 + -(이)기 마련이다

어떤 일이나 상황이 당연히 그럴 것임을 나타냄. '-게 마련이다'로 바꿔 쓸 수 있다.

- 처음 입사하면 정신없이 바쁘기 마련이에요.
- 가: 1년 동안 같이 공부했던 민수 씨와 헤어지게 돼서 너무 섭섭해요.
  나: 만남이 있으면 헤어짐도 있기 마련이잖아요. 너무 아쉬워하지 마세요. 또 만날 날이 있겠죠.
- 겨울이 아무리 추워도 봄은 오게 마련이다.

동사 + -(느)냐에 따라(서)   형용사 + -(으)냐에 따라(서)   명사 + -에 따라(서)

어떤 일의 결과나 상태가 결정되는 조건을 이야기할 때, 주로 앞에 '어떻게, 얼마나' 등과 같은 의문사와 함께 쓴다.

- 뭐든지 어떻게 생각하느냐에 따라서 즐거울 수도 있고 슬플 수도 있는 것 같아요. 긍정적으로 생각하고 좋아하는 일을 찾아 보세요.
- 업무 진행 속도가 얼마나 빠르냐에 따라서 신제품이 다음 주에 나올 수도 있고 더 늦게 나올 수도 있다.
- 처음 외국어 공부를 시작한 나이가 몇 살이냐에 따라서 외국어 능력에 차이가 있을 수 있다.

Unit 2 계절과 날씨

동사 + -(ㄴ/는)다니(요)   형용사 + -다니(요)   명사 + -(이)라니(요)

어떤 사실에 대해 놀람이나 감탄, 믿을 수 없음을 나타내는 말. 들은 말을 인용하여 '-다니/라니/자니/냐니(요)'의 형태로도 사용할 수 있다.

- 가: 죄송합니다. 제가 그만 실수를 했네요.
  나: 죄송하다니요. 제가 잘못한 탓입니다.

- 아까 그렇게 많이 먹고 또 밥을 먹다니 정말 대단하군요!

동사/형용사 + -기(는) 틀리다

어떤 상황이 되기는 어려울 것 같다, 어떤 일이 실현기는 힘들 것 같다는 의미

- 고객들의 반응을 보니까 이번 달 매출도 좋기는 틀린 것 같아요.

- 저는 아직 할 일이 많아서 일찍 퇴근하기는 틀렸어요.

동사/형용사 + -(으)ㄹ걸요   명사 + -일걸요

아직 일어나지 않은 일이나 잘 모르는 일에 대한 말하는 사람의 추측을 나타냄

- 가: 저 옷이 비쌀까요?
  나: 세일 중이니까 비싸지 않을걸요.

- 가: 언제쯤 첫눈이 내릴까요?
  나: 아마 12월 초쯤에 올걸요.

- 가: 누가 김미라 선생님일까요?
  나: 아마 다나카 씨 옆에 서 있는 분일걸요.

Unit 3 경제

동사 + -(으)ㄴ/는 것만 못하다   형용사 + -(으)ㄴ 것만 못하다   명사 -만 못하다

'A가 B만 못하다'의 형태로 어떤 두 가지를 비교할 때, A가 B보다 좋지 않다, B보다 떨어진다는 의미

- 제 한국어 실력은 알리 씨만 못해요.

- 가: 담배를 안 피운 지 3일 됐는데 계속 담배 생각이 나요.
  나: 포기하지 마세요. 하다가 그만두면 안 하는 것만 못하잖아요.

동사 + -다가는

어떤 동작이나 상태가 계속되면 좋지 않은 결과가 생길 것이라는 뜻

- 돈을 물 쓰듯이 쓰다가는 나중에 큰일 날 거예요.
- 그렇게 놀기만 하다가는 졸업을 못 할 거야.

동사 + -(으)ㄴ/는 김에

어떤 일을 하는 기회로 계획하지 않았던 다른 일도 함께 한다는 의미.

- 집을 청소하는 김에 빨래도 했어요.
- 오랜만에 만난 김에 밥이라도 같이 먹어요.

Unit 4 명절

동사 + -기(가) 무섭게

어떤 일이 끝나자마자 바로 다음 일이 발생함을 강조해서 말할 때

- 민수 씨는 아르바이트 때문에 항상 수업이 끝나기가 무섭게 뛰어간다.
- 식사를 시작하기가 무섭게 음식을 다 먹어 버렸다.

동사/형용사 + -았/었/했으면 하다   명사 + -이었/였으면 하다

하고 싶은 일, 희망을 이야기 할 때

- 혼자 사니까 너무 쓸쓸해서 강아지를 한 마리 길렀으면 해요.
- 새해에는 온 가족이 건강하고 좋은 일만 가득했으면 해요.

동사/형용사 + -다(가) 보니(까)   명사 + (이)다(가) 보니까

어떤 행동을 하는 중에 새로운 사실을 알게 되거나 새로운 상태가 되었다는 의미

- 매운 음식을 처음엔 잘 못 먹었는데 먹다 보니 맛있던데요.
- 그분 첫인상은 그저 그랬는데 만나다 보니 정이 들더라고요.

Unit 5 직장 생활

동사/형용사 + -(으)ㄹ 리(가) 있다/없다   명사 + -일 리(가) 있다/없다

어떤 일이 생길 이유나 방법이 없다는 뜻이며 '-(으)ㄹ 리가 없다'는 평서문으로, '-(으)ㄹ 리가 있다'는 의문문으로 쓴다.

- 민수 씨가 얼마나 착한 사람인데요. 그런 나쁜 말을 했을 리가 없어요.
  = 그런 나쁜 말을 했을 리가 있어요?
- 30명이 회식을 했는데 밥값이 그렇게 쌀 리가 없어요.
  = 그렇게 쌀 리가 있어요?
- 저렇게 한국어가 유창한데 절대 외국인일 리가 없어.
  = 외국인일 리가 있어?

동사 + -(으)ㄴ/는 탓에   형용사 + -(으)ㄴ 탓에   명사 + -인 탓에

부정적인 현상이 생겨난 원인이나 이유를 말할 때

- 저는 키가 너무 큰 탓에 맞는 옷을 찾기가 어려워요.
- 가: 이 일이 잘못된 건 모두 그 사람 탓이에요.
  나: 다른 사람을 비난하기 전에 먼저 내 탓은 없는지 생각해 봐야 하지 않겠어요?

동사/형용사 + -(으)ㄹ망정   명사 + -일망정

주로 부정적인 상황을 나타내는 앞 내용에 대한 일반적인 생각과는 다른 사실이나 강한 의지를 나타낼 때

- 놀거리 하나 없는 작은 시골 마을일망정 이웃과의 정이 남아 있는 우리 동네가 정말 좋다.
- 아버지는 평생 가난하게 살망정 부정한 방법으로 이익을 취해서는 안 된다고 가르치셨다.

Unit 6 6.25 한국 전쟁과 민주화 운동

동사/형용사 + -았/었/했더라면   명사 + -이었/였더라면

사실을 반대로 가정하면서 후회나 안타까움 등을 나타냄

- 제가 조금만 키가 컸더라면 농구선수가 되어 있을 거예요.
- 좀 일찍 출발했더라면 지금쯤 도착했을 텐데.

동사/형용사 + -(으)ㄹ지라도   명사 + -일지라도

제시하거나 가정한 상황과 다른 결과나 반대의 상황임을 나타냄

- 가: 환율 변동으로 부품 가격이 크게 올랐는데 판매가를 인상하는 것이 어떨까요?
  나: 제작비가 많이 들지라도 서민을 위한 상품인데 쉽게 가격을 올릴 수는 없습니다.
- 아무리 좋은 이야기일지라도 전달하는 방식에 따라 상대를 불편하게 만들 수 있으니 조심해야 한다.

동사 + -아/어/해 대다

어떤 행동을 계속해서 반복함을 나타낸다.

- 스트레스를 받으면 쉬지 않고 군것질을 해 대는 습관을 고치고 싶어요.
- 아이가 하루 종일 유튜브를 보여 달라고 졸라 대는데 어떻게 하면 좋을까요?

Unit 7 전통 음식과 과학

동사 + -다(가) 보면

어떤 일을 계속하면 발생하는 결과에 대해 표현할 때

- 살다 보면 좋은 일도 있고 나쁜 일도 있어요.
- 직접 요리하기가 처음엔 어려워도 계속 하다 보면 늘 거예요.

동사 + -기(가) 십상이다

'그렇게 될 가능성이 높다', '예외 없이 그렇게 될 것이다'라는 추측의 의미. '-기 쉽다'로 바꿔 쓸 수 있지만 부정적인 의미가 강하다.

- 건강 관리를 소홀히 하면 건강이 나빠지기 십상이에요.
- 졸린 채로 운전을 하다가는 사고가 나기 십상이죠.

여간 -지 않다, 여간 -(으)ㄴ/는 것이 아니다

어떤 사실이나 상황을 강조해서 표현할 때

- 가: 새로 생긴 쇼핑몰 가 봤어?
  나: 응, 지난주에 다녀왔는데 서울 사람은 다 모였는지 여간 붐비는 게 아니더라.
- 일과 육아를 동시에 하는 것은 여간 어려운 일이 아니지요.

Unit 8 국제 사회

동사/형용사 + -거든   명사 + -(이)거든

'어떤 일이 사실이면', '어떤 일이 사실로 실현되면'의 뜻을 나타냄

- 유학 중에 힘든 일이 있거든 언제든지 물어보세요.
- 오늘 일이 끝나거든 저희 집에 잠깐 들러 주세요.

동사/형용사 + -(으)ㄹ 법하다

어떤 일이나 상황이 사실이거나 발생할 가능성이 있음을 나타냄

- 이 넓은 우주에 다른 존재가 있을 법해요.

동사 + -(으)ㄹ 바에(야)

'A(으)ㄹ 바에(야) B'의 형태로 사용해서 A를 선택하는 것보다 B를 선택하는 것이 낫다는 의미

- 적성에 맞지 않는 일을 억지로 계속할 바에야 빨리 그만두고 다른 일을 찾는 게 낫다.
- 이렇게 계속 기다리기만 할 바에야 직접 찾아가는 게 좋지 않을까?

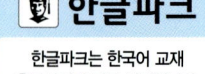

New
Easy Korean
for foreigners

5B

- 듣기 지문
- 모범 답안
- 단어 목록
- 문형 설명

Since 1977

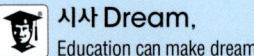